Knaur.

Im Knaur Taschenbuch Verlag sind bereits
folgende Bücher der Autoren erschienen:
Der SS-Mann. Leben und Sterben eines Mörders (77827)

Über die Autoren:
Dr. Heribert Schwan, geboren 1944, ist beim WDR u. a. verantwortlich für Fernsehdokumentationen in der ARD. Als Autor und Koautor schrieb er mehrere politische Biografien und Bücher zur Zeitgeschichte, darunter einige Bestseller.

Helgard Heindrichs, geboren 1952, ist Diplom-Psychologin und arbeitet freiberuflich als Familien- und Organisationsberaterin. Sie lebt in Köln.

Heribert Schwan
Helgard Heindrichs

Das Spinnennetz

Stasi-Agenten im Westen:
Die geheimen Akten
der Rosenholz-Dateien

Knaur Taschenbuch Verlag

Besuchen Sie uns im Internet:
www.knaur.de

Originalausgabe Oktober 2005
Copyright © 2005 bei Knaur Taschenbuch.
Ein Unternehmen der Droemerschen Verlagsanstalt
Th. Knaur Nachf. GmbH & Co. KG, München
Alle Rechte vorbehalten. Das Werk darf – auch teilweise –
nur mit Genehmigung des Verlages wiedergegeben werden.
Redaktion: Marko Jacob
Umschlaggestaltung: ZERO Werbeagentur, München
Satz: Ventura Publisher im Verlag
Druck und Bindung: Nørhaven Paperback A/S
Printed in Denmark
ISBN-13: 978-3-426-77732-9
ISBN-10: 3-426-77732-0

5 4 3 2

Inhalt

Vorwort

Als Heribert Schwan im Jahr 2002 mit der Idee auf mich zukam, bei der Entstehung eines Buchprojekts über Spionage während des Kalten Krieges mitzuwirken, zögerte ich zunächst mit einer Zusage. Ich hatte gerade ein Buch beendet, das sich mit der Nazi-Gewaltherrschaft beschäftigte, aber mit Verrat, speziell der Spionage, hatte ich mich – außer in Kriminalromanen oder -filmen – nicht eingehender beschäftigt.

Doch schnell war meine eigene Neugier geweckt und ich stimmte zu, mich in ein anderes, scheinbar abgeschlossenes Kapitel deutscher Geschichte zu begeben.

Als Erstes begegneten uns in sachlich dokumentierter Form Kurzbiografien von annähernd einhundert Frauen und Männern, die in Westdeutschland seit Bestehen der Bundesrepublik bis zur Einheit beider deutscher Staaten als Agenten für das Ministerium für Staatssicherheit (MfS) gearbeitet hatten und dafür verurteilt worden waren. Während ihrer Spionagetätigkeit waren sie gleichzeitig in verantwortungsvolle Positionen westdeutscher Regierungsstellen, Ministerien, Parteien und des Bundesnachrichtendienstes emporgestiegen.

In persönlichen Gesprächen mit einigen von ihnen versuchten wir immer wieder, die Geschichte hinter den offiziellen Verlautbarungen freizulegen: ihre Hintergründe und Entwicklungen, aber auch das Erleben, die Zweifel, Auseinandersetzungen und Motive des Einzelnen. Wir wollten Antworten auf die Fragen finden, die uns unweigerlich beschäftigten: Warum hatte sich jemand, der in Westdeutschland aufgewachsen und sozialisiert worden war und eigentlich mit beiden Beinen in diesem Leben stand, trotz der bewussten persönlichen Risiken, für ein Agentenleben gegen die Bundesrepublik entschieden? Wie wurde man innerlich mit der dauernden Täuschung, dem permanenten Doppelspiel fertig? Solche und ähnliche Fragen beschäftigten uns, ohne dass wir dabei in die Rolle eines Anklägers oder Verteidigers der einen oder anderen Seite geraten wollten.

Obwohl uns umfangreiches Hintergrundmaterial von Spionagefällen während des Kalten Krieges aus Parteien, Ministerien und Geheimdiensten – also den Schaltstellen der Bundesrepublik – vorlag, hielten wir eine Eingrenzung der Materialfülle für sinnvoll. Wir konzentrierten uns deshalb auf ein wichtiges Zentrum der Bonner Macht: das Auswärtige Amt. Im Mittelpunkt dieses Buches stehen vier westdeutsche Beamte, die als Agenten für das MfS arbeiteten, während sie im Westen Karriere machten: Dr. Hagen Blau, Ludwig Pauli, Lilli Pöttrich und Klaus von Raussendorff. Deren Weg, ihre Motive, Ängste und Zweifel, zeichnen wir beispielhaft nach, um an ihnen die Vorgehensweise und Methodik des DDR-Geheimdienstes darzustellen. So unterschiedlich ihre Karrieren und Lebenswege auch verliefen, eines war ihnen gemeinsam: Ob als Jäger oder Beute, sie saßen allesamt im Spinnennetz.

Warum hatte der DDR-Geheimdienst ein so großes Interesse daran, seine Spione gerade in das Auswärtige Amt einzuschleusen?

Informationen aus diesem Ministerium boten dem MfS einen Überblick über die aktuelle Politik der Bundesrepublik, zu den wichtigsten Aspekten der inneren und äußeren Politik, zu den Beziehungen zwischen beiden deutschen Staaten, zur Sowjetunion und den übrigen osteuropäischen Ländern. Das Auswärtige Amt erarbeitete zu wichtigen politischen Ereignissen Einschätzungen, die über ein ausgebautes Informationssystem an Diplomaten, diplomatische Vertretungen und deren Mitarbeiter weitergegeben wurden. Die Stasi versuchte deshalb fortwährend dieses System anzuzapfen.

Kaum eine andere Dienststelle der Bundesrepublik konnte dem DDR-Geheimdienst eine solche Vielfalt von international und national bedeutsamen Informationen bieten. Mit seinen etwa fünftausend Mitarbeitern und den kontinuierlich rekrutierten Nachwuchskräften bot das Auswärtige Amt eine breite geheimdienstliche Angriffsfläche. Das personelle Rotationssystem sorgte dafür, dass die Mitarbeiter des Auswärtigen Amtes in Dienststellen in aller Welt eingesetzt wurden. Das eröffnete zusätzliche Informationsmöglichkeiten und machte das Auswärtige Amt als Spionageziel doppelt attraktiv. Indem der DDR-Geheimdienst seine Agenten gezielt auf das Auswahlverfahren des Auswärtigen Amtes vorbereitete, gelang es ihm, eine Reihe von sogenannten Perspektivagenten, also junge Menschen am Anfang ihrer Karriere, dort einzuschleusen.

Daneben interessierten wir uns für das Ministerium für Staatssicherheit in Ostberlin mit seinen Richtlinien, Vorschriften und Zielen. Zwei ehemals verantwortliche hauptamtliche Offiziere gewährten uns tiefe Einblicke in die Arbeit, die Strukturen und die Vorgehensweise des MfS.

Darüber hinaus galt unser Interesse vor allem den hauptamtlichen und Inoffiziellen Mitarbeitern des Geheimdienstes, die den westdeutschen Agenten in der Bundesrepublik und im Ausland begegneten. Welche Aufgaben hatten sie zu erledigen und welche Qualifikationen brachten sie mit? Wie erging es den Mitarbeitern des MfS nach der Wende, nachdem sie über Jahre und Jahrzehnte eine privilegierte Stellung innerhalb der DDR genossen hatten?

Grundlage dieses Buches sind umfangreiche Recherchearbeiten in der Bundesbehörde für die Unterlagen des Staatssicherheitsdienstes (»Birthler-Behörde«) im Gebäude des ehemaligen MfS in der Normannenstraße. Ohne die Unterstützung durch Stephan Konopatzki, Karin Göpel, Roberto Welzel und Karin Kopka von der Birthler-Behörde würden wir wenig bis nichts darüber wissen, in welchem Umfang die von uns ausgewählten Agenten geheime Informationen verraten haben und von welcher Qualität das von ihnen ans MfS gelieferte Material war. Die Geduld, Ruhe und Fachkompetenz von Stephan Konopatzki, der 1998 die SIRA-Datenbanken der HV A entschlüsseln konnte, bewahrte uns davor, angesichts der Fülle und Komplexität der Informationen und des Systems vorzeitig aufzugeben. Vor uns lagen nun stapelweise Dokumente, die wir akribisch durchgehen mussten, um jede wichtige Information der HV A über die von uns bearbeiteten Einzelfälle aufzunehmen. Unser besonderer Dank gilt Bundesanwalt Joachim Lampe. Als langjähriger Vertreter der Karlsruher Anklagebehörde bei den Prozessen am Düsseldorfer Landesgericht und exzellenter Kenner der juristischen Hintergründe gab er uns manchen Rat, der für uns unverzichtbar war.

Die Entstehung des Buches nahm mehr als drei Jahre in Anspruch. Dass es so lange dauerte, hat seinen Grund in den zeit- und arbeitsaufwändigen Recherchen und den damit verbundenen Problemen. Vor allem die Auswertung und Sicherheitsüberprüfung der sogenannten Rosenholz-Dateien, die im Jahre 2003 vom amerikanischen Geheimdienst CIA an die Birthler-Behörde übergeben wurden, nahm sehr viel Zeit in Anspruch.

Das Buch liegt nun vor uns. Wir haben versucht, weder den einzelnen Menschen noch die Ereignisse pauschal zu beurteilen oder gar zu verurteilen.

Helgard Heindrichs
Köln, im Juni 2005

1. Erwischt

Lilli Pöttrich hält sich nur kurz auf in Bonn, der Stadt, in der sie vor Jahren auf ihre ersten Schritte im diplomatischen Dienst der Bundesrepublik Deutschland vorbereitet wurde. Es ist Mittwoch, der 1. Dezember 1993. Auf die Generalkonsulin wartet eine neue Aufgabe in Rumänien, in Sibiu, dem früheren Hermannstadt. Ihre Wohnung in Bonn hat sie bereits aufgegeben. Ihre Möbel sind bei einer Spedition untergestellt. Schon bald sollen sie ihr an ihren neuen Einsatzort folgen. Persönliches Gepäck, das sie für die Reise nach Hermannstadt benötigt, hat sie in einem Bahnhofsschließfach deponiert, um es nicht den ganzen Tag mit sich herumzutragen.

Der Grund ihres Aufenthalts ist zugleich ein Abschied von der Heimat und eine Vorbereitung auf die Zukunft. Sie hält sich hauptsächlich deshalb in Bonn auf, um bei allen wichtigen Abteilungen des Auswärtigen Amtes Informationen über Rumänien und ihre neue Position einzuholen. Außerdem stellt sie sich in ihrer neuen Position bei verschiedenen Kulturinstituten vor, unter anderem beim Goethe-Institut. Beziehungen knüpfen und Beziehungen nutzen – das ist eine Haupttätigkeit auch dieser Diplomatin.

Die vergangenen Tage im Auswärtigen Amt erschienen ihr zum Teil ein wenig merkwürdig. Gibt es eine veränderte Stimmung, die sie wahrnimmt? Sind es Fragen von Kollegen, die sie nicht zuordnen kann? Oder ist es die Tatsache, dass ein Gespräch in der Personalabteilung ansteht? Sie kann ihre Wahrnehmungen nur schwer einordnen. Trotz mehrerer versteckter und offener Versuche, Klarheit zu erlangen, bleibt sie zunächst noch im Ungewissen. Doch in ihrer Magengegend macht sich zunehmend ein ungutes Gefühl breit.

Das Personalgespräch soll auf absehbare Zeit ihre letzte Diensthandlung auf deutschem Boden sein. Der Mietwagen ist zurückgebracht, das Gepäck versorgt. Gleich im Anschluss an das Gespräch will sie abreisen.

Doch das Zusammentreffen in der Personalabteilung verläuft irritierend. Nichts Genaues oder Schlüssiges kommt am Ende dabei heraus. Sie erfährt lediglich, dass sie noch im Referat 118, dem Sicherheitsreferat, vorsprechen muss. Dort erwartet sie bereits Kommissar Knopp vom Bundeskriminalamt. Er setzt sie offiziell davon in Kenntnis, dass gegen sie ein Ermittlungsverfahren wegen Verdachts geheimdienstlicher Agententätigkeit eingeleitet wurde. Er fordert sie auf, ihn und einen Kollegen nach Meckenheim zu begleiten, zum Hauptsitz des BKA, um dort zu den erhobenen Vorwürfen Stellung zu beziehen.

Ihre schlimmsten Befürchtungen scheinen sich zu bewahrheiten. In Begleitung der beiden Beamten verlässt Lilli Pöttrich Bonn in Richtung Meckenheim. Während der Fahrt erfährt sie erste Gründe für dieses Vorgehen. Ein Ausweis wurde gefunden, der eindeutig ein Foto von ihr trägt, aber auf einen anderen Namen und eine offensichtliche Deckadresse ausgestellt ist. Die Tatsachen sprechen für sich, etwas zu leugnen scheint zwecklos. Die welterfahrene neununddreißig Jahre alte Diplomatin befindet sich in der bisher schwierigsten Lage ihres Lebens.

Anstatt die Nacht in einem rumänischen Hotel zu verbringen, findet sie sich in einer kargen, grün gefliesten Zelle wieder. Ihre persönliche Habe – Handtasche, Geld, Uhr, Tabletten – wurde ihr abgenommen. Schuh- und strumpflos lassen die Beamten sie in dieser beklemmenden Enge zurück. Die Zigaretten sind ihr noch geblieben, doch um Feuer muss sie einen Beamten bitten. Spätestens in diesem Moment, an diesem trostlosen Ort, enden gleichzeitig zwei Karrieren: die der Diplomatin im Auswärtigen Dienst der Bundesrepublik und die der ehemaligen Topagentin des Ministeriums für Staatssicherheit der DDR.

Doch wie konnte es soweit kommen? Was bewog die junge und intelligente Frau, diesen Weg bereitwillig einzuschlagen? Welche Geschichte verbirgt sich hinter ihrem Schicksal?

2. Kundschafter

Für das Ministerium für Staatssicherheit (MfS) waren Agenten, Spione oder Spitzel »Kundschafter des Friedens«. Ihr oberster Chef, der Minister für Staatssicherheit und Armeegeneral Erich Mielke, betonte immer wieder ihre Bedeutung für die Ziele des sozialistischen Deutschlands. Seinen Worten zufolge zeichneten sich »seine« Geheimdienstler durch besonderen Mut, Ehrlichkeit, Kühnheit und Disziplin aus. Sie sollten aufdecken, was sich innerhalb und außerhalb der DDR gegen den Weltfrieden und gegen den Sozialismus tat. Sie galten ihm als »wahre Verfechter des gesellschaftlichen Fortschritts«. Letztendlich sollte mit dieser Propaganda für die inoffizielle Mitarbeiterschar des MfS die geheimpolizeiliche und nachrichtendienstliche Arbeit öffentlich legitimiert werden.

In Wahrheit handelte es sich um Verrat, der nicht nur mit hehren Worten belohnt wurde. Auf der einen Seite des Verrats stand die Forderung nach unbedingter Treue jedes Bürgers, die mit autoritärer Macht, Dogmatismus, Perfektionismus und perfiden Methoden überwacht und kontrolliert wurde. Für die Einwohner der DDR bedeutete das auf der anderen Seite, dass man sich – jenseits aller individuellen Motive – durch eine »inoffizielle Mitarbeit« und den damit verbundenen Verrat an Freunden, Bekannten, Nachbarn vor allem eins verschaffen konnte: eine Sonderstellung.

Mit Attributen wie Mut, Ehrlichkeit, Kühnheit – um nur einige zu nennen – wurden die »Kundschafter« belegt. Damit waren Erwartungen formuliert, die es zu erfüllen galt. Doch welche ureigenen, inneren Motive machten die vorwiegend jungen Menschen verführbar für einen Vertrauensbruch? War es der Reiz des Geheimnisses, der etwas Erregendes und Erotisierendes in sich trägt, verbunden mit Fantasien eigener Macht? Verrat hat viel mit Macht zu tun, denn um jemanden oder etwas verraten zu können, müssen auch die Möglichkeiten dazu gegeben sein. Ohne intimes Wissen gibt es keine Macht und somit kann auch nichts verraten werden. Ein Geheimnis zu hüten, Geheimnisträger zu sein, erhöht psychologisch das eigene Prestige in doppelter Weise. Aber jeder Verrat findet auch im Verräter selbst statt. Ständig muss ein Spion oder Spitzel sein wahres Gesicht verstecken, ständig muss er in der Furcht leben, entdeckt zu werden. Solch ein dauerhaftes Doppelleben verändert das Bild von sich selbst. Die Forschungen zu Undercover-Agenten amerikanischer und englischer Geheimdienste berichten von Identitätsproblemen, Rollenschwierigkeiten, Depressionen, Alkohol- und Drogenmissbrauch sowie von »konventionellen« Symptomen wie Schlafstörungen, Angst, Gedächtnis- und Konzentrationsstörungen.

Wie erging es den Inoffiziellen Mitarbeitern des MfS, die zu Tausenden auf beiden deutschen Seiten unterwegs waren? Die Mehrzahl von ihnen beschaffte Informationen aus ihrem jeweiligen Berufs- und Lebensumfeld. Die politischen Ziele der SED bestimmten die Inhalte und die Methodik der Arbeit mit Agenten im Westen. Neben der Informationsbeschaffung bediente sich das MfS auch der verdeckten Unterstützung oder Beeinflussung von Parteien, Medien oder der westdeutschen Studenten-, Gewerkschafts- und Friedensbewegungen. Damit wurde umgesetzt, was auf der politischen Agenda der SED ganz oben stand: der Kampf gegen den Klassenfeind im Westen. Ging es Anfang der sechziger Jahre in diesem Kampf noch um die internationale Anerkennung, so fürchtete das Regime im Zuge der Entspannungspolitik die zunehmende Beeinflussung der Bevölkerung der DDR durch »feindliche Kräfte« in der Bundesrepublik.

Wie bedeutend der Einfluss der DDR auf die Politik der Bundesrepublik wirklich war, können wir rückblickend nur abschätzen. Schließlich ging die deutsch-deutsche Geschichte einen anderen Weg. Was wir jedoch wissen ist, dass MfS-getreue Inoffizielle Mitarbeiter in den Schaltzentren der bundesrepublikanischen Macht in mitunter verantwortungsvollen Positionen saßen und Zugang zu geheimem und streng geheimem Wissen hatten.

3. Innenansicht

Sämtliche Fäden der nachrichtendienstlichen Arbeit, insbesondere in und nach der Bundesrepublik, liefen in der DDR im Ministerium für Staatssicherheit zusammen. Eine besondere Rolle kam dabei der Hauptverwaltung Aufklärung (HV A) zu, aber auch die Verwaltung Aufklärung der Nationalen Volksarmee leistete wichtige Dienste. Die tragende Funktion übernahmen hierbei die Inoffiziellen Mitarbeiter (IM), die das MfS offiziell definierte als

>*»Personen, die für die Lösung der Aufgaben des Ministeriums für Staatssicherheit zur geheimen Zusammenarbeit verpflichtet werden und für ihren Einsatz und der ihnen gestellten konkreten Aufgaben bestimmten Anforderungen genügen müssen«.*

So war es niedergelegt in der MfS-Richtlinie 1/59 vom 17. Juni 1959, dem umfangreichsten und ausführlichsten Grundsatzdokument zur inoffiziellen Arbeit in der Geschichte der HV A. Aufbauend auf den Jahre währenden Erfahrungsprozess im Umgang mit Inoffiziellen Mitarbeitern und entsprechend den aktuellen politischen Geschehnissen folgten weitere Präzisierungen der Richtlinie. Die nächsten verbindlichen Richtlinien 1/68 und 2/68 erschienen zeitgleich im Januar 1968.

Die einsetzende Entspannungspolitik und zunehmende Anerkennung der DDR veränderten in den siebziger Jahren die Rahmenbedingungen für die Arbeit der HV A. Als 1975 die Schlussakte der Konferenz über Sicherheit und Zusammenarbeit in Europa (KSZE) unterzeichnet wurde, stellte das darin vorgesehene Recht auf Freizügigkeit das MfS, die HV A und ihre IM-Netze vor neue Herausforderungen. Wieder mussten neue IM-Richtlinien geschaffen werden. Am 1. Januar 1980 schließlich folgten nach langwierigen Verhandlungen die IM-Richtlinien 1/79 und 2/79. 1/79 verstand sich als Grundlagendokument für die Arbeit mit IM, während die Richtlinie 2/79 die konkrete Arbeit der Diensteinheiten der HV A und ihrer IM stärker berücksichtigte. Dreißig Jahre Spionage-Erfahrungen lagen damit gebündelt in zehn Kapiteln vor.

Zu den Operationsgebieten der »Diensteinheiten der Aufklärung des MfS« zählten die USA, die Bundesrepublik, die anderen NATO-Staaten und Westberlin. Weiter hieß es:

»Durch die Arbeit in der BRD sind zugleich günstige Voraussetzungen für die operative Arbeit gegen die USA, die internationalen imperialistischen Organisationen, die anderen imperialistischen Hauptstaaten sowie die VR China zu schaffen.«

Die operative Arbeit sollte zur Stärkung der DDR beitragen und jegliche »Störung des sozialistischen Aufbaus« aufdecken und zerschlagen. Ergänzungen und Konkretisierungen der Richtlinie zu spezifischen Fragen wurden durch Befehle, Weisungen oder Kommentare vorgenommen.

Die Richtlinien unterlagen auch innerhalb des Hauses umfangreichen Sicherheitsvorkehrungen. Ihre Inhalte wurden in Dienstversammlungen und Schulungen mündlich weitergegeben. Nur unter Beachtung strenger Vorschriften konnten sie im Einzelfall auch eingesehen werden. Doch ausgerechnet diese so geheimen Dokumente entkamen während der chaotischen Ereignisse im Jahr 1990 den Reißwölfen. Deshalb befinden wir uns heute in der einzigartigen Lage, detailliert zu rekonstruieren, welche Ziele, Methodiken, Anforderungen an Mitarbeiter und Agenten im Laufe der Jahre – zumindest theoretisch – definiert wurden.

Wie gelang es dem MfS, systematisch und in großer Zahl junge intelligente Menschen aus dem anderen Deutschland dazu zu bringen, mit einem feindlichen Geheimdienst zusammenzuarbeiten? Wie sah der entscheidende Moment aus, an dem die sogenannten Werbekandidaten soweit waren, sich zur Mitarbeit bereit zu erklären? Keine Frucht reift nur aus sich selbst heraus ohne entsprechende Nahrung. Welche Nahrung bekamen sie? Bevor der Einzelne überhaupt bemerken konnte, dass neue Einflüsse seinen Weg entscheidend verändern, knüpfte das MfS bereits ein engmaschiges Netz um ihn. In einem sorgfältig geplanten »Gewinnungsprozess« wurde so aus einem »Hinweis« ein »Werbekandidat«.

4. Auswahl

Lange bevor es zur ersten Begegnung zwischen potentiellem Kandidaten und einem Mitarbeiter des Geheimdienstes kam, war die Maschinerie im MfS bereits angelaufen. Gezielt wurde die Suche nach »operativ interessanten Personen« betrieben. Mit zuletzt über viertausend hauptamtlichen Mitarbeitern kontrollierte und belohnte die Führung der Hauptverwaltung Aufklärung, der Auslandsnachrichtendienst der DDR, Inoffizielle Mitarbeiter innerhalb der DDR sowie der Bundesrepublik fast rund um die Uhr. Über drei Jahrzehnte, bis 1987, führte der wohl bekannteste DDR-Geheimdienstler, Markus Wolf, hier die Regie.

Wer waren diese Männer und Frauen im Ministerium? Die Aktenberge durch die Flure trugen, Informationen sammelten, Berichte und Formulare für dieses und jenes ausfüllten, Anträge schrieben, Gespräche oder Verhöre führten oder Reisevorbereitungen trafen? Hinter den Mauern und Fenstern des im typischen sozialistischen Einheitsstil erbauten Komplexes, dessen gleichförmige graue Fassade Fenster an Fenster reiht, hinter dem Eingangstor, das Einhalt gebietet, und den versteckten Säulen einer Auf- und Vorfahrt für hohen Besuch – über wie viele Schicksale wurde hier entschieden?

Konnte der Normalbürger auf der Straße den MfS-Mitarbeiter als Geheimnisträger erkennen? Gab es Indikatoren, dass sie zur Firma »Horch und Guck« gehörten, wie das MfS im Volksmund ironisch bezeichnet wurde? Offen durften sie nicht darüber sprechen. Sie hatten sich zum Stillschweigen verpflichtet und waren eine oftmals lebenslange Bindung eingegangen. Für sie sollte es eine Auszeichnung und Ehre sein, diesem Haus zu dienen.

Einige aus der riesigen Mitarbeiterschar treten in diesem Buch für uns hervor. Von ihnen wissen wir, woher sie kamen, welche Aufgaben sie übernahmen und auf welche Weise sie sie ausführten.

Abhängig davon, für welche Aufgabenschwerpunkte und aus welchen Bereichen das Ministerium für Staatssicherheit Informationen durch die Mitarbeit »Inoffizieller« besonders dringend benötigte, wurde nach einem zu werbenden IM Ausschau gehalten, der über die entsprechenden Qualifikationen und persönlichen Voraussetzungen verfügte – ganz wie bei einer Stellenbesetzung. Die Suche und Anwerbung eines passenden Kandidaten erfolgte dann nach einem festgelegten Profil. Am Ende stand der Einsatz der angeworbenen Person an einem bestimmten Ort, zum Beispiel einer bundesdeutschen Behörde, Institution, einem Verband oder Ministerium. Darüber hinaus hielten die losgesandten Inoffiziellen Mitarbeiter der HV A flächendeckend und permanent nach potentiell fähigen Zuträgern Ausschau, die dann im Zuge der weiteren »Personalentwicklung« die eine oder andere lukrative Stelle in informationsträchtigen Bereichen des »Feindes« besetzen sollten.

In der IM-Richtlinie 2/68 vom Januar 1968 heißt es zu den besonderen Anforderungen an jeden Werber:

»[...] Der Werber muss in der Regel ein zuverlässiger und in der operativen Arbeit erprobter IM sein, der sich besonders durch solche Eigenschaften auszeichnet, wie

- *Kontaktfreudigkeit.*
- *Hohes Maß an Einfühlungs- und Anpassungsvermögen.*
- *Entscheidungs- und Handlungsfreudigkeit.*
- *Selbstbewusstes und selbstsicheres Auftreten.*

Er muss in der Lage sein, die Gefühle, das Denken und das Handeln geeigneter Werbekandidaten wesentlich zu beeinflussen. Die Auswahl des jeweiligen Werbers richtet

sich nach den individuellen Merkmalen des Werbekandi-
daten, zumindest aber nach den verallgemeinerten Merk-
malen bestimmter Personengruppen. [...]«

Die im Auftrag des DDR-Geheimdienstes ausgesandten Männer und Frauen wussten, dass sie Augen und Ohren offen
halten sollten. Kontaktfreudig waren sie, dabei freundlich
und offen, interessiert an allem Möglichen – und immer wahrten sie den Takt. So viel wie möglich wollten sie über das
noch unbekannte Gegenüber wissen und so wenig wie möglich von sich preisgeben. Allerdings hatten sie immer auch eine
Geschichte parat, die sie im Zweifel über sich erzählen konnten.

Hinweise auf interessante Personen, und damit lohnenswerte Ziele, erhielten die Mitarbeiter des MfS auf verschiedenen
Wegen, zum Beispiel von »IM im Operationsgebiet«, die sich
im gemeinsamen beruflichen oder privaten Umfeld eines potentiellen Neuzugangs aufhielten. Gefragt waren auch solche
IM, die in der DDR lebten, aber Beziehungen zu Bürgern der
Bundesrepublik pflegten. Darüber hinaus wurden selbstverständlich die Erkenntnisse und Recherchemöglichkeiten anderer Diensteinheiten des MfS genutzt, zum Beispiel die Post-,
Telefon- oder Reiseverkehrskontrollen, durch die Personeninformationen gewonnen wurden, oder die Hinweise der Meldestellen über Ein- und Ausreisen.

Das besondere Augenmerk galt bei dieser Suche nach interessanten Personen allen Hinweisen, die über die berufliche und
politische Tätigkeit sowie über Vorlieben in der Freizeitgestaltung Auskunft gaben. Die sozialen Beziehungen wurden unter
die Lupe genommen, und es wurde versucht, alles über persönlich einschneidende Erlebnisse zu erfahren.

Eine Forschungsarbeit, die 1973 an der Juristischen Hochschule des MfS zum Thema »Die Gewinnung Inoffizieller
Mitarbeiter und ihre psychologischen Bedingungen« erschien,

fasst die entscheidenden Kriterien einer Zielperson zusammen: das Alter des Kandidaten, das Geschlecht, die physische und psychische Konstitution, die soziale, familiäre und berufliche Position, die persönliche Vergangenheit, persönliche Besitzverhältnisse, Wohn- und Aufenthaltsorte, Zugehörigkeit zu politischen Gruppierungen, persönliche Kontakte und Umgang sowie die Leistungsfähigkeit. Daneben kam es dem MfS auf solche sozialen und intellektuellen Fähigkeiten an, die zwar nicht direkt in der Phase einer Gewinnung vorhanden sein mussten, jedoch potentiell als entwicklungsfähig eingeschätzt wurden. Dazu zählten zum Beispiel die Kontakt-, Beziehungs- und Beobachtungsfähigkeit, die Selbstbeherrschung und die Belastbarkeit. In diesem Forschungsbericht heißt es:

> »Jede Gewinnungsmaßnahme ist in hohem Maße davon abhängig, was man vom Kandidaten weiß und ob man ihn richtig einschätzt. Die Kenntnis seiner bisherigen Lebensweise, der Entwicklung seiner Persönlichkeit und seiner operativ interessanten sozialen Beziehungen ist eine Grundlage dafür, um sein Verhalten während der verschiedenen Gewinnungsschritte richtig vorherzusehen und darauf aufbauend das Vorgehen bei der Kontaktierung, bei der Werbeargumentation, bei der Art und Weise der Verpflichtung u. Ä. festzulegen. Auch für die spätere inoffizielle Zusammenarbeit ist möglichst umfangreiches und sicheres Wissen über den IM bedeutsam ...«

Von »inneren Merkmalen« sei es mit abhängig, inwieweit der Kandidat zur Zusammenarbeit bereit sei, ob eine voraussichtliche Eignung und Entwicklungsmöglichkeiten vorhanden seien und wie Zuverlässigkeit und andere charakterliche Eigenschaften eingeschätzt werden könnten. Ferner stellen die Autoren der Studie fest:

» Die Aufklärung der Persönlichkeit lässt sich nicht durch eine einzige operative Maßnahme und auch nicht durch vielerlei Aktivitäten an einem einzigen Punkt im Gewinnungsprozess realisieren. Sie ist keine einmalige Angelegenheit, sondern eine fortdauernde Arbeit des operativen Mitarbeiters.«

Konkret bedeutete dies, dass sich ein Werber kontinuierlich um den zukünftigen Mitarbeiter »kümmern« musste, ihn in den unterschiedlichsten, gegebenenfalls herbeigeführten Situationen beobachten und erleben musste, um daraus seine Rückschlüsse auf die einzuschätzende Person zu ziehen. In einem standardisierten »Operativplan« wurde dargestellt, welche Erkenntnisse man über einen bestimmten Kandidaten gewonnen hatte. Zusätzlich hatte der zuständige Sachbearbeiter Angaben dazu zu machen, was warum wie erreicht werden sollte. Des Weiteren sollte in diesem Plan erfasst werden, welcher IM unter welcher Legende eingesetzt werden sollte und wie ein Kontakt aufgenommen und genutzt werden könnte.

Vor allem Studenten wurden gern von der Rekrutierungstruppe des DDR-Geheimdienstes angesprochen, da sie gute Aussichten boten, in »Geheimbereichen des Feindes« eingesetzt zu werden. Man ging bei dieser Zielgruppe davon aus, dass sie aufgrund mangelnder Lebenserfahrung und wegen ihrer geringen politischen und operativen Kenntnisse leicht für die eigenen Ziele manipuliert werden konnte. Aber auch Beamtenanwärter und junge Sekretärinnen galten als aussichtsreiche Kandidaten.

5. Einstieg

Welche Situationen und Umstände waren es, die das Ministerium für Staatssicherheit und die Hauptverwaltung Aufklärung auf junge Menschen aufmerksam werden ließ, mit dem festen Vorsatz, sie für sich zu gewinnen?

Wir folgen dem Aufstieg vier ehemaliger »Kundschafter« des Ministeriums für Staatssicherheit, die sich erfolgreich als Staatsdiener im Auswärtigen Amt bewähren sollten. Zur älteren Agenten-Generation gehören Ludwig Pauli, Klaus von Raussendorff und Hagen Blau, die sich bereits in den fünfziger Jahren zu einer Mitarbeit für das MfS bereit erklärt hatten. Mehr als drei Jahrzehnte lang, beinahe während des gesamten Bestehens der DDR, führten sie ein Doppelleben. Lilli Pöttrich geriet Mitte der siebziger Jahre in den Einflussbereich des Ministeriums für Staatssicherheit. Die Geschichte und der Weg dieser vier in das Spinnennetz des MfS stehen hier beispielhaft für das Vorgehen und die Methoden des DDR-Geheimdienstes. Ihr Schicksal ist ein eindringliches Beispiel einer raffiniert geplanten und dann unaufhaltsam fortschreitenden Verstrickung in Illoyalität, Lügen und Verrat.

*

Ludwig Pauli wurde 1930 als einziger Sohn eines ehrgeizigen Beamten im damaligen Reichsaußenministerium in Danzig geboren. Der Heranwachsende erlebte den Aufstieg und Fall des Vaters hautnah mit. Dieser hatte sich mit eiserner Disziplin, Staats- und Parteitreue in seiner Beamtenlaufbahn bis zum Amtsrat hochgearbeitet, wo er ab 1938 im Reichsaußenministerium Hitlers seinen Dienst versah. Im Zuge der Entnazifizierung nach dem Krieg wurde auch der prinzipientreue Vater als ehemaliges NSDAP-Mitglied und Reichsbeamter aus dem Dienst entlassen – für den Sohn war dieser Abstieg ein Schock. Die Trümmerwelt Deutschlands, die kriegsbedingt eingeschränkten schulischen Ausbildungsmöglichkeiten – bis zur mittleren Reife hatte es Ludwig Pauli auf dem Gymnasium zumindest geschafft –, die unrühmliche politische Vergangenheit des Vaters, dazu finanzielle Sorgen und familiäre Spannungen: Der pubertierende junge Mann trug schwer an den Erblasten, die den Blick in eine eigene hoffnungsvolle Zukunft verstellten. Die emotional enge Bindung an seine Mutter half ihm vorerst – dafür blieb er ihr zeit ihres Lebens treu und ergeben.

In der ehemaligen Reichshauptstadt, seit Kriegsende in vier Sektoren geteilt und unter gemeinsamer Verwaltung der Alliierten, startete Ludwig Pauli 1948 über eine Lehre beim Berliner Senat eine mittlere Verwaltungslaufbahn. An den Abenden besuchte er eifrig Kurse an der Westberliner Volkshochschule, die sich mit politischen und gesellschaftswissenschaftlichen Fragen beschäftigten. Auch die marxistische Theorie begegnete ihm hier zum ersten Mal.

*

Als Klaus von Raussendorff 1936 geboren wurde, war Adolf Hitler gerade drei Jahre an der Macht. Bis Kriegsende arbeitete sein Vater als Prokurist bei der Firma Krupp in Essen in leitender Position. Als Kind aus gutem Hause wuchs Klaus von Raussendorff in Essen-Bredeney auf, besuchte standesgemäß das Gymnasium und engagierte sich in der Schülermitverwaltung und bei der Schülerzeitung. Schon sein Jugendtraum war es, Diplomat zu werden. 1955 legte er sein Abitur ab.

Zum Studium ging der junge Mann nach Hamburg. Er war gezwungen, sich neben dem Studium der Germanistik, Geschichte und Theaterwissenschaften mit verschiedenen Tätigkeiten über Wasser zu halten, da die finanzielle Unterstützung des Vaters nicht ausreichte. Auf der Suche nach seiner sozialen Identität fühlte sich Klaus von Raussendorff von den Ideen und Weltanschauungen der Kommunistischen Partei zunehmend angezogen. In dieser Zeit wurde ihm der Einberufungsbescheid der Bundeswehr zugestellt, dem er keineswegs Folge leisten wollte.

Die Lösung bot sich ihm in Form eines Stipendiums, das ihm die Fortsetzung des Studiums in Berlin ermöglichte. Wer in der geteilten Stadt lebte, konnte nicht zur Bundeswehr eingezogen werden. Im Wintersemester 1956/1957 wechselte Klaus von Raussendorff als Stipendiat an die Freie Universität (FU) nach Berlin. Aus Frustration darüber, dass er in den Vorlesungen eigentlich nichts Neues hörte, richtete sich seine Neugier auf den Ostteil der Stadt. Mit Begeisterung stöberte er dort in Buchhandlungen nach alter und neuer Literatur und deckte sich vor allem mit kommunistischem Gedankengut ein. Das andere Deutschland rückte ihm immer näher. Deshalb wollte er unbedingt an der Humboldt-Universität in Ostberlin studieren. Freundlich, aber bestimmt wurde sein Ansinnen dort abgewiesen. Schließlich ermöglichte ihm ein Ostberliner Lyriker, den er in der evangelischen Studentengemeinde der FU kennenlernte, Veranstaltungen der FDJ an der Humboldt-Uni zu besuchen. Die politischen Ideen des sozialistischen Jugendverbandes faszinierten ihn. Dem in der Bundesrepublik vermittelten Feindbild von der DDR-Diktatur konnte Klaus von Raussendorff immer weniger folgen.

Diskussionen mit politisch Gleichgesinnten, Einblicke in bisher unbekannte Bücher über Literatur und Geschichte, Theater-, Opern- und Konzertbesuche auf der anderen Seite der geteilten Stadt – Ende der fünfziger Jahre noch ohne Mauer – faszinierten von Raussendorff. Für ihn war die DDR die tolerantere und friedlichere Gesellschaft, während es nach seiner Überzeugung in der Bundesrepublik an innerer Freiheit mangelte. Er hätte gerne in dem sozialistischen Staat gelebt.

Einstellung und Ansinnen Klaus von Raussendorffs, häufig und offen geäußert, ließen so manchen in seiner nächsten Umgebung aufhorchen. Damit war er zumindest hinsichtlich seiner politischen Haltung für das MfS ein idealer Kandidat. Inwieweit er sich als Person dazu eignen würde, als Inoffizieller Mitarbeiter oder Agent Geheimnisse zu wahren und geheime Informationen mit allen persönlichen Risiken weiterzugeben, musste sich erst noch zeigen.

*

Ähnlich erging es in dieser Zeit einem anderen jungen Mann: Hagen Blau. Sein Lebensweg zeigt erstaunliche Parallelen zu dem von Raussendorffs, auch wenn sich die beiden erst Jahre später an einem ganz anderen Ort begegnen sollten. Auch er gehörte zu denen, die sich in den fünfziger Jahren den Vorstellungen der jungen DDR anschlossen und mehr als dreißig Jahre als »Kundschafter des Friedens« geheime Anerkennung fand. Auch er stieg im Auswärtigen Amt eine erstaunliche Karriereleiter empor.

Seine Lebensgeschichte begann im Berlin der dreißiger Jahre. Kurz vor Ausbruch des Zweiten Weltkrieges, 1937, verließen seine Eltern – beide Journalisten – mit dem Zweijährigen die Stadt. Seine Kleinkind- und Volksschulzeit war durchzogen von etlichen Wohnungs- und Ortswechseln und den unmittelbaren Auswirkungen der Kriegsumstände. Erst ab Ostern 1946 erlebte der Elfjährige ein wenig Kontinuität: Bis zum Erreichen des Abiturs lebte er mit seinen Eltern in Hannover. Hagen Blau war bestrebt ein sehr guter Schüler und ein guter Sohn zu sein. Die hohen intellektuellen und sportlichen Erwartungen seiner Eltern, besonders seiner Mutter, erfüllte er, wenn auch nicht immer aus eigenem Willen. Ausgleich fand er beim Lesen. War der Rückzug in die Welt der Bücher ein Versuch, den Erwartungen und Kontrollen einer dominierenden Mutter zu entfliehen? Was auch immer seine Motive waren, sicher ist, dass sich der pubertierende, intelligente und erfolgreiche junge Mann in dieser Zeit mehr und mehr von Freunden und Gleichaltrigen isolierte.

1955 verließ Hagen Blau als stolzer Abiturient und voller Zukunftsideen sein Elternhaus. Ihn zog es zurück nach Berlin, seiner Geburtsstadt. Dort wohnte er zunächst zur Untermiete in einem Steglitzer Studentenzimmer. An der Philosophischen Fakultät der Freien Universität begann er sogleich sein Studium der Ethnologie, Soziologie und Politikwissenschaft. Schon bald entdeckte er seine Leidenschaft für die fernöstliche Kultur und konzentrierte sich fortan auf Japanologie und Sinologie. Im Jahr 1957 kehrte auch die Mutter wieder nach Westberlin zurück. Gemeinsam bezogen sie eine Wohnung in der Nachodstraße 19 in Berlin-Wilmersdorf. Hatte er als Gymnasiast versucht, den eigenen Bereich durch den inneren Rückzug zu schützen, wie erlebte er nun als junger Erwachsener die unmittelbare Nähe, Kontrollmöglichkeit und die noch immer sehr hohe Erwartungshaltung der Mutter? Welche inneren Konflikte durchlebte er? Nach außen jedenfalls scheute Hagen Blau keine Auseinandersetzung. Als ein Feld dafür bot sich ihm die politische Lage im geteilten Berlin und der beiden deutschen Staaten.

In den späten fünfziger Jahren gehörte es in Studentenkreisen fast zum guten Ton, sich politisch zu engagieren. Es war die Zeit des Wirtschaftswunders und des Kalten Krieges, der Wiederbewaffnung, der Aufrüstung in Ost und West und der zunehmenden Wahrnehmung der Rolle alter Nazis. Hagen Blau wurde Mitglied im linksgerichteten Sozialistischen Deutschen Studentenbund (SDS) und trat 1958 in die SPD ein. In verschiedenen Funktionen beteiligte er sich aktiv an der Parteiarbeit, so im SPD-Kreisvorstand in Wilmersdorf und als Leiter der Arbeitsgemeinschaft der Jungsozialisten. Ihn interessierten die internationale Politik, Fragen der Kulturpolitik und kommunistische Theorien. Häufig nahm er an Tagungen der SPD-nahen Friedrich-Ebert-Stiftung teil. Von dieser Stiftung erhielt er später auch ein Stipendium, das es ihm ermöglichte, ein Promotionsvorhaben in die Tat umzusetzen.

Mit der Zeit kristallisierten sich in seinem Umfeld einige Personen heraus, die mit der Sozialdemokratie sympathisierten, jedoch aus dem anderen Teil Deutschlands, aus Ostberlin, stammten. Deren Ideen eines vereinten sozialistisch, pazifistisch und antifaschistisch geprägten Staates konnte Hagen Blau immer mehr folgen. Er hoffte damit auf eine radikale Veränderung nach den schrecklichen Verbrechen, die Deutschland über die Welt gebracht hatte. Für ihn bot die DDR die Chance eines demokratischen und gerechten Deutschlands. Die Bundesrepublik und die Westbindung unter Adenauer, die für ihn auf Aufrüstung und Vertiefung der deutschen Spaltung ausgerichtet war, lehnte er vehement ab. Immer häufiger traf er sich daher zu politischen Diskussionen mit seinen Ostberliner Freunden. Unter ihnen war ein Mann, er nannte sich »Bernhard Berner« – sein wahrer Name konnte nie ermittelt werden –, der sich Hagen Blau auch auf der persönlichen Ebene näherte. Der ahnte zunächst noch nicht, welche ausgereifte Systematik und Planung hinter dieser Annäherung steckte.

*

In den siebziger Jahren wurde der Staatssicherheitsdienst auf eine junge Frau aufmerksam, die sich in studentischen Bewegungen in Frankfurt am Main politisch engagierte. Ihr Name: Lilli Pöttrich, geboren 1954 in Wiesbaden. Sie wurde kontinuierlich zu einer Agentin für das MfS aufgebaut und eine ebenso erfolgreiche Diplomatin im Auswärtigen Amt der Bundesrepublik.

Geboren wurde Lilli Pöttrich als älteste Tochter eines Gewerkschaftlers und Geschäftsführers in der Verwaltung der IG Bau-Steine-Erden. Die Mutter, eine ehemalige Kindergärtnerin, sorgte für das häusliche Wohl. Berufsbedingt hatte sich der Vater für einen Umzug nach Düsseldorf-Eller entschieden. Die Eltern bezogen gemeinsam mit der Großmutter, der dreijährigen Susanne Angelika und der sechsjährigen Lilli ein »Neue-Heimat«-Haus mit Garten. Die neue Umgebung war nicht nur durch den Ortswechsel für die Sechsjährige fremd und mit Unsicherheiten verbunden. Hier herrschte ein anderer Ton unter den Kindern auf der Straße. Rauer, direkter, unvermittelter und weniger rücksichtsvoll ging man hier miteinander um. Lilli reagierte als Neuankömmling zurückhaltend und ängstlich darauf. Damit geriet sie in eine Außenseiterrolle, die zusätzlich dadurch verstärkt wurde, dass ihre Familie im Gegensatz zu den meisten anderen Familien der Umgebung ein neu erbautes eigenes Haus mit Garten bewohnte und damit eine Sonderstellung einnahm. Obendrein fuhr sie der besorgte Vater morgens persönlich zur Schule.

Die katholische Volksschule an der Deutzer Straße in Düsseldorf-Eller war damals so etwas wie eine Dorfschule, es gab nur vier Klassenräume und vier Lehrer, die alle acht Jahrgänge nacheinander unterrichteten. Am Nachmittag vergnügte sich Lilli Pöttrich lieber mit ihren Spielsachen – vor allem der Eisenbahn – als mit Gleichaltrigen, oder sie unternahm mit ihrer Mutter und Großmutter alles Mögliche. Mutter, Schwester und Großmutter bildeten vorerst ihren Lebensmittelpunkt, hier fühlte sie sich sicher und geborgen. Die Frauen waren unternehmungslustig und erkundeten die Umgebung, besuchten Ausstellungen und Kirchen und interessierten sich für die lokalen Geschehnisse und Veranstaltungen. Sie kenne im näheren Umkreis Düsseldorfs praktisch jeden Stein, der älter als zweihundert Jahre sei, und auch heute müsse sie sich noch alles ansehen, wenn sie irgendwo sei, meinte Lilli Pöttrich rückblickend.

Mitte der sechziger Jahre wechselte Lilli mit sehr guten Schulnoten auf ein Gymnasium. Der Vater hatte entschieden, dass seine Erstgeborene ihre nächste Ausbildung im nahe gelegenen Düsseldorf-Benrath, einem wohlhabenden und konservativen Vorort von Düsseldorf mit repräsentativem Schloss und Schlosspark, erhalten sollte. Das erste Erlebnis mit der Direktorin des neusprachlichen Annette-von-Droste-Hülshoff-Mädchengymnasiums hinterließ leichte Zweifel an der Richtigkeit der Wahl. Diese hatte sich nämlich skeptisch über die zu erwartenden Schulnoten ihres Neuzugangs geäußert. Das kränkte und beunruhigte den Vater mehr als die neugierige Tochter.

Gleich zu Beginn spürte Lilli Pöttrich einen anderen Wind in der Schule. Unter umgekehrten Vorzeichen wiederholten sich hier ihre Erfahrungen als Außenseiterin. Wurde sie in Eller ausgeschlossen, weil ihre Eltern mit schmuckem Eigenheim einer höheren sozialen Schicht angehörten, galt sie nun in Benrath als das Mädchen aus dem Arbeiterviertel. Die Bemühungen der Zehnjährigen, sich in die neue Gemeinschaft zu integrieren, endeten auch hier mit dem Gefühl, ausgeschlossen zu sein. Sie nutzte ihre Rolle als Außenseiterin jedoch, um ohne Rücksichten ihre Positionen zu vertreten, und unterschied sich damit von vielen Mädchen des Gymnasiums. Offen und direkt versuchte Lilli Pöttrich sich und ihre Ansichten durchzusetzen. Dabei kamen ihr die Erfahrungen des harten Umgangs in Eller sicher zugute. Später fand sie unter ihren Mitschülerinnen auch Freundinnen, die sie vielleicht gerade wegen ihrer direkten Art schätzten.

Das groß gewachsene kräftige Mädchen mit der langen blonden Mähne geriet an der Schule immer mehr in den Ruf, besonders »links« zu sein. Kontakte zu Studenten, die sich im SHB, dem »Sozialdemokratischen Hochschulbund« engagierten und deren Ideen sie faszinierten, mögen dazu beigetragen haben. Sie übernahm für eine Zeit die Rolle der Klassen- und

Schulsprecherin, organisierte die Schülermitverwaltung, Konzerte und Aktionen und diskutierte offen und kontrovers über aktuelle politische Ereignisse.

Es war allgemein eine Zeit der Proteste und des Widerstands. Die Nachkriegsgeneration wehrte sich zunehmend gegen Bestehendes. Studenten demonstrierten aggressiv gegen den Vietnamkrieg. Benno Ohnesorg wurde in Westberlin während einer Protestdemonstration gegen den Schah-Besuch von einem Polizisten erschossen. Mittlerweile war Bundeskanzler Ludwig Erhard von Kurt Georg Kiesinger abgelöst worden, eine Große Koalition regierte nun das Land. Im Mai 1968 verabschiedete der Bundestag die Gesetze zur Notstandsverfassung, die dem Parlament im Verteidigungsfall sowie im Falle innerer Unruhen und Katastrophen eine Reihe neuer Kontrollmöglichkeiten einräumten. Massen von Studenten, Gewerkschaftlern und Intellektuellen protestierten gegen die Notstandsgesetze. Im April 1968 kam es in Frankfurt am Main zu ersten Brandanschlägen der Rote Armee Fraktion (RAF), für die Andreas Baader und Gudrun Ensslin verurteilt wurden. Auf Rudi Dutschke, den Vorsitzenden des Sozialistischen Deutschen Studentenbundes (SDS), wurde ein Attentat verübt, und in mehreren Städten gab es schwere Studentenunruhen. Die Auseinandersetzungen zwischen Demonstranten und der Polizei eskalierten zunehmend. Ähnliches geschah in anderen westlichen Industrienationen. Bürgerliche Werte galten bei den Demonstranten als spießig. Lange Haare, nachlässige Kleidung und alternative Lebensentwürfe waren Zeichen eines Aufbegehrens gegen Autoritäten in Familie, Beruf, Hochschule und Staat. Hier trafen jedoch nicht nur unterschiedliche Auffassungen, sondern auch verschiedene Generationen aufeinander. Auf der einen Seite die Eltern, die in unterschiedlichem Maße in das Unrecht der Nazi-Zeit verstrickt waren, doch davon nun nichts mehr wissen wollten. Auf der anderen Seite ihre Kinder, die eine offene Auseinandersetzung mit der

Vergangenheit forderten. Unversöhnlich standen sich beide gegenüber.

Im Oktober 1969 übernahmen SPD und FDP unter Bundeskanzler Willy Brandt die Bonner Regierung. Innenpolitische Reformen sollten den geänderten gesellschaftlichen Wertvorstellungen entsprechend durchgeführt werden. Außenpolitisch leitete die Regierung Brandt/Scheel einen historisch bedeutsamen Politikwechsel ein: die deutsch-deutschen Beziehungen wurden im »Grundlagenvertrag« geregelt, der 1972 unterzeichnet wurde. Die DDR-Regierung hatte damit ein wichtiges Ziel erreicht: sie war nun als eigenständiger Staat anerkannt. Die vertraglichen Verpflichtungen brachten Erleichterungen im Reiseverkehr, förderten die Familienzusammenführung und die wirtschaftliche, technische, wissenschaftliche und kulturelle Zusammenarbeit. Damit wurde die Mauer tatsächlich wieder durchlässiger.

Als Achtzehnjährige entschied sich Lilli Pöttrich nach dem Misstrauensvotum gegen Willy Brandt 1972, die SPD zu unterstützen. Gemeinsam mit einer Freundin wurde sie Mitglied der Jungsozialisten. Damit hatte sie öffentlich Position gegen den Vater – er war CDU-Mitglied – und das konservative schulische Umfeld bezogen. Schon bald wurde ihr politische Verantwortung übertragen, zum Beispiel im Juso-Ortsvereinsvorstand und als Delegierte zum Unterbezirksparteitag. 1973 erwarb sie die Hochschulreife mit glänzenden Ergebnissen. Sie hatte alle Chancen für eine akademische Karriere. Zunächst war Lilli Pöttrich unsicher, welchen Studienweg sie einschlagen sollte. Sie besann sich jedoch schnell auf ihre Neigungen und war entschlossen, sich auch in Zukunft politisch zu engagieren. Als Vorbereitung und Voraussetzung dafür erschien ihr das Jura-Studium besonders geeignet, weil sie als Rechtsanwältin die nötige Basis zu haben glaubte, um sich intensiv der Politik widmen zu können.

Sie entschied sich für die Johann-Wolfgang-Goethe-Universität in Frankfurt am Main. Diese Hochschule galt linken Ideen gegenüber als sehr aufgeschlossen. Lilli Pöttrich kam mit recht diffusen Vorstellungen über die tatsächliche Lage dorthin. Da sie schon immer in einer Großstadt und nicht in einem idyllischen Universitätsstädtchen studieren wollte, lockte sie Frankfurt besonders. In Frankfurt-Bornheim fand sie eine kleine Wohnung, die wenig Geld kostete, aber auch wenig Komfort bot. Keine Heizung und kein eigenes Bad, stattdessen Kohleöfen und Waschbecken.

Im Wintersemester 1973 nahm sie ihr Studium auf und engagierte sich von Anfang an in der Hochschulpolitik. Erste Anlaufstelle war der »Sozialdemokratische Hochschulbund« (SHB), den sie bereits aus ihrer Düsseldorfer Gymnasialzeit kannte. Sie betrat zu einem Zeitpunkt die hochschulpolitische Bühne an der Frankfurter Universität, als der SHB seine Bezeichnung »sozialdemokratisch« nach einem Gerichtsbeschluss nicht mehr tragen durfte. Die SPD hatte diese Namensgebung wegen der regen Zusammenarbeit des SHB mit kommunistischen Gruppierungen, besonders mit dem marxistischen Studentenbund »Spartakus«, untersagt.

Im Grundsatzprogramm des SHB wurde der damals »antimonopolistische Kampf« zur Errichtung einer »antimonopolistischen Demokratie als Öffnung des Weges zum Sozialismus« verankert. Damit war die theoretische Annäherung an den MSB-Spartakus vollzogen, der sich zu den Lehren von Marx, Engels und Lenin bekannte, an der Seite der DKP für eine »sozialistische Bundesrepublik« kämpfte und den Vorbildcharakter der Länder des »realen Sozialismus« betonte. Beziehungen zur FDJ und den Jugendverbänden der übrigen sozialistischen Länder wurden gesucht und geschätzt.

Lilli Pöttrich investierte viel Zeit und Energie in Versammlungen und Diskussionen des SHB, stieg schließlich zu dessen stellvertretenden Vorsitzenden auf und vertrat ihn als überzeugende Rednerin im Konvent der Universität. Außerdem verfasste sie zahlreiche Flugblätter, um Kommilitonen von den Ideen des SHB zu überzeugen und sie als Mitstreiter zu gewinnen. Die Ideen anderer Gruppierungen wie die der Frauenbewegung oder der Anti-Atomkraft-Bewegung waren ihr ebenso fremd, wie die gewalttätige Durchsetzung von Interessen. Der SHB war in dieser Zeit wie eine Ersatzfamilie für sie.

Ihr eigentliches Studium musste deshalb häufig zurückstehen, mehr als das geforderte Pflichtprogramm war dabei meist nicht möglich. Die aktive Beteiligung an der Hochschulpolitik war für sie weitaus spannender als Seminare und Vorlesungen zu besuchen oder gar Prüfungen abzulegen.

1975 – mit ihren zwanzig Jahren studierte sie seit vier Semestern Rechtswissenschaften – wurde sie zusammen mit einigen Gleichgesinnten vom SHB, vom MSB-Spartakus und von der DKP für zwei Wochen zu einem seit Jahren stattfindenden Jugend-Sommerlager der FDJ nach Potsdam eingeladen.

Die Gäste aus der Bundesrepublik wohnten in Studentenwohnheimen und trafen sich mit den ostdeutschen Studenten an der Pädagogischen Hochschule in Potsdam. Sie nahmen gemeinsam an Betriebsbesichtigungen und Konzerten teil, besuchten Kunstausstellungen, den Palast der Republik und andere Sehenswürdigkeiten. Die FDJ hatte ein umfassendes und eindrucksvolles Programm vorbereitet. Lilli Pöttrich war überrascht, was die DDR zu bieten hatte. Einige Male hatte sie sich alleine aufgemacht und die Gegend erkundet, ohne sich dabei in irgendeiner Form überwacht zu fühlen. Bei diesem ersten Besuch des Landes war sie beeindruckt und überrascht, dass die DDR, von ihr bisher unbeachtet, offensichtlich ein funktionierender und lebenswerter Staat war.

Seit Mai 1971 hatte Erich Honecker als Erster Sekretär der SED die Macht im Land übernommen. Auf den ersten Blick war er moderner, großzügiger und bürgernäher als sein Vorgänger Walter Ulbricht. Damit demonstrierte Honecker nach außen eine gewisse Weltoffenheit, im Innern hielt er jedoch alles unter Kontrolle. Die DDR als umfassender Überwachungsstaat wurde entgegen aller scheinbaren Lockerungen weiter ausgebaut. Unter Honecker verdoppelte sich der Personalbestand des hauptamtlichen Apparats des Staatssicherheitsdienstes auf zuletzt einundneunzigtausend Mitarbeiter. Dazu kamen all die nebenamtlichen Agenten und Zuträger von Informationen über Freunde, Nachbarn, Arbeitskollegen und Familienangehörige. Die MfS-Zentrale in Ostberlin war über die Bezirke und Kreise überall im Land gegenwärtig, um die Bevölkerung rund um die Uhr zu kontrollieren. Die Grenzabsicherung gegenüber der Bundesrepublik und Westberlin wurde im Laufe der siebziger Jahre immer perfekter. Neben Mauer und Stacheldraht wurden zusätzlich Zehntausende Selbstschussanlagen und Bodenminen eingesetzt sowie fünfzigtausend Soldaten, die die Grenze zu einem lebensgefährlichen Hindernis machten. Alle Ein- und Ausreisenden wurden von verdeckten Mitarbeitern des Staatssicherheitsdienstes systematisch kontrolliert. Wer sich kritisch über die DDR oder ihre Machthaber äußerte, musste mit harten Strafen rechnen: Schikanen, Psychoterror, Gefängnisstrafen bis hin zu Ausweisungen waren an der Tagesordnung.

Von dieser Seite erlebten Lilli Pöttrich und ihre Kommilitonen die DDR während ihres Aufenthaltes nicht. Schließlich galt es, ihnen um jeden Preis mit einer glänzenden Fassade die Utopie eines funktionierenden Sozialismus vorzuspiegeln.

Ob jemand aus dem unmittelbaren oder mittelbaren Lebensumfeld von Lilli Pöttrich dem MfS einen »Tipp« gab oder der Aufenthalt anlässlich der FDJ-Einladung den Ausschlag zur Überprüfung gegeben hatte, weiß sie selbst heute noch nicht. Auf jeden Fall reichten die vorhandenen Informationen über sie aus, um eine persönliche Kontaktaufnahme innerhalb der Bundesrepublik zu planen und zu riskieren. Da der Einsatz eines Inoffiziellen Mitarbeiters aus der DDR im »Operationsgebiet BRD« mit erhöhten Sicherheitsrisiken verbunden war, musste eine Kontaktaufnahme mit ihr zu diesem Zeitpunkt bereits lohnenswert erscheinen.

Um noch mehr über Lilli Pöttrich zu erfahren, reisten zwei Inoffizielle Mitarbeiter mit gefälschten Ausweisen in die Bundesrepublik ein. Nur über einen der beiden, Volker Sch., liegen uns nähere Angaben vor. Hauptberuflich war der IM – jung und blond, mit Schnauzbart und einer Vorliebe für Jeans – in einer Gerätewerkshalle beschäftigt. Um seine Tätigkeit für das MfS gegenüber seinen Kollegen zu verschleiern, gab er sich vor ihnen als Mitarbeiter einer interdisziplinären Arbeitsgruppe an der Hochschule für Ökonomie in Berlin aus. Unter diesem Vorwand konnte er seine häufige Abwesenheit an der Arbeitsstätte rechtfertigen. Die erste Begegnung zwischen dem Werber und seinem »Opfer« galt als entscheidend für die weitere Zusammenarbeit. Volker Sch., als geschulter, erfahrener und zuverlässiger IM, war geradezu prädestiniert für dieses erste Zusammentreffen.

Nachdem Lilli Pöttrich im Sommer 1975 aus Potsdam nach Frankfurt zurückkehrte, drängte schnell wieder der Alltag mit all seinen Verpflichtungen in den Vordergrund. Hätten eines Morgens nicht zwei fremde Männer an ihrer Tür geklingelt, wären die vielen Eindrücke des Besuchs in der DDR unter Umständen auch bald wieder verblasst. Die höflichen Herren – beide um die dreißig und sympathisch – kamen genau von dem Ort, an dem sie sich so wohl gefühlt hatte. Sie stellten sich als Mitarbeiter des »Instituts für Imperialismusforschung« vor, das in Ostberlin seinen Sitz habe. Lilli Pöttrichs Neugier war damit bereits geweckt. Aus Forschungsgründen, so sagten sie ihr, wollten die Männer etwas über ihr Studium und dessen Begleitumstände erfahren. Schließlich sei sie doch bestens über die Studentenbewegung an der Universität Frankfurt informiert. Da man eine Erhebung unter Studenten plane, um friedensfördernde Erkenntnisse über die Verhältnisse in der

Bundesrepublik zu gewinnen, würde man gern ihre Einschätzungen zu diesem Thema erfahren.

Mit dieser Vorstellung gelang es Volker Sch. und seinem Begleiter – obwohl ihr beide völlig unbekannt waren – unter Nutzung einer »Legende« von Lilli Pöttrich in ihre Wohnung gebeten zu werden. Als Begründung für ihren Besuch setzten die beiden Geheimdienstler genau dort an, wo Lillis Hauptinteresse lag: in der Hochschulpolitik. Das Wissen darüber hatte sich das MfS bereits im Vorfeld des Besuchs verschafft, sodass mögliche Nachfragen plausibel beantwortet werden konnten.

Da bekanntermaßen offizielle studentische Beziehungen zur DDR existierten, wunderte sich die junge Studentin nicht weiter über dieses Anliegen. Außerdem sprach sie gerne über die sozialistischen Aktivitäten an der Universität. Schon bald plauderte sie angeregt über die an der Uni vertretenen Gruppen, deren Ansichten und Strukturen und reagierte offen auf die Fragen ihrer »Gäste«. Die beiden sympathischen Männer hörten ihr interessiert und aufmerksam zu, weshalb Lilli auch keineswegs vorsichtig oder gar misstrauisch agierte. Zwei angenehme Gegenüber, die sich hoch zufrieden zeigten und noch im Weggehen betonten, dass sie gerne mit ihr Kontakt halten würden. Schon wenig später meldeten sie sich erneut.

In unregelmäßigen Abständen erhielt sie nun in Frankfurt Besuch der jungen Männer aus der DDR. In Gesprächen und Diskussionen versuchten die beiden Ostberliner Besucher herauszufinden, wie sorgfältig und diszipliniert Lilli Pöttrich auch belastende oder lästige Verpflichtungen erfüllte oder versuchte, solchen auszuweichen. Nutzte oder überschritt sie ihr übertragene Kompetenzen und Rechte? Fragen, die man sich stellen musste, bevor man sich der Agentin in spe offenbarte. Lilli Pöttrich fühlte sich nicht unwohl in Gesellschaft dieser Männer, so viel ist sicher, denn bei einem dieser Besuche gab es eine besondere Überraschung für sie: eine Einladung nach

Ostberlin. Dort sollte der Kontakt fortgesetzt und vertieft werden. Hatte sie keine Bedenken, diesen Schritt zu wagen? Nein. Ihre Neugier war geweckt. Sie wollte wissen, was man wirklich von ihr wollte. Sie konnte sich nicht vorstellen, welchen Nutzen ihre Informationen für das angebliche Institut haben könnten. Viele offene Fragen gab es für sie zu klären und Lilli Pöttrich konnte und wollte diesem Angebot nicht widerstehen. Schließlich hatte sie nichts zu verlieren.

6. Rekrutierung

»Den Werbekandidaten muss die Überzeugung vermittelt werden, dass ihre Handlungen auch ihrem politischen Anliegen oder der Befriedigung ihrer persönlichen Interessen und Bedürfnisse dienen.« (IM-Richtlinie 2/79)

Bevor der oder die Umworbene tatsächlich bereit war, zukünftig für einen Geheimdienst zu arbeiten und dafür harte Strafen zu riskieren, musste das MfS viel Zeit und Geld investieren und alle zur Verfügung stehenden Mittel und Möglichkeiten ausschöpfen. Zunächst musste Klarheit herrschen über die wahren Motive und Beweggründe eines neuen IM zur Zusammenarbeit. Schließlich sollte die Geheimdienstarbeit, zumindest vordergründig, auch der »Befriedigung persönlicher Interessen und Bedürfnisse dienen« (IM-Richtlinie 2/79). Sowohl Werbevorgang als auch die spätere Mitarbeit wurden stets als ein Prozess verstanden, der Veränderungen unterlag, auf den aber auch Einfluss ausgeübt werden sollte. In der Richtlinie 2/79 hieß es in diesem Zusammenhang:

»Die Vorbereitung der Werbung ist die planmäßige Bearbeitung von Werbekandidaten mit dem Ziel, ihre objektiven und subjektiven Voraussetzungen für eine operative Tätigkeit weiter aufzuklären und sie an die operative Arbeit heranzuführen, ohne dass ihnen der konspirative Charakter dieser Handlungen bewusst wird. Dabei ist festzustellen, ob die Werbekandidaten eine operative Perspektive haben und von ihnen die Bereitschaft zur bewussten operativen Zusammenarbeit für einen bestimmten Beziehungspartner erwartet werden kann. [...]. Es ist zu sichern, dass die Werbekandidaten

- *den Kontakt zu dem für ihre Bearbeitung eingesetzten IM im beabsichtigten Umfange aufrechterhalten;*
- *Angaben über persönliche Interessen, Bedürfnisse und Überzeugungen, berufliche und politische Tätigkeit, Freizeitbeschäftigung, persönliche Verbindung und interne Kenntnisse machen;*
- *ihre gesellschaftliche Stellung im operativen Interesse nutzen und entwickeln.*

Den Werbekandidaten muss die Überzeugung vermittelt werden, dass ihre Handlungen auch ihrem politischen Anliegen oder der Befriedigung ihrer persönlichen Interessen und Bedürfnisse dienen.[...]«.

Wie nicht anders zu erwarten, musste die Werbung sorgfältig vorbereitet werden. Ein »Werbeplan« war aufzustellen, der alle Schritte bis zur erfolgreichen Anwerbung und die ersten Aufgaben des Neu-Agenten enthalten sollte. Unter anderem waren darin enthalten:

- Ziel der Werbung,
- Grundlage und Methode,
- Werber und Legende,
- Beziehungspartner,
- Inhalt des geplanten Werbegesprächs,
- Ort und Zeit,
- mögliche Verhaltensvarianten,
- Art und Weise der Bereitschaftserklärung sowie
- Absicherungsmaßnahmen im Falle einer Ablehnung.

Das Werbegespräch sollte sich immer auch an den persönlichen Eigenheiten des zu Werbenden orientieren, um das Gespräch jederzeit im eigenen Interesse steuern zu können. Insbesondere der Vorschlag zur Zusammenarbeit sowie dessen Begründung musste logisch, überzeugend und bestimmt sein. Dabei sollten Bedenken zerstreut, Sicherheitsgarantien gewährt und bestimmten Wünschen Rechnung getragen werden. Vor allem sollte der Geworbene das Gefühl vermittelt bekommen, sich aus freien Stücken und wohl überlegt entschieden zu haben.

*

Auf Lilli Pöttrich warteten nun wichtige Entwicklungen, die ihrem weiteren Lebensweg eine völlig andere Richtung geben sollten.

Mit der Einladung nach Ostberlin trat ihre Anwerbung in die entscheidende Phase. Vermutlich hatte sie – ohne dass es ihr bewusst war – über Interna aus der Universität berichtet, im guten Glauben daran, etwas für die Friedensforschung zu tun. Einer weiteren Prüfung »operativer Fähigkeiten« diente die Einladung nach Ostberlin. Dennoch konnte sich der DDR-Geheimdienst zu diesem Zeitpunkt nicht völlig sicher sein, ob sich diese engagierte Studentin in Zukunft für seine Ziele einsetzen ließe.

Die in diesen Jahren keineswegs alltägliche Fahrt nach Ostberlin bedeutete für Lilli Pöttrich, dass sie sich zu Hause und in ihrem Freundeskreis mit Erklärungen über den Zweck ihrer Reise erst einmal zurückhielt. Unangenehme Fragen wollte sie nicht beantworten und erst recht nicht provozieren.

Im November 1975 machte sie sich tatsächlich das erste Mal in den Ostteil der Stadt auf. Als Treffpunkt war die Weltzeituhr auf dem Alexanderplatz vereinbart. Dort wurde sie bereits von Volker Sch. erwartet. Dessen freundliche Begrüßungsworte zerstreuten aufkommende Bedenken der jungen Frau. Er war diesmal allein erschienen und lud sie nach einem kurzen Wortwechsel ein, mit ihm zu kommen. Aber nicht, wie Lilli Pöttrich erwartet hatte, in die Büro- oder Geschäftsräume seines Instituts, denn schließlich gab es ja berufspolitische

Gründe für ihre Reise, sondern zum gemeinsamen Frühstück in ein Restaurant. Auf dem Weg dorthin stieß ein Mann zu ihnen, den Volker Sch. als »Rudi« vorstellte. Ein eher unauffälliger, aber sehr korrekt gekleideter Mittvierziger, der gegen die ein Meter fünfundsiebzig große Lilli Pöttrich noch kleiner und schmächtiger wirkte, als er ohnehin war. Während des weiteren Gesprächs gab er sich freundlich, zuvorkommend und fast väterlich besorgt. Gemeinsam frühstückten sie und plauderten über die Reise, die Örtlichkeiten – eben über Belanglosigkeiten. Nach dem Frühstück ging es noch immer nicht in ein Büro, sondern mit »Rudi« in den Zoo, was die Verwunderung der jungen Frau zusätzlich steigerte. Volker Sch. verabschiedete sich an dieser Stelle wegen anderer dringender Verpflichtungen. Seine Arbeit war damit getan: Er hatte den Kontakt hergestellt, wichtige Dinge über Lilli Pöttrich in Erfahrung gebracht und sie als perspektivisch interessant eingeschätzt. Nun konnte er wieder zurück an seinen Arbeitsplatz und weitere »Aufträge« des MfS abwarten. Alles Weitere erledigte nun »Rudi«.

Im Zoo war an diesem Samstagmorgen nicht viel los. »Rudi« und Lilli unterhielten sich ungestört und ausgiebig. Er war dabei charmant und interessiert, während sie ein wenig argwöhnisch nach dem wahren Grund ihres Gesprächs suchte. Was hatte er vor? Warum hatte er diesen Ort gewählt? Auch die Gesprächsthemen erschienen ihr äußerst seltsam. Sie plauderten über dies und das, wie sie so lebte, was sie so machte und über Politik im Allgemeinen und das deutsch-deutsche Verhältnis im Besonderen. Wenige Monate zuvor war Willy Brandt wegen der Guillaume-Affäre zurückgetreten und Helmut Schmidt Bundeskanzler der Bundesrepublik geworden. Außerdem hatte Honecker im August 1975 gemeinsam mit Helmut Schmidt die Schlussakte der KSZE-Konferenz in Helsinki unterzeichnet. Damit waren die beiden deutschen Staaten in der Welt gleichwertig anerkannt.

Lilli Pöttrichs Bemühungen, etwas mehr über die Erwartungen des Ostberliner Gastgebers zu erfahren, scheiterten an diesem ersten Tag. Dafür wies »Rudi« sie in irritierender Eindringlichkeit auf die in der Bundesrepublik geltenden Berufsverbote im öffentlichen Dienst hin und betonte, dass sie für Mitglieder bestimmter linksgerichteter Gruppen verheerend seien. Im Januar 1972 hatten die Regierungschefs von Bund und Ländern den sogenannten »Radikalenerlass« verabschiedet, nach dem Bewerber und Angehörige des öffentlichen Dienstes vom Verfassungsschutz auf ihre politische Einstellung hin überprüft werden sollten und gegebenenfalls mit Berufsverboten, Ablehnungen oder Suspendierungen rechnen mussten. Damit sollte verhindert werden, dass die Staatsverwaltung und der öffentliche Dienst von links- oder rechtsextremistischen Beamten und Angestellten unterwandert oder beeinträchtigt würden. Zu solchen »Verfassungsfeinden« der Bundesrepublik zählten beispielsweise Mitglieder der DKP oder jener Organisationen und Parteien, die mit ihnen kooperierten und extremistische Ansichten vertraten.

»Rudi« riet ihr im weiteren Verlauf des Spaziergangs durch den Tierpark dringend davon ab, sich weiter offen politisch zu engagieren. Aber weshalb? Wieso sollte sie sich von derartigen Ratschlägen einschüchtern lassen? Schließlich wollte sie doch für ernste politische Veränderungen in der Bundesrepublik kämpfen. Und wieso sagte ihr das gerade dieser Mann, der doch ein Interesse an Andersdenkenden in der Bundesrepublik haben musste? Eine Antwort auf diese Fragen, die sie sehr beschäftigten, konnte Lilli in den nächsten Tagen zunächst nicht finden.

Natürlich war es in erster Linie kein freundschaftlicher Rat, den »Rudi« ihr da gegeben hatte. Stattdessen sorgte er sich aus einem ganz bestimmten Grund um die weitere persönliche Zukunft von Lilli Pöttrich. Seine Taktik der Verunsicherung und gleichzeitiger gezielter Beeinflussung hatte schon bald Erfolg.

Bei diesem ersten Treffen in Ostberlin blieb es nicht. Es

folgten weitere Verabredungen und Begegnungen. Lilli Pöttrich war nicht abgeschreckt oder zusätzlich verunsichert worden, dazu schienen ihr die Menschen zu nett. Außerdem war sie noch immer neugierig, was man eigentlich von ihr wollte.

Bei ihren nächsten Aufenthalten in Ostberlin übernachtete sie im Hotel »Stadt Berlin«. »Rudi« blieb tagsüber ihr Begleiter. Mit ihm zusammen lernte sie die Umgebung kennen, sie machten Ausflüge, gingen ins Kino, ins Theater, in die Restaurants der Hauptstadt. Immer blieben die Gespräche auf der persönlichen Ebene stecken. Konkrete politische Fragen blieben bei diesen Gesprächen außen vor. Noch immer war Lilli im Ungewissen über die tatsächlichen Gründe der Einladungen aus Ostberlin. Doch dass ihre regelmäßigen Besuche in der DDR einem besonderen Zweck dienen mussten, wurde ihr zunehmend bewusst. Auffallend war für sie vor allem, dass sie in Begleitung von »Rudi« Dinge unternehmen konnte, die normalerweise in der DDR nicht so einfach möglich waren. Sie passierten zum Beispiel ohne Probleme Kontrollpunkte in der DDR, sie konnte tagelang in Ostberlin bleiben, obwohl sie nur ein Tagesvisum besaß. Bei ihrer Abreise erhielt sie lediglich ein neues Dokument, mit dem ihr der Übergang von Ost- nach Westberlin ohne Probleme gestattet wurde. Es zeigte sich mehr und mehr, dass ihr Gesprächspartner über Vollmachten verfügte, mit denen er sich offensichtlich über Vorschriften und Verbote hinwegsetzen konnte. Irgendwann musste Lilli nur noch eins und eins zusammenzählen.

*

Das entscheidende Gespräch fand Anfang 1976 in der Kleinstadt Strausberg statt, einer mehr als siebenhundert Jahre alten Stadt mit historischen Denkmälern und Altstadtkern – nordöstlich von Berlin gelegen, inmitten der Strausberger Seen und der Märkischen Schweiz. Hier, in dieser relativen Abgeschiedenheit, hatte in den fünfziger Jahren das Verteidigungsministerium der DDR seine Zentrale erbaut. Als Garnisonsstadt besaß Strausberg eine lange Tradition, bereits 1714 wurden die ersten Soldaten stationiert. Nach dem Zweiten Weltkrieg war hier das Kommando der Luftstreitkräfte und der Luftverteidigung der Nationalen Volksarmee ansässig sowie zahlreiche Unterstützungs- und Sicherungseinheiten, wie das Wach- und das Kfz-Regiment. Hier saß die Militärspitze der DDR, hier schlug das bewaffnete Herz Ostdeutschlands. Mehrere tausend Menschen in Uniform und Zivil standen im Dienste der Nationalen Volksarmee (NVA) bereit.

An einem sonnigen, aber kalten Februartag lud »Rudi« seine Begleiterin Lilli zu einer Art Landpartie in diesen Teil Brandenburgs ein – nicht nur wegen der landschaftlichen Schönheiten, die an diesem Tag durch den glitzernden Schnee besonders bezaubernd wirkten. Sie fuhren ohne Schwierigkeiten auf das hoch gesicherte Kasernengelände, wurden an jedem Haltepunkt durchgewinkt und parkten schließlich exakt vor dem NVA-Offizierskasino. Das anschließende Mittagessen bildete den krönenden Abschluss seiner Demonstration von Einfluss und Macht im DDR-Staat. Zu dieser Zeit war es in der Offizierskantine fast menschenleer. Beide speisten gepflegt und sprachen über die landschaftlichen Eindrücke des Vormittags. Nach dem Hauptgang änderte »Rudi« unvermittelt die Tonart, die plötzlich einen feierlichen Unterton bekam. Er eröffnete ihr, dass er Mitarbeiter des DDR-Geheimdienstes sei. Seit einiger Zeit hätte er sie kennenlernen können und einen sehr positiven Eindruck von ihr und ihren politischen und gesellschaftlichen Überzeugungen bekommen. Er wollte nun offiziell fragen, ob sie sich als Kundschafterin für die DDR einsetzen wollte. Ein filmreifer Antrag, der Rahmen feierlich und offiziell zugleich, Gemeinsamkeiten, die anziehend wirken und Neugier wecken, Zukunftsvisionen, die wahr werden könnten.

Kaum ein anderer Ort als das Offizierskasino in der DDR-

Garnisonsstadt Strausberg hätte Lilli Pöttrich eindrucksvoller über die wahre Zugehörigkeit ihres Gegenübers aufklären und den dahinter stehenden militärischen Machtapparat demonstrieren können. Auf diese offizielle Eröffnung reagierte Lilli ohne zu zögern mit einem klaren Ja – ohne die kleinste Bedenkzeit über die Folgen ihrer Antwort.

Als Begründung für ihre schnelle Entscheidung erklärte sie rückblickend fast dreißig Jahre später, dass sie schon länger den Sinn ihres politischen Engagements in Frankfurt verloren hatte. Mehr und mehr hatte sie sich auf dem Weg in eine politische Sackgasse gefühlt – zu verstreut und richtungslos agierte der SHB. Außerdem erschien ihr ein Wechsel in eine andere Gruppierung, zum Beispiel die Splitterpartei DKP, lange nicht so attraktiv wie die Vorstellung, mit »anderen Mitteln« weiter für ihre Ideale tätig zu sein.

Lilli Pöttrich musste nicht lange überzeugt werden, in Zukunft heimlich, verdeckt, verschleiernd tätig zu sein. »Ich bin der HV A eigentlich in den Schoß gefallen wie eine reife Frucht«, erinnerte sie sich rückblickend.

»Rudi« hatte es geschafft. Gezielt und mit allen Mitteln, die ihm zur Verfügung standen, baute er die Beziehung aus. Im Forschungsbericht heißt es:

> *»Durch die an die Persönlichkeit des Kandidaten angepasste individuelle Art des Vorgehens des Mitarbeiters bei der Kontaktaufnahme werden entwicklungsfähige persönliche Bindungen und vertrauliche Beziehungen für die künftige inoffizielle Zusammenarbeit begründet, die [...] beim allmählichen Heranführen noch vor dem Werbungsakt weiterentwickelt und für die ersten bindenden operativen Aufgaben genutzt werden können.«*

Lilli Pöttrich wurde lehrbuchmäßig allmählich an die wahren Absichten der Treffen beziehungsweise die Interessen des

MfS herangeführt: Die mehrmaligen Begegnungen in Ostberlin ohne konkrete Offenlegung der Hintergründe, Demonstration eigener Macht und Möglichkeiten und »Rudis« ver-
trauensbildendes Verhalten. Er hatte gezielt Gelegenheiten
geschaffen, um die Studentin aus Frankfurt gründlicher kennenzulernen und möglichst viel über ihre Persönlichkeit zu
erfahren. Gleichzeitig achtete er auf Motive oder Motivations-
ansätze für eine Zusammenarbeit, aus denen er wie neben-
bei Denkanstöße geben konnte. Immer noch fühlte sich Lilli
Pöttrich frei in ihren Entscheidungen, ohne sich der subtil wir-
kenden Beeinflussung bewusst zu werden. Der entscheidende Eindruck blieb haften: wichtig und ernst genommen zu
werden.

*

Doch kann man tatsächlich so einfach bestimmen, wer hier
Opfer und wer Täter war? Wurde Lilli Pöttrich ausgenutzt,
weil »Rudi« sie als junge Agentin für »sein« Ministerium werben konnte? Oder benutzte sie selbst »Rudi«, um durch ihn
beziehungsweise den Geheimdienst ihre eigenen politischen
Ansichten durchsetzen zu können?

Sehen wir es als ein »Tauschgeschäft«, dann leistet der
Agent Informationsarbeit und der Geheimdienst seinen Beitrag zu weltpolitischen Veränderungen. Das »Geschäft« funk-
tioniert allerdings nicht ohne eine ganz bestimmte Zutat: die
Beziehung. Die Verbindung zwischen beiden Interessen leistete
die Beziehungsebene, die ganz gezielt aufgebaut werden musste. Die Besorgnis, die ungeteilte Aufmerksamkeit, das Interesse
von »Rudi«, das Lilli Pöttrich erfuhr – all das gehört in diese
Kategorie. Damit wird Vertrauen aufgebaut und das Bedürfnis, zum Beispiel nach Anerkennung, befriedigt. Doch wieviel
von »Rudis« Verhalten war ehrlich gemeint und wieviel diente
allein der Erfüllung seines Auftrags?

Ehemals verantwortliche Leiter des DDR-Geheimdienstes betonten und betonen immer wieder, ihre Kundschafter immer als Menschen gesehen zu haben und sie zu würdigen. Diese Beurteilung wird auch heute vereinzelt noch gern ins Feld geführt. Doch gerade in ihren schwersten Stunden waren viele ehemalige Agenten auf sich allein gestellt. Nachträgliche Bekundungen inniger Freundschaft und Verbundenheit halfen da nur wenig über die menschliche Enttäuschung hinweg. Nun, da die Geschichte das Ende des DDR-Geheimdienstes und seiner Agenten schrieb, zeigt sich eine andere, persönliche Seite des Verrats.

Wann konnte eine Anwerbung als erfolgreich abgeschlossen bezeichnet werden? Eine mündliche Bereitschaftserklärung allein – wie im Falle Lilli Pöttrichs an einem Tisch des Strausberger Offizierskasinos – reichte oftmals nicht aus. Dieser Schritt bedeutete noch lange nicht, dass sich der Geworbene tatsächlich zu einem zuverlässigen IM entwickeln würde. Erst wenn brauchbare operative Ergebnisse vorlagen und eine Verpflichtungserklärung unterschrieben war, galt der Werbungsprozess theoretisch als erfolgreich abgeschlossen. In Wahrheit wurden diese Bedingungen allerdings nicht immer so eng gefasst. Aus diesem Grunde gab es auch ehemalige Inoffizielle Mitarbeiter, die sich ohne offizielle schriftliche Verpflichtungserklärung erfolgreich im MfS verdingten.

*

Für Lilli Pöttrich änderten sich ihre Aufenthalte in Ostberlin ab Anfang 1976 insofern, als sie nun nicht mehr im Hotel »Stadt Berlin« wohnte, sondern eine konspirative Wohnung in der Wisbyer Straße 44a in Berlin-Pankow bezog. Mehrere Blocks gleicher Bauart, die schon vor dem Krieg errichtet worden waren, reihten sich hier gepflegt aneinander. Hier, in einem zurückgesetzten, etwas versteckt liegenden Block befand sich im Hochparterre die Wohnung. »Rudi« hatte Lilli erzählt, dass der Mieter dieser Wohnung oft und lange auf Dienstreise sei. Die Wohnung war klein, besaß nur ein Zimmer, das mit einer Couchgarnitur, einem Tisch, Stühlen und einer wuchtigen Schrankwand mehr als ausgefüllt war. Die Couch war ausziehbar und diente als Bett. Die Wohnung wirkte düster, beklemmend und eng auf Lilli. Sie fand es merkwürdig, dass der Inhaber der Wohnung keine persönlichen Gegenstände zu besitzen schien. Den Begriff »konspirative« Wohnung hörte sie erst später zum ersten Mal. Der eigentliche Inhaber der Wohnung, ebenfalls IM, hatte seine Räumlichkeiten dem MfS für Treffs von Führungsoffizieren und IM zum Aufenthalt, zur Übernachtung und für operative Arbeiten zur Verfügung gestellt.

In vielen Fällen wohnte ein solcher IM gar nicht selbst in der Wohnung, sondern war nur Namengeber für den Geheimdienst. An diese Unterkünfte wurden besondere Anforderungen gestellt, so durften sie von Nachbarn nicht abgehört werden können und mussten verschiedene Möglichkeiten bieten, die Wohnung schnell und unauffällig zu verlassen.

Wenn Lilli Pöttrich nach Ostberlin kam, meistens geschah dies an Freitagen, holte »Rudi« sie am Bahnhof ab. Zunächst gingen die beiden dann stets einige Lebensmittel für die kommenden Tage kaufen. Mittags und abends aßen sie gemeinsam in einer einfachen Gaststätte in der Gegend, wo die Speisekarte typisch deutsche und deftige Kost bot. In die Innenstadt fuhren sie tagsüber nie. Es galt, solche Bezirke und Orte zu meiden, die von West-Touristen gern besucht wurden. Auf keinen Fall sollte der Zufall für eine Begegnung mit West-Bekannten von Lilli Pöttrich sorgen.

In der engen Wohnung lernte Lilli Pöttrich, mit geheimdienstlicher Technik umzugehen. Noch etwas Wichtiges passierte an diesem Ort: hier verpflichtete sie sich schriftlich zur Zusammenarbeit mit dem DDR-Geheimdienst. Hier entschied sie, unter welchem Decknamen sie zukünftig arbeiten würde. Sie wählte »Angelika«, den zweiten Vornamen ihrer Schwester, der ihr angeblich zufällig einfiel. Ein Deckname sei deshalb notwendig, so erklärte man ihr, um bei der internen Aktenführung ihre wirkliche Identität verschleiern zu können. Lilli Pöttrich formulierte schriftlich, dass sie »aus Überzeugung zur nachrichtendienstlichen Zusammenarbeit bereit« sei und »am Kampf um die Stärkung des Sozialismus teilnehmen« wolle. Einige Sätze zu ihrem Werdegang und zu ihrer politischen Überzeugung folgten. Alles wurde sauber auf einem Blatt Papier festgehalten und durch ihre Unterschrift mit Decknamen bestätigt. Wichtig sei ihr bei der Formulierung des Textes gewesen, wie sie sich rückblickend erinnert, dass sie sich aus politischen Motiven und nicht aus finanziellen Gründen bereit erklärt habe. Was diese Verpflichtung nun genau bedeuten sollte, was sie tun oder lassen sollte, das wurde ihr an diesem Tag allerdings noch nicht klar.

Sie war sich jedoch bewusst, dass sie als neue Informantin des Geheimdienstes dessen Regeln zu befolgen sowie jegliche Verbindung zum MfS geheim zu halten hatte. Dass dieses Ereignis gebührend gefeiert werden musste, gehörte ebenfalls zur Anbindungsphilosophie: Persönliche Kontakte, persönliche Beziehungen, persönliches Kennenlernen, persönliche Worte, persönliches und gegenseitiges Belobigen. Es wurden Reden gehalten und auf eine gemeinsame Zukunft angestoßen. Die Bedeutung dieser kleinen Feier unterstrich zusätzlich die Anwesenheit von »Rudis« Vorgesetzten, die extra zu diesem Anlass kamen. Dazu zählten der stellvertretende Leiter der Abteilung I, Oberst Bernhard Schorm und der Leiter des Referats 3, Oberstleutnant Harald Fischer.

Die Karlsruher Ermittlungsbehörde konnte bis heute nicht zweifelsfrei klären, wer sich hinter »Rudi« verbarg. Durch die Entschlüsselung der Rosenholz-Dateien und der Rekonstruktion der vernichteten IM-Daten im Zuge der Auflösung der

HV A wissen wir jedoch, dass Helmut Noerenberg, Jahrgang 1930, erster Führungsoffizier für Lilli Pöttrich war. Er lebt heute in Berlin und schweigt. Ob »Rudi« und Noerenberg identisch sind, muss daher weiter offen bleiben.

Mit der Verpflichtungserklärung wurde ein einseitiger Vertrag geschlossen. Das MfS als einer der Vertragspartner ging dabei offiziell keinerlei Verpflichtungen ein. Allerdings war den Geheimdienstlern klar, dass Lilli Pöttrich auch weiterhin Überprüfungen standhalten musste. Schließlich wollten sie genau wissen, warum sie einer Zusammenarbeit zugestimmt hatte und womit sie immer wieder an ihre Einwilligung gebunden werden konnte.

7. Geburtsurkunde »Rosenholz«

Am 17. Februar 1975 registrierten Mitarbeiter der HV A in der Normannenstraße (vermutlich Helmut Noerenberg, der eigenhändig unterschrieb) auf der Karteikarte F 16 Lilli Pöttrichs Existenz unter der Nummer XV/494/76, also bereits weit bevor sie die MfS-Männer in Frankfurt erstmals aufsuchten. Mit Datum vom 3. Juli 1976 – in der Zeit unterschrieb sie ihre Verpflichtungserklärung – wurde dem Vorgang der Deckname »Angelika« zugewiesen und auf der Kartei F 22 vermerkt. Damit war Lilli Pöttrich nun ganz offiziell als Agentin des MfS erfasst.

Auf diesen Karteikarten, als Form 16 (F 16) und Form 22 (F 22) bezeichnet, speicherte die HV A Personendaten auf Mikrofilm. Aufgrund ihrer Brisanz sollten sie noch kurz vor der Auflösung der HV A im Jahre 1990 komplett vernichtet werden.

Trotzdem gelangten etwa fünfzig Mikrofilmrollen oder Kopien auf bis heute ungeklärte Weise an den amerikanischen Geheimdienst CIA. Den Decknamen »Rosenholz« wählte 1991 der Bundesverfassungsschutz für seine Bemühungen, an die beim CIA lagernden Unterlagen zu kommen. Ab 1993 wurde es deutschen Ermittlungsbehörden bei Spionagevorwürfen immerhin gestattet, die in Amerika aufbewahrten Unterlagen einzusehen und für ihre Ermittlungen zu nutzen. Die dabei gewonnenen Erkenntnisse trugen auch zu einer erneuten Verhaftungswelle wegen Spionage für die DDR bei, von der auch Lilli Pöttrich erfasst werden sollte. Erst 1999 begannen die Amerikaner, nach intensiven Bemühungen der Bundesregierung, damit, die auf CD-ROM übertragenen Karteien plus einer Bilddatei, auf der jede Karte noch einmal eingescannt worden war, nach und nach zurückzugeben. Bis zum März 2003 erhielt die Bundesbeauftragte für die Stasi-

Unterlagen (BStU), Marianne Birthler, die alleinige Nutzerin ist, insgesamt dreihunderteinundachtzig CD-ROM aus Washington.

Rund zweihundertachtzigtausend Personendaten aus der gesamten Zeit der HV-A-Tätigkeit bis zum Zeitpunkt der Verfilmung 1988 gehen daraus hervor. Bei neunzig Prozent der Daten handelt es sich jedoch nicht um ehemalige Inoffizielle Mitarbeiter des MfS, sondern um Personen, die im Umfeld

der IM oder aus anderen Gründen wichtig für die HV A waren. Deshalb finden sich unter einer Registriernummer oft mehrere Personen, die eine Identifizierung von Inoffiziellen Mitarbeitern erschwert und in vielen Fällen sogar unmöglich macht. Laut der Birthler-Behörde arbeiteten schätzungsweise sechstausend bundesdeutsche IM und über zwanzigtausend DDR-IM für die HV A. 1989 waren davon noch zirka eintausendfünfhundert im Westen und zehntausend in der DDR aktiv.

Die »Rosenholz«-Kartei »Form 16« enthält den Klarnamen einer Person sowie persönliche Daten, wie Geburtsjahr, Geburtsort, Wohnort, Beruf und die MfS-Registriernummer. Es ist zu erkennen, wer der vorgangsführende Mitarbeiter des MfS war und wann die Karte angelegt wurde. Auch anderen Personen, die aus dem Umfeld der Zielperson stammten und aus verschiedenen Gründen für die HV A interessant waren, sei es als Quelle oder Kontaktperson, die man abschöpfen wollte, sei es als Kurier oder Deckadressengeber, wurden die gleichen Registriernummern zugeteilt – zum Teil bis zu fünfzig verschiedene Namen. Aus diesem Grund ist nicht immer eindeutig und zweifelsfrei zu bestimmen, wer tatsächlich als IM arbeitete. Erst nachdem alle Zweifel ausgeräumt werden können und sichergestellt ist, welche Person IM war und sich hinter welchem Decknamen und welcher Registriernummer verbirgt, ist die Birthler-Behörde bereit, den Karteikartennachweis herauszugeben.

Eine wichtige Zuordnungsmöglichkeit bietet das Formblatt 22 (F 22). Auf ihm ist erkennbar, ob es sich bei der zur Registriernummer gehörenden Person um einen IM handelte oder eine aus anderen Gründen für die HV A interessante Person. Vermerkt wurden hier die Vorgangsart, die Registriernummer und der Deckname. Sogenannte Statistikbögen – rund eintausendsiebenhundert liegen vor – beinhalten zusätzliche Angaben zu Werbung und Motivation, zu vorhandenen Sprachkenntnissen, dem Wohnsitz, zu Beruf/Tätigkeit, zur Vermögenslage, in welchem Objekt der IM eingesetzt wurde sowie Hinweise über die Zuverlässigkeit und Sicherheit.

Deutlich wird, dass das nahezu perfekt ausgeklügelte System dem Grundsatz der Geheimhaltung und der damit verbundenen Verschlüsselung folgt – selbst den eigenen Mitarbeitern gegenüber. Die Recherchen ähneln deshalb einem Gang durch ein Labyrinth, dessen Grundriss vernichtet wurde.

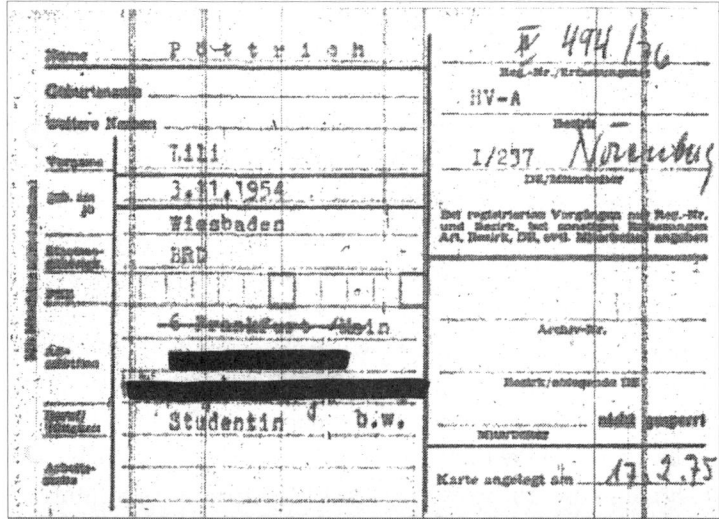

Im Falle Lilli Pöttrichs zeigt die Karteikarte, dass am 3. Juli 1976 die IM-Akte A, Teil I, Teil II/1 mit dem Decknamen »Angelika«, Reg.-Nr. XV 494/76, angelegt wurde. Darüber hinaus wurden im Laufe der Jahre die wechselnden Führungsoffiziere vermerkt. Am 23. Juni 1978 wurde Teil II/2 angelegt, am 26. März 1979 Teil II/3, am 26. August 1981 Teil II/4 und 1987 Teil II/5. Die Arbeitsakte IM »Angelika« umfasste demnach fünf Teile. Damit ist es möglich, eine Verbindung zu den Daten von F 16 herzustellen, zum Beispiel, dass »Angelika« unter der Registriernummer XV/494/76 geführt wurde (F 22) und die gleiche Registriernummer im Formblatt F 16 Lilli Pöttrich zugeordnet wurde.

Bereits am 23. Januar 1952 wurde für Ludwig Pauli beim Ministerium für Staatssicherheit die Karteikarte F 16 angelegt. Auf der Karteikarte F 22 vermerkte die HV A sorgfältig, wann welche Akte zu IM »Adler«, so sein Deckname, angelegt wurde. Damals trug der Vorgang die Nummer 34, die einige Jahre später in den MfS-Vorgang 15905/60 geändert wurde.

In den IM-Akten wurden alle Unterlagen nach einer festgelegten Ordnung abgeheftet. Über die Formblätter F 16 und F 22 hinaus regelten noch zahlreiche weitere Formblätter die Aktenführung. In der Regel bestanden die IM-Akten A aus Teil I, einer Personalakte, und Teil II, einer Arbeitsakte. Bei Bedarf wurde eine Bei-Akte zur Personalakte geführt, die die Kennzeichnung »Teil III« erhielt.

In der IM-Akte A, Teil II, wurden die Berichte und Informationen des IM festgehalten sowie Berichte über Treffen mit dem IM und Maßnahmen von Seiten des MfS.

Die Personalakte (IM-Akte A, Teil I, Band 1) – sie konnte aus mehreren Ordnern bestehen – enthielt alle wichtigen Informationen zur Person und deren Umfeld. Dort fanden sich zum Beispiel Einschätzungen des IM, seiner Verwandten, Freunde und Bekannten, die Verpflichtungserklärung, ein Bericht über die Werbung, über Partner, über die operative Ausbildung, über Ergebnisse der operativen Arbeit, Perspektivpläne und Auszeichnungen. Ebenso enthielt die Personalakte Sicherheitsanalysen, Auszüge über alle Gefahren- und Verdachtsmomente, Überprüfungsergebnisse der MfS-internen Datenspeicher, Namen der Mitarbeiter des MfS, die der IM persönlich kannte beziehungsweise denen er persönlich oder nur durch Akteneinsicht bekannt war. Es wurde vermerkt, welche konspirativen Objekte der IM kannte, welche Deckadressen man ihm gegeben hatte, welche Decktelefone oder Dienstobjekte des MfS benutzt wurden. Aber auch der finanzielle Aspekt der Zusammenarbeit wurde sorgfältig notiert. Zum Beispiel Aufstellungen der gezahlten Beträge für operative und persönliche Zwecke, über gezahlte Parteibeiträge, über Geschenke und vieles mehr.

1982 umfasste der Vorgang IM »Adler« dreiunddreißig Arbeitsakten sowie mehrere Ordner, die zur Personalakte gehörten. Beim Zusammenbruch der DDR und ihres Geheimdienstes dürfte die Anzahl der Akten und Ordner noch weitaus größer gewesen sein.

Doch wie geriet Ludwig Pauli, Verwaltungslehrling beim Berliner Senat und wissbegieriger junger Mann in Volkshochschulkursen, überhaupt in das Netz der Stasi? Wer auf ihn auf welche Weise aufmerksam wurde und ihn als potentiellen Inoffiziellen Mitarbeiter einschätzte, bleibt im Dunkeln. Die entsprechenden Akten des MfS wurden vernichtet. Die verschiedenen persönlichen Darstellungen Ludwig Paulis zu den ersten Kontakten zum MfS unterscheiden sich zum Teil erheblich. Nach einer Version traf er 1954 eine ehemals heiß, aber platonisch geliebte Schulfreundin wieder, die sich zur überzeugten Kommunistin entwickelt hatte. Durch sie lernte er SED-Genossen kennen, die angeblich aber nichts mit dem MfS zu tun hatten. Nach dieser Version hatte sich Ludwig Pauli aus eigenem Antrieb beim Auswärtigen Amt beworben. Seinem späteren Instrukteur hingegen erzählte er einst, dass er seine Bewerbung beim Auswärtigen Amt nur deshalb in Angriff nahm, weil ihn entsprechende Kontakte zum MfS dazu gebracht hatten. Welche Version auch immer der Wahrheit entspricht: Ludwig Pauli bot idealtypische Bedingungen für eine erfolgreiche Werbung. Als politisch und sozialgeschichtlich interessierter und persönlich enttäuschter junger Mann, ließ er sich gerne von neuen Ideen und Kräften überzeugen – ob während der Volkshochschulkurse durch einen Fremden oder durch die einst geliebte Freundin.

Was auch immer seine Motivation war: die Bewerbung beim Auswärtigen Amt verlief erfolgreich, sodass Ludwig Pauli im Jahr 1955 eine dreijährige Ausbildung im gehobenen Dienst der Bundesrepublik in Bonn begann. Noch bevor der Achtundzwanzigjährige den Abschluss in der Tasche hielt, starb sein Vater.

*

Auch zu Hagen Blau und Klaus von Raussendorff liegen Angaben aus der sogenannten »Rosenholz«-Kartei (F 16 und F 22) vor.

Am 15. Juli 1959 erfasste ein MfS-Mitarbeiter erstmalig Hagen Blau in der Kartei, Formblatt F 16 unter der Registriernummer 1507/59. Auf den 31. Dezember 1959 ist das Formblatt F 22 datiert, das IM »Merten«, Blaus Deckname, unter der ehemaligen Registriernummer 1507/59 aufführt und als neue Registriernummer 6427/60 vermerkt. Damit war es möglich, den Decknamen einem Klarnamen zuzuordnen.

Was ging der Registrierung in der MfS-Kartei voraus? Bei Hagen Blau, dem Sozialdemokraten, war der Auslöser ein Mann, dem er in einer politischen Diskussionsrunde begegnete und der sich ihm als »Bernhard Berner« vorstellte. Eines Tages erzählte dieser ihm hinter vorgehaltener Hand, wem er noch angehörte: dem Ministerium für Staatssicherheit der DDR. Zuvor hatte ihn »Bernhard Berner« in unverfänglicher Weise darum gebeten, etwas über das innerparteiliche Geschehen der Westberliner SPD zu berichten. Seltsame Vorahnungen mögen Hagen Blau bereits bei diesem Anlass beschlichen haben. Bestätigung fanden sie dann schließlich nach Berners Offenbarung. Dessen Überzeugungskunst war stark genug, aufkommende Zweifel an einer Mitarbeit für das MfS zu beseitigen. Schließlich erklärte sich Hagen Blau bereit, weitere Informationen über die Westberliner Parteigenossen zu beschaffen. Außerdem erzählte Blau seinem neuen Bekannten recht unbedarft, dass er sich beim Auswärtigen Amt beworben habe.

Die Idee, sich um die Aufnahme in den diplomatischen Dienst der Bundesrepublik zu bemühen, hatte sich gegen Ende seines Studiums eher zufällig entwickelt. Eigentlich hatte er vor, sich um eine Stelle an einer Universität oder in einem Verlag in Tokio zu bewerben. Gleichzeitig liebäugelte mit einer Anstellung in der Berliner Kommunalverwaltung, um seine politischen Ambitionen verwirklichen zu können. Schließlich stellte der Leiter des Japanreferats im Bonner Auswärtigen Amt den Kontakt zur Ausbildungsstätte im eigenen Haus her, sodass Hagen Blau im Sommer 1960 am dortigen Bewerbungsverfahren teilnehmen konnte. Sein Ostberliner Genosse war sehr angetan von seiner Initiative und ermutigte ihn, seine Chance, die er selbst als eher gering einschätzte, zu nutzen. Umso überraschender war für Hagen Blau die Zusage, beim nächsten Ausbildungsgang im April 1961 dabei zu sein. Parallel zu den mehrmonatigen Vorbereitungen im Ausbildungsreferat des Auswärtigen Amtes beendete er sein Studium. In dieser Zeit begegneten sich Klaus von Raussendorff und Hagen Blau zum ersten Mal.

Als das anspruchsvolle Bewerbungsverfahren in Bonn trotz seiner linksgerichteten politischen Überzeugung zum Erfolg führte und »Berner« sich fast noch mehr darüber zu freuen schien als er selbst, wurde Hagen Blau erstmals nachdenklich. Erst jetzt wurde ihm offenbar klar, was man künftig in Ostberlin von ihm erwartete: Informationen aus seinem künftigen Arbeitsgebiet als Diplomat. Trotzdem blieb er gegenüber den Genossen aus Ostberlin bei seiner Zusage. Als Deckname wurde dem neuen Agenten zuerst »Detlev« zugewiesen, der später in »Merten« geändert wurde. Ab sofort waren die Treffen in Ostberlin tabu. Eine zufällige Entdeckung hätte zu unangenehmen Verwicklungen führen können. Ein angehender westdeutscher Diplomat in der Hauptstadt der DDR war einfach nicht tragbar.

Das Netz des MfS hatte sich Ende der fünfziger Jahre ebenfalls erfolgreich um Klaus von Raussendorff geschlungen. Über die Kontakte zur FDJ an der Humboldt-Universität wurden Mitarbeiter des Ministeriums auf den Studenten aus der Bundesrepublik aufmerksam. Im Sammelband »Kundschafter im Westen« stellte Klaus von Raussendorff seine ersten Begegnungen mit den Vertretern des Staatssicherheitsdienstes als glückliche Momente dar, die von Offenheit und Übereinstimmung in wichtigen Fragen geprägt waren. Unter ihnen war Willy Otto, den Klaus von Raussendorff als »sympathischen älteren Genossen« erlebte.

Willy Otto, 1918 geboren, hatte den Krieg und eine vierjährige Gefangenschaft erlebt und überlebt. Beim Geheimdienst der DDR hatte er sich vom Sachbearbeiter bis zum Referatsleiter der Abteilung I – zuständig für die Platzierung von Inoffiziellen Mitarbeitern in Regierungsstellen der Bundesrepublik – hochgearbeitet. Ende der fünfziger Jahre hatte das MfS einen großen Bedarf an Agenten im Westen. In Klaus von Raussendorff fand Willy Otto ein ideales »Objekt« für seine Suche.

Der entscheidende Moment fand im September 1957 in einem feinen Restaurant statt, in das »Willy« und ein jüngerer Kollege Klaus von Raussendorff geführt hatten. Bei einem guten Cognac legten die beiden Geheimdienstler dem Studenten eine Verpflichtungserklärung vor. Klaus von Raussendorff zögerte nicht mit seiner Unterschrift und war bereit, in Zukunft ein Leben als Agent zu leben. Unter dem Decknamen IM »Brede« wurde er am 31. Juli 1957 unter der Registriernummer 5722, später MfS 13864/60, erfasst. Seine Kontaktleute aus dem MfS überzeugten ihn, statt wie geplant in die DDR überzusiedeln, von der Bundesrepublik aus seinen Beitrag zur Durchsetzung gemeinsamer Ziele zu leisten. Also kehrte er von der Spree zurück an den Rhein und setzte ab April 1958 sein Studium in Bonn fort. Als zielstrebiger und motivierter Student – er hatte weitreichende Pläne mit den hauptamtlichen MfS-Mitarbeitern, die ihn seit Sommer 1957 »betreuten«, geschmiedet – legte er 1960 die wissenschaftliche Prüfung für das Lehramt an höheren Schulen ab. Gleichzeitig bewarb sich Klaus von Raussendorff für den höheren auswärtigen Dienst der Bundesrepublik Deutschland. Diplomat wollte er werden, soviel stand fest. Er schaffte die anspruchsvolle Aufnahmeprüfung und ein knappes Jahr später, im April 1961, stand er als

Attaché am Beginn einer diplomatischen Karriere im Auswärtigen Amt. Kurz zuvor heiratete er standesgemäß Dr. Gisela von Bargen, deren Vater bereits ein altgedienter Diplomat war. Zur Zeit der Eheschließung war er als Botschafter der Bundesrepublik im Irak eingesetzt. Seinerzeit hatte Werner von Bargen aufgrund seiner Nazi-Vergangenheit für einige Unruhe im Auswärtigen Amt gesorgt.

8. Perspektiven

Die Beispiele Ludwig Pauli, Klaus von Raussendorff und Hagen Blau zeigen eines besonders deutlich: sie waren als Agenten für das MfS besonders erfolgreich, weil sie sich einst auf den Karriereweg im Auswärtigen Amt einließen.

Eine solche Tätigkeit bot Perspektiven im doppelten Sinne. Genau dieser Umstand wurde schon früh von der HV A erkannt und zielgerichtet für die eigenen Interessen genutzt. Vorwiegend junge Männer und Frauen aus der Bundesrepublik wurden vom DDR-Geheimdienst systematisch darauf vorbereitet, eine Anstellung im bundesdeutschen Staatsdienst zu erhalten. Aufgrund der oft noch geringen Lebenserfahrung sowie der eingeschränkten politischen und geheimdienstlichen Kenntnisse gelang es zumeist, die Anzuwerbenden im eigenen Sinne zu manipulieren. Schließlich sollten diese sogenannten Perspektiv-IM (PIM) für einen zukünftigen Einsatz als Quellen in »feindlichen Objekten« bestens vorbereitet sein. Dafür wurden die PIM vom MfS über einen längeren Zeitraum systematisch und kontinuierlich ausgebildet. Gleichzeitig war es dadurch möglich, persönliche Stärken und etwaige Schwachstellen auf- oder abzubauen und gezielt auf die politische Einstellung einzuwirken und sie zu beeinflussen.

Ob die im 2. Kommentar zur Richtlinie 2/79 formulierten Erwartungen an einen Perspektiv-IM den betreffenden Personen in letzter Konsequenz bekannt waren, als sie sich entschlossen mitzuwirken, muss bezweifelt werden. Die darin festgehaltenen Bestimmungen gingen weit über die eines Arbeitsvertrags hinaus. Man wollte nicht nur die reine Arbeitskraft eines Menschen, sondern sein ganzes Denken und Handeln für die eigenen Zwecke vereinnahmen. Im Auszug aus dem angesprochenen Kommentar liest sich dies folgendermaßen:

»Perspektiv-IM müssen bereit und in der Lage sein,

- *die gesamte persönliche Entwicklung, einschließlich der Berufswahl, der operativen Perspektive unterzuordnen;*
- *systematisch und zielstrebig ein hohes berufliches Leistungsvermögen zu entwickeln, politische Auffassungen vorzutäuschen, persönliche Eigenschaften zu entwickeln, die eine Einstellung in feindlichen Objekten oder den Kontakt zu Geheimnisträgern ermöglichen, ohne den feindlichen Abwehrorganen verdächtig zu erscheinen;*
- *solche Einstellungs- und Entwicklungschancen zu erarbeiten, dass sie auch unter einer Vielzahl von Bewerbern den Vorzug erhalten;*
- *sich langfristig auf die Bedingungen der operativen Arbeit in und an feindlichen Objekten vorzubereiten;*
- *alle Aktivitäten und Verhaltensweisen zu unterlassen, die einem Einsatz in der Zielfunktion entgegenstehen bzw. die Bearbeitung durch feindliche Abwehrorgane hervorrufen könnten;*
- *die operative Zielstellung ihrer beruflichen und persönlichen Entwicklung richtig zu tarnen;*
- *sich das für den Einsatz in der operativen Zielfunktion erforderliche operative Wissen und die Fähigkeiten zur Anwendung operativer Mittel und Methoden anzueignen.«*

Unterordnen, vortäuschen, nicht verdächtig erscheinen, tarnen – um nur einige Schlagworte herauszugreifen – entlarven deutlich das Ziel und die Mittel der Zusammenarbeit.

Bis ein junger und ehrgeiziger, geheimdienstlich geschulter Mensch in einer Gewinn versprechenden Position innerhalb eines »feindlichen Objekts« untergebracht werden konnte, war es für beide Seiten ein langer und schwieriger Weg. Im Vergleich dazu schien der Nutzen in Form von nachrichtendienstlich wertvollen Informationen zu Anfang eher gering. Erst mit Blick auf die Zukunft waren wertvolle Hinweise und konkrete Fakten über politische Entwicklungen, Einstellungen und Pläne des »Feindes« zu erwarten. Außerdem galt es, genügend Zeit in die eigene Sicherheit und die des eingesetzten IM zu investieren, um das Risiko einer Enttarnung zu minimieren.

*

Welche Perspektive Lilli Pöttrich als Agentin versprach, zeichnete sich im Herbst 1976 – einige Monate nach Abgabe ihrer Verpflichtungserklärung gegenüber dem MfS – zumindest in Grundzügen bereits ab. Nach dem Willen des DDR-Auslandsgeheimdienstes sollte sie im Bonner Auswärtigen Amt platziert werden. Die Voraussetzungen schienen ideal. Das Hintergrundwissen über Prüfungsmodalitäten, spezifische Interna des Auswärtigen Amtes und Ähnliches stammten unter Umständen aus den Quellen »Brede« alias Klaus von Raussendorff und »Merten« alias Hagen Blau, die zu dieser Zeit bereits dort ihren Dienst taten.

Auf die operative Bearbeitung der zentralen Bundesbehörden und die Ausspähung des Staatsapparates der Bundesrepublik hatte sich innerhalb der HV A die Abteilung I spezialisiert. Sie war in acht Referate unterteilt, die unter anderem für das Bundeskanzleramt, das Bundespräsidialamt, das Bundesministerium des Inneren und das Auswärtige Amt zuständig waren. Das Referat 2 war für die konkrete Führung von Inoffiziellen Mitarbeitern im Auswärtigen Amt verantwortlich, während die Mitarbeiter des Referats 3 hauptsächlich für die Werbung und Einschleusung von IM in das Ministerium sorgten. Für Lilli Pöttrich waren bis zuletzt Mitarbeiter aus dem Referat 3 zuständig, obwohl sie längst geworben und im Auswärtigen Amt platziert war. Dass die Bearbeitung des Auswärtigen Amtes so detailliert organisiert war, zeigt dessen besondere Bedeutung für den DDR-Geheimdienst.

Nun hieß es noch, die Betroffene selbst von den Vorstellungen und Plänen der HV A zu überzeugen. Nach vielen gemeinsamen Stunden in Ostberlin sprach »Rudi« die verschiedenen Vorhaben an und konkretisierte seine Vorstellungen. Lilli Pöttrich war von diesen Aussichten sofort angetan. Der langwierige Werbungsprozess hatte sich schließlich ausgezahlt.

*

Der Idee folgte alsbald die Tat. Doch die ersten konkreten Schritte waren für die begeisterte und engagierte Studentin erst einmal schmerzvolle Erfahrungen. Sie musste sich von ihren Frankfurter Freunden trennen, packte ihre Siebensachen und zog nach Köln. In ihrer neuen Funktion als Perspektiv-IM, mit den Ambitionen, bundesdeutsche Staatsdienerin zu werden, konnte und durfte sie nun ihre zuvor noch vehement vertretene linksgerichtete politische Position auf keinen Fall öffentlich äußern und verteidigen – eine Einschränkung, die ihr unglaublich schwer fiel. Es erschien ihr einfacher, sich von ihren Mitstreitern zu trennen als plötzlich gegenüber engen Freunden konservative Positionen zu vertreten. Deshalb wechselte Lilli die Universität und zog in eine Stadt, in der sie und ihre politischen Ansichten kaum jemand kannte. Sie entschied sich für Köln, da sie aus ihrer Düsseldorfer Zeit dort auf Bekannte hoffte und an alte Beziehungen anknüpfen wollte. Die ersten Wochen und Monate in Köln waren für Lilli eine harte Zeit. Sie wohnte studentisch-bescheiden in einer kleinen Wohnung in der Alteburger Straße in der Kölner Südstadt, vermisste ihre Frankfurter Freunde sehr und fand es schrecklich, nicht mehr offen über alles reden zu können. Jetzt war sie gezwungen, ihre politischen Äußerungen zu kontrollieren und genau zu dosieren. Sich selbst im eigenen Handeln und Reden immer auch aus der Sicht des Gegenübers beobachten zu müssen und die wahren Gedanken nicht spontan äußern zu können – das kostete Lilli Pöttrich viel Mühe.

Um authentisch, glaubwürdig und kommunikativ zu bleiben, bediente sich Lilli einer besonderen Strategie. In vielen einsamen Stunden allein in ihrer Wohnung, legte sie für sich neue Standpunkte fest, die sie gerade noch für vertretbar hielt, und hämmerte sich diese ein. Die Sozialdemokratin, bis in die Haarspitzen politisch ambitioniert, versuchte hier einen gleitenden Übergang zu konservativen politischen Positionen zu finden. Eine harte Zeit, eine schwere Prüfung ihrer politischen und persönlichen Identität und Integrität. Gleichzeitig hatte sie damit einen Beweis ihrer Agententauglichkeit erbracht. Trat sie nach außen glaubhaft als eine konservativ eingestellte Jurastudentin auf, blieb sie gleichzeitig in ihrem Innern den sozialistischen Einstellungen treu.

Auch an der Universität in Köln standen in jenen Jahren die Zeichen auf Sturm. Auseinandersetzungen zwischen Studentenvertretungen auf der einen und Universitätsprofessoren und Rektor auf der anderen Seite führten dazu, dass Lehrveranstaltungen häufiger nicht durchgeführt wurden. Die Studenten empfanden das allgemein als »Aussperrung« und reagierten ihrerseits mit Demonstrationen. Nur zu gern hätte Lilli Pöttrich auch in Köln wieder öffentlich mitgemischt. Genügend innere Motivation hatte sie noch immer. Doch sie hielt sich weisungsgemäß zurück.

Nur allmählich gewöhnte sie sich an diese innere Zerreißprobe. Mehr und mehr perfektionierte sie ihre Doppelrolle. Sie hütete ihr Geheimnis, denn mit niemandem konnte sie darüber offen sprechen. Sie war allein mit diesem Zwiespalt, auch wenn sie nach außen in der Domstadt schnell neue Freunde fand.

Nach den Planungen der HV A sollte Lilli das Studium in

Köln möglichst schnell und vor allem mit guten Ergebnissen beenden. Mittlerweile war sie im siebten Semester, fühlte sich aber noch nicht bereit für die Prüfungen, da sie sich in den ersten drei Jahren ihres Studiums hauptsächlich mit der Hochschulpolitik beschäftigt hatte. Nun hieß es alle Kräfte für diese Aufgabe zu aktivieren. Um eine erfolgreiche Bewerbung beim Auswärtigen Amt möglichst frühzeitig zu unterstützen, konzentrierte sie sich in ihren juristischen Seminaren an der Universität in Köln auf internationale Fragen, Europarecht und auf das Völkerrecht. Nach kurzer Zeit war sie für dieses Spezialgebiet bekannt. Bis zum Ersten Juristischen Staatsexamen blieb nicht viel Zeit und sie hatte viel nachzuholen. Gemeinsam mit einer Kommilitonin bereitete sie sich mit aller Energie auf die Prüfungen vor.

Dazu kamen ihre Reisen nach Ostberlin, für die sie gegenüber ihrer Umgebung plausible Ausreden erfinden musste. Etwa einmal im Monat fuhr sie an den Wochenenden nach Ostberlin, wo sie eine Ausbildung der besonderen Art erhielt. Nicht zuletzt zu ihrer eigenen Sicherheit lernte sie die für Reisen in die DDR besonders wichtigen Verhaltensregeln kennen, die Abenteuerliches vermuten lassen. Welche Strecken und Grenzübergänge sie wie benutzen konnte – alles wurde generalstabsmäßig vorbereitet. In der ersten Zeit hatte sie eine bestimmte Wegstrecke in Berlin-West zu nehmen. Genauestens sollte sie auf etwaige Verfolger Acht geben. Nachdem einige Testläufe auf einer bestimmten Strecke erfolgreich verlaufen waren, konnte sie sich ihren Weg nun selbst wählen. Nach und nach ging es ihr in Fleisch und Blut über, ihre Wege mal durch belebtes, mal durch unbelebtes Gelände zu lenken und von Zeit zu Zeit die Verkehrsmittel, wie Bus, U-Bahn, S-Bahn, zu wechseln. Wohlbehalten und unerkannt kam sie jeweils auf der einen oder anderen Seite Berlins an.

In der konspirativen Wohnung in Ostberlin lernte sie mit Geheimschreibmitteln umzugehen, sie lernte die Funktion

»toter Briefkästen« kennen und das Entschlüsseln von Nachrichten über den Agentenfunk. Während ihrer zweieinhalbjährigen Zeit in Köln empfing sie den Ostberliner Agentenfunk mit einem Radio, das über einen relativ breiten Kurzwellenbereich verfügte. Um Nachbarn oder anderen ungebetenen Zuhörern nicht aufzufallen, stellte sie das Gerät während des Abhörens der Nachrichten in die Mitte ihres Studentenzimmers, zog die Fenstervorhänge zu, setzte sich an den Tisch, schaltete das Radio ein, suchte den Kurzwellensender und hörte aufmerksam die durchgegebenen Zahlenkolonnen ab. In Päckchen von jeweils fünf Zahlen entzifferte sie mit Hilfe von Dechiffrierunterlagen die eingehenden Nachrichten. Diese einseitigen Funkverbindungen enthielten in der Regel kurze Anweisungen. Sie galten als die günstigste, schnellste und sicherste unpersönliche Verbindung zwischen MfS und IM.

Natürlich erhielt sie auch sogenannte Container – in ihrem Fall ein entsprechend präpariertes Portemonnaie. Es besaß eine relativ steife Rückwand, in der sie durch einen verborgenen Ausschnitt gefälschte Personalausweise unterbringen konnte.

Besonders praktisch und ideal für ihre konspirative Tätigkeit erwies sich für Lilli Pöttrich der Kohleofen in ihrer Kölner Wohnung, in dem sie alles Verdächtige verbrennen konnte. Auch Berichte verfasste sie in dieser Zeit – zumeist handschriftlich –, fotografierte sie ab und übergab die Filme beim nächsten Treffen in Ostberlin. Welcher Film bei welchem Licht in welcher Kamera die besten Fotos machte, auch das lernte sie im Lauf ihrer Ausbildung zur Agentin bei ihren Besuchen in Ostberlin. All dieser Aufwand diente der Vorbereitung auf die großen Einsätze im Auswärtigen Amt.

Im 2. Kommentar des MfS zur Richtlinie 2/79 wurde festgehalten, worauf bei der Ausbildung von Perspektiv-IM besonders zu achten war:

»Die Bereitschaft zur bewussten operativen Arbeit für einen Beziehungspartner muss den hohen Belastungen gewachsen sein, die in der Regel mit der Übernahme der operativen Zielfunktion bzw. nach der Einstellung im feindlichen Objekt auftreten. Mit der Übernahme der Zielfunktion wird ihnen das Ausmaß der von ihnen erwarteten Aktivitäten und des damit verbundenen operativen Risikos bewusst. Weiter ist zu beachten, dass sich mit der Entwicklung der gesellschaftlichen Stellung der Perspektiv-IM nicht selten auch die Bedingungen für die Realisierung ihrer Interessen und Bedürfnisse verändern und Wandlungen in ihrer Motivstruktur vollziehen. Der Prozess der Vorbereitung von Perspektiv-IM auf ihre operative Zielfunktion ist systematisch mit dem Studium, der Überprüfung und Erprobung der IM zu verbinden. Durch die Schaffung entsprechender Bewährungssituationen sind begründete Aussagen über den Entwicklungsstand der Bereitschaft zur operativen Arbeit zu erlangen. Alle operativen Aufträge an Perspektiv-IM müssen die geplante Einsatzvariante unterstützen und dürfen sie nicht gefährden. [...]«.

Innerhalb ihrer studentischen Umwelt in Köln erfüllte Lilli geheimdienstliche Aktivitäten ganz praktischer Art. Dass es sich dabei auch um eine Form der Überprüfung und Erprobung ihrer Motivation als IM handelte, ahnte sie vielleicht. Obwohl sie eigentlich nie genau wusste, wie bedeutsam und ernsthaft ihr Tun empfunden wurde, glaubte sie, dass die praktische Ausübung ihres Kundschafterdaseins heimlich überwacht wurde.

Konkret sollte sie drei Personen aus ihrem Umfeld beschreiben und anschließend begründen, ob und warum sie diese für eine Zusammenarbeit mit dem MfS für geeignet hielt. In den entsprechenden Personendossiers machte sie Angaben über

Geburtsort und -datum, Werdegang, ausgeübte Tätigkeit und darüber, in welcher Beziehung die genannte Person zu ihr stand. Dabei waren, neben einer Bild- und Personenbeschreibung, Informationen über deren persönliche Entwicklung, Ausbildung und Bildung, über das Auftreten, Umgangsformen und die Art der Kleidung von entscheidender Bedeutung. Ob die beschriebenen Personen kontaktfreudig, verschlossen, wortkarg, sensibel oder spontan waren, welche besonderen Interessen sie hatten oder wie die familiäre Situation aussah – soviel wie möglich wollte der Ost-Geheimdienst wissen. Darüber hinaus sollte Lilli auch die politische Haltung und Orientierung einschätzen und Angaben über die finanzielle Lage machen. Auffälligkeiten im privaten Leben der- oder desjenigen, beispielsweise außereheliche Beziehungen oder Drogenprobleme, waren von gleichem Interesse wie die Frage nach Kontakten in die DDR und andere osteuropäische Länder.

Ohne genau zu begreifen, welche Auswirkungen ihr Tun für die observierte Person haben könnte, folgte die junge Frau den Forderungen aus Ostberlin. Besonders nachdrücklich hatte »Rudi« sie aufgefordert, Angaben zu ihrem persönlichen Umfeld in Köln zu machen. Dazu zählten Bekannte, Kommilitonen, Professoren und Nachbarn. Angeblich diente all dies ihrer eigenen Sicherheit. Es sollte sichergestellt sein, dass ihre Freunde und Bekannten nicht gleichzeitig auch von anderen Mitarbeitern des MfS oder anderer Geheimdienste angesprochen und angeworben würden, so die Erklärung ihres Führungsoffiziers. Tatsächlich nutzte der Geheimdienst der DDR die Personendossiers zur Suche nach potentiell neuen Inoffiziellen Mitarbeitern.

9. IM-Führung

Diese erste Bewährungsprobe hatte für das MfS noch einen zusätzlichen Effekt. Auf diese Weise kannte der Führungsoffizier das gesamte persönliche Umfeld und sah, wie weit Lilli Pöttrich bei der Realisierung der Aufträge gehen konnte und wo er selbst unterstützend eingreifen musste. Letztlich sollte sich die junge Agentin an ihre zukünftigen Aufgaben gewöhnen und in ihrem Handeln eine gewisse Routine entwickeln – denn gerade am Anfang sahen sich die noch unerfahrenen Zuträger ungewohnten Herausforderungen gegenüber. Dem Geheimdienst war natürlich bewusst, dass unter Umständen Zweifel und Konflikte auftreten konnten. Der Führungsoffizier musste Fingerspitzengefühl beweisen und auch auf kleinste Anzeichen einer Veränderung im persönlichen Verhalten »seiner« IM achten. Auch im Fall von Lilli Pöttrich interessierte ihn vor allem deren psychische und physische Belastbarkeit, die geistige Beweglichkeit, das persönliche Auftreten und ihre Umgangsformen. Auch die Anpassungsfähigkeit gegenüber anderen Personen, aktuelle persönliche Probleme, wichtige persönliche Beziehungen, besondere Interessen und Hobbys sowie ihre finanziellen Verhältnisse wurden von ihm erfasst. Mit diesem einseitigen und umfassenden Wissen sollte ein enges, vertrauensvolles Verhältnis hergestellt werden, das für die notwendige Sicherheit sorgen sollte.

Vorübergehender Führungsoffizier von IM »Angelika« alias Lilli Pöttrich war nach ihrer eigenen Erinnerung zunächst »Rudi«, den sie bei ihren Treffen in Ostberlin unter diesem Namen kennengelernt hatte. Nach den vorliegenden Auskünften der MfS-Karteien war Helmut Noerenberg erster Führungsoffizier. Ob beide identisch sind, konnte jedoch bis heute nicht zweifelsfrei geklärt werden. Sein Einstieg in den Geheimdienst der DDR begann 1961 ebenfalls als Inoffizieller Mit-

arbeiter. Ab 1969 genoss er die Privilegien eines Hauptamt-
lichen Mitarbeiters. Die Vorgesetzten von »Rudi« und/alias
Helmut Noerenberg, MfS-Oberstleutnant Harald Fischer, der
zu dieser Zeit Referatsleiter der HV-A-Abteilung I, Referat 3
war, sowie MfS-Oberst Bernhard Schorm, der stellvertretende
Abteilungsleiter der HV A I, Lilli Pöttrich als »Harald« und
»Bernhard« vorgestellt, waren bei der Unterzeichnung ihrer
Verpflichtungserklärung anwesend und prosteten ihr freudig-
erregt und erwartungsvoll zu. Sie hatten sich selbst von den
Qualitäten ihres neuen Schützlings überzeugen können und sie
für außerordentlich gut und förderungswürdig befunden.

Ende 1977 entschieden sich die Verantwortlichen der Abteilung I der HV A zu einem wichtigen Schritt: es kam zu einem
Wechsel in der Führung der IM »Angelika«. Noerenberg wurde anderweitig eingesetzt und an seine Stelle trat nun der pro-
movierte Diplom-Ingenieur oec. Dr. Frank Richter. In diesem
jungen und ehrgeizigen Mann fand Lilli Pöttrich ein Gegenüber, das sich als sehr motivierend für ihren weiteren Lebensweg als Agentin erweisen sollte. Richter sah gut aus mit seinem
braunen, leicht gelichteten Haar, dem dunklen Teint und den
dunklen Augen. Dazu besaß er bei einer Größe von über ein
Meter neunzig eine schlanke Statur und breite Schultern. Mit
Hingabe kleidete er sich besonders sorgfältig. Dabei blieb er in
seiner Art zurückhaltend, sachlich und überlegt – immer die
Distanz wahrend. Gleichzeitig schaffte er durch sein offenes
Wesen Nähe und Vertrauen. Im Laufe der Jahre entwickelte er
sich zunehmend zu einem Genießer schöner Dinge, wie gutem
Essen und gutem Wein. Besonders Italien hatte es ihm angetan.

Als Lilli und er sich kennenlernten, war er noch nicht lange
für die HV A tätig. Nach Abitur, Schlosserlehre, Studium der
Ingenieurökonomie und Sozialer Betriebswirtschaft, Promotion und anschließender wissenschaftlicher Mitarbeit an der
TU Dresden stellte er sich als Hauptamtlicher Inoffizieller Mitarbeiter (HIM) der Abteilung I der HV A zur Verfügung.

Als HIM verband ihn mit dem MfS ein besonderes Dienstverhältnis. Es handelte sich dabei um eine Art »Scheinarbeitsverhältnis«, ohne jegliche Anspruchsregelung. So erhielten er und seine Kollegen einen Lohn – inklusive sozialer Leistungen und Urlaubsanspruch – vom MfS, dessen Höhe je nach Funktion und Qualifikation variierte. Sie wurden als Werber, Instrukteure, Ermittler, Beobachter, Kuriere – auch teilweise im »Operationsgebiet« – eingesetzt. Sie konnten aber auch »Objektverwalter« von konspirativen Wohnungen oder Objekten sein oder mit spezifisch technischen oder sicherstellenden Aufgaben betraut sein. Selbstverständlich wurden auch beim Einsatz eines HIM hohe persönliche Voraussetzungen erwartet.

Frank Richter hatte in diesen anderthalb Jahren als HIM spezifische Erfahrungen sammeln können, die dann in einem offiziellen Dienstverhältnis als Hauptamtlicher Mitarbeiter des MfS – nun mit allen Rechten und Pflichten – mündeten. Am 15. Juni 1977 wurde er im Dienstgrad eines Leutnants als operativer Mitarbeiter in die HV A, Abteilung I übernommen. Von September bis Dezember 1977 nahm er an einem politisch-operativen Grundlehrgang teil. Hier lernte er Regierungssysteme und das Leben im »Operationsgebiet« zu analysieren, sammelte Informationen über wichtige Persönlichkeiten, Parteien und Organisationen, besonders »Studenten als prinzipiell interessante Personengruppe«, und vertiefte sein Wissen über Maßnahmen, die zur Anwerbung und Führung von Inoffiziellen Mitarbeitern sowie zum Eindringen in operativ-interessante Objekte beachtenswert erschienen. Der theoretische, durch zahlreiche Fallbeispiele untermauerte Teil der Ausbildung wurde ergänzt durch eine militärische Ausbildung mit Geländeübungen und den Umgang mit Waffen. Außerdem wurde er in die Dokumentenfotografie und die Arbeit mit Containern zur Aufbewahrung und zum Transport von Informationen eingeführt.

Vollgestopft mit Hinweisen, Anregungen und Vorschriften

übernahm Frank Richter die Verantwortung für den Vorgang XV/494/76, Deckname »Angelika« alias Lilli Pöttrich. Zeitgleich gab es noch vier weitere Inoffizielle Mitarbeiter – »Gloche«, »Johann«, »Bootes« und »Sigma« –, die von ihm betreut wurden und deren Identitäten bis heute nicht geklärt werden konnten. Bis 1987 behielt Frank R. die Führung für IM »Angelika« in seiner Verantwortung. Dann übernahm Lothar Giese, ein noch junger Mitarbeiter der HV A, den Vorgang.

Im Lauf seiner Karriere bei der HV A stieg Richter bis zum Major auf. 1987 übernahm er schließlich die Leitung des Referats 2 zur Führung von IM-Quellen im Auswärtigen Amt. Beinahe jährlich erhielt er darüber hinaus Auszeichnungen in Form von Urkunden und Verdienstmedaillen.

*

Hagen Blau blieben die meisten seiner Führungsoffiziere in Ostberlin unbekannt. Selbst der Begriff »Führungsoffizier« war ihm, wie den meisten anderen IM auch, nicht geläufig. Dafür erfuhr er eine besondere Betreuung. Werner Großmann, bekannt als der letzte Leiter der HV A, Nachfolger von Markus Wolf seit 1987, war von 1968 bis 1978 Leiter der Abteilung I. Innerhalb des Referats 2 war der operative Vorgang IM »Merten« der einzige, bei dem sich der damalige Generalleutnant Werner Großmann alle Entscheidungen selbst vorbehielt. Von Beginn an hatte Großmann Kenntnis über den jeweiligen Stand der Entwicklungen rund um Hagen Blau. In seinem 2001 erschienenen Buch »Bonn im Blick« räumt er Hagen Blau einen besonderen Raum ein. Dr. Werner Roitzsch, Oberst und studierter Philosoph, erschien im Schlepptau von Werner Großmann als der zweite wichtige Mann. Auch Roitzsch hatte mit Blau während dessen Karriere im Auswärtigen Amt unmittelbar zu tun. Innerhalb der HV A übernahm Roitzsch verschiedene leitende Funktionen. Beide Männer waren Hagen Blau als »Werner« bekannt. Um beide unterscheiden zu können, bediente sich Hagen Blau einer wirkungsvollen Methode: Roitzsch war der »kleine Werner« und Großmann der »große Werner«. Sowohl in Bezug auf Dienstrang als auch auf die Körpergröße passte diese Charakterisierung auffallend gut.

*

Bei Klaus von Raussendorff wurde Bernhard Schorm zu einem engeren Vertrauten. Als sie sich kennenlernten, war Schorm Leiter des Referates 2 der Abteilung I der HV A. Jahre später – Schorm war auf der Karriereleiter emporgestiegen – lernte auch Lilli Pöttrich »Bernhard« (Schorm) in der konspirativen Wohnung in Ostberlin kennen. Bis zum Ende der DDR 1990 kümmerte er sich um »seinen »Schützling« Klaus von Raussendorff, vor allem dann, wenn es um die Pflege der guten Beziehungen zwischen Westagenten und dem MfS ging.

Bernhard Schorm war es auch, der maßgeblich den Berufsweg von Ludwig Pauli sowohl im Auswärtigen Amt als auch als Inoffizieller Mitarbeiter des MfS beeinflusste, ihn führte, anlernte und ihm als scheinbar verlässlicher Freund zur Seite stand. Mehr als dreißig Jahre lang. Selbst in der Zeit, als Bernhard Schorm die stellvertretende Leitung der Abteilung I der HV A übernommen hatte, war er bei den regelmäßig stattfindenden Führungstreffen dabei und konnte seine Beziehung wirkungsvoll nutzen.

Wer war dieser Bernhard Schorm?

Er gehörte der gleichen Generation an wie Ludwig Pauli, Klaus von Raussendorff und Hagen Blau. Ludwig Pauli war ein Jahr älter als Bernhard Schorm, Klaus von Raussendorff und Hagen Blau fünf und sechs Jahre jünger. Als sie sich kennenlernten, standen alle am Beginn eines Erfolg versprechenden Berufslebens.

Schorm hatte nach dem Krieg im Harz eine Maurerlehre gemacht, sich jedoch direkt im Anschluss für eine andere Berufsrichtung entschieden. Er engagierte sich lieber als hauptamtlicher Funktionär und Sektorenleiter der Freien Deutschen Jugend (FDJ) und leitete später in Salzwedel ein Haus der Jungen Pioniere. Diese für das MfS idealen Voraussetzungen führten tatsächlich zu einer Anstellung. Anfang der fünfziger Jahre begann er seinen Dienst im Rang eines Unterleutnants in der Bezirksverwaltung Magdeburg. Damit begann sein kontinuierlicher Aufstieg. Fünf Jahre, von 1955 bis 1960, dauerte es, bis er vom Leutnant zum Oberleutnant und vom Referatsleiter, Stellvertretenden Leiter zum Leiter der Aufklärungsabteilung XV in Magdeburg befördert wurde. Ein einjähriger Besuch der HV-A-Schule in Berlin festigte und erweiterte sein geheimdienstliches Wissen. Schon damals zählte die Werbung und Führung von Quellen im westlichen Operationsgebiet zu seinen Hauptaufgaben. 1960 folgte die Versetzung zur Zentrale der HV A in Berlin. Dort brachte es Bernhard Schorm bis zum Oberst und war von 1973 bis 1990 der stellvertretende Leiter der Abteilung I. Dabei unterstanden ihm das Referat 1, zuständig für die Ausspähung des Bundeskanzleramtes, und das Referat 2, zuständig für die Führung von Quellen im Auswärtigen Amt. In seiner Position hatte er den Überblick über sämtliche Vorgänge und griff hier und da richtungweisend ein. Gesellig und stets korrekt gekleidet, dazu sprachbegabt und menschenerfahren – warum sollte man diesem Mann mit dem schütteren Haar und dem schmalen Gesicht nicht vertrauen?

*

Die Zielsetzung des MfS, den Personenkreis um einen Agenten aus Gründen der Geheimhaltung möglichst gering zu halten und häufige Personalwechsel zu vermeiden, konnte im Falle

Klaus von Raussendorffs auf Dauer nicht erreicht werden. Insgesamt sechsmal wechselte bei ihm die Führung des Vorgangs »Brede«. Einige von ihnen lernte von Raussendorff persönlich kennen. Eberhard Fritzsche traf er viele Male persönlich, er sorgte auch dafür, dass der richtige Mann, der Instrukteur, für Übergabe und Weitergabe von Informationen und Verratsmaterial gefunden wurde. Werner Roitzsch übernahm nach dem Tode eines jungen HV-A-Hauptamtlichen, Klaus Wengler, kommissarisch dessen Führungsarbeit. Ab 1980 blieb für acht Jahre Siegfried Kern Führungsoffizier. Zwischen ihm und dem Agenten »Brede« entwickelte sich ein enger persönlicher Kontakt.

10. Agentenführer

Das Ministerium für Staatssicherheit stellte an seine Mitarbeiter höhere Anforderungen als jeder andere Arbeitgeber der DDR. Dies betraf sowohl die politische Einstellung als auch die Charaktereigenschaften eines jeden Einzelnen. Außergewöhnliche Anforderungen und Verhaltensmaßgaben entstanden nicht zuletzt aus Angst vor einer Unterwanderung des DDR-Geheimdienstes. Sah sich doch die Staatssicherheit als »Schutzmacht der proletarischen Revolution«, als »Schild und Schwert der Partei«, der SED.

Die ersten Mitarbeiter, die in den frühen fünfziger Jahren zum Staatssekretariat für Staatssicherheit der DDR (später MfS) kamen, waren vor allem alte Kommunisten und ehemalige Wehrmachtsangehörige, die in sowjetischer Kriegsgefangenschaft sogenannte Antifa-Schulen besucht hatten und für die der Zusammenbruch des Dritten Reichs zum prägenden Erlebnis ihrer politischen Sozialisation geworden war. Bewährte Alt-Kommunisten gelangten schnell in Leitungspositionen, wie zum Beispiel Markus Wolf, der während des Kriegs in die UdSSR emigriert war und in der Parteischule der Kommunistischen Internationale ausgebildet wurde. Markus Wolf, der Ende der vierziger Jahre als Botschaftsrat der DDR in Moskau tätig war, begann seine nachrichtendienstliche Tätigkeit beim neu geschaffenen Auslandsaufklärungsdienst der DDR, der nach außen die Tarnbezeichnung »Institut für Wissenschaftliche Forschung« (IWF) trug. Bereits zwei Jahre später rückte er an die Spitze als Leiter der Hauptverwaltung Aufklärung sowie als Stellvertreter des Ministers für Staatssicherheit, Erich Mielke.

Personelle Neuzugänge im MfS hatten politisch zuverlässig, das heißt SED-Mitglied, zu sein. Beim Einsatz im politisch-operativen oder operativ-technischen Dienst hatten die Kandidaten mindestens einundzwanzig Jahre und möglichst nicht über fünfunddreißig Jahre alt zu sein. In den sechziger Jahren spielte neben der engen Verbundenheit mit der Partei, der DDR, der Sowjetunion und der Arbeiterklasse »Eindeutigkeit« in Grundfragen der Politik der Partei eine Rolle. Auch eine militärische Grundausbildung war von Vorteil. Darüber hinaus wurde ein Verhalten erwartet, das den politischen und charakterlichen Ansprüchen der SED-Diktatur genügte. Damit war das besondere familiäre Umfeld gemeint. Kontakte zu Verwandten in der Bundesrepublik zu unterhalten, mit politisch Verfolgten verwandt zu sein oder gar Verwandte bei westdeutschen staatlichen beziehungsweise westalliierten militärischen Stellen zu haben, bedeutete den sicheren Ausschluss aus der Gemeinschaft des MfS.

Das im Lauf der Jahre stetig wachsende Ministerium suchte sich seine zukünftigen Mitarbeiter selbst aktiv aus. Das Personal entstammte den unterschiedlichsten gesellschaftlichen Schichten, den unterschiedlichsten Berufen. Selbstbewerber wurden aus Angst vor gezielten Eindringungsversuchen gegnerischer Geheimdienste nicht eingestellt oder vorab durch intensive Nachforschungen zu den tatsächlichen Gründen der Bewerbung überprüft.

Neben den Rekrutierungsfeldern FDJ oder SED fahndete das MfS auch in anderen staatlichen Institutionen, insbesondere bei Volkspolizei, Kasernierter Volkspolizei und Grenzpolizei, nach geeigneten »Kadern«. Ebenso in Betrieben, Schulen und Universitäten, wo vor allem junge SED-Mitglieder für den Dienst geworben wurden. Potentielle Kandidaten – sogenannte Perspektivkader – sollten vorab umfassend »aufgeklärt« und als Inoffizielle Mitarbeiter angeworben werden, um die »politische Zuverlässigkeit, Klassenverbundenheit, geistige Beweglichkeit und Charakterfestigkeit« über einen längeren Zeitraum zu testen. In den siebziger und achtziger Jahren sollten vor der festen Anstellung beim MfS mindestens zwei Jahre

IM-Tätigkeit liegen. Außerdem legte der Geheimdienst Wert auf praktische Berufserfahrungen in der Produktion. Ein weiterer Weg zur Rekrutierung wurde durch die Einführung der Wehrpflicht 1962 eröffnet: Zeitsoldaten im Wachregiment des MfS »Feliks Dzierzynski« oder in den Wach- und Sicherungseinheiten der Bezirksverwaltungen wurden zur Einstellung als Berufssoldaten für das MfS abgeworben. Eine bewährte Methode, Mitarbeiter zu finden, die den Anforderungen des MfS genügten, bot sich auch im unmittelbaren Umfeld des Ministeriums: bei den Familienangehörigen der eigenen Mitarbeiter. Als mit dem Ende der DDR auch der Geheimdienst seine Existenzberechtigung verlor, hatte fast jeder Mitarbeiter des MfS einen oder mehrere Familienangehörige, die ihr Geld in Mielkes Ministerium verdienten.

Die beruflichen Erfahrungen vor dem Einstieg in die Geheimdienstarbeit waren ganz unterschiedlich. Die ältere Generation brachte, bedingt durch die Zeitgeschichte, ein relativ geringes Basiswissen mit: Bis in die sechziger Jahre verfügten über achtzig Prozent der Mitarbeiter nur über einen Volksschulabschluss. Abitur und ein Universitätsstudium waren die Ausnahme. Um mit einem qualifizierten Mitarbeiterstamm erfolgreiche geheimdienstliche Arbeit leisten zu können, waren zusätzliche Ausbildungen und Schulungen wichtige Pfeiler der MfS-Personalpolitik. Dabei legte das Ministerium Wert auf die Steigerung des politisch-ideologischen Niveaus sowie die Vermittlung von geheimdienstlichem Know-how. Die marxistisch-leninistische Politschulung, die in enger Kooperation mit der SED-Parteiorganisation im MfS durchgeführt wurde, stand dabei immer im Vordergrund.

In der Fachausbildung beschäftigten sich die Jungagenten mit verschiedensten geheimdienstlichen Methoden, zum Beispiel der Ausbildung in der Auslandsspionage oder den Besonderheiten der Arbeit mit Inoffiziellen Mitarbeitern. Darüber hinaus hatten alle Unteroffiziere und Offiziere bis zum vierzigsten Lebensjahr an einer systematischen militärischen Ausbildung teilzunehmen. Neben der Grundausbildung wurde eine spezielle Einzelkämpferausbildung oder eine militärische Spezialausbildung angeboten. Das Spektrum reichte von eintägigen Kurzschulungen und einem Selbststudium bis hin zu mehrjährigen Direktstudiengängen. Ganz wichtig war neben der theoretischen Vermittlung von Wissen und Methoden die Anbindung an die praktische geheimdienstliche Arbeit. Praxisbegleitende Fachschulungen in den Diensteinheiten, Direkt- und Fernstudiengänge an den verschiedenen Ausbildungsstätten des MfS, insbesondere der Juristischen Hochschule Potsdam-Eiche, versuchten, das nötige Wissen zu vermitteln. Aber auch an den zivilen Hoch- und Fachschulen der DDR, der Zentralen Bildungsakademie beim Ministerrat, in Schulen der SED und FDJ, der NVA und der Deutschen Volkspolizei konnten sich MfS-Mitarbeiter zusätzlich qualifizieren.

Eine Analyse aus dem Jahr 1986 zeigt, dass 35,7 Prozent der Hochschulabsolventen im MfS Rechtswissenschaften studiert hatten. Die meisten erwarben ihren Abschluss an der Juristischen Hochschule (JHS) in Potsdam-Eiche, der MfS-eigenen Hochschule. Bis 1984 hatte die JHS annähernd dreitausend Diplomjuristen sowie über siebentausend Fachschuljuristen ausgebildet. Die JHS besaß darüber hinaus seit 1968 das Recht, selbst Promotionsverfahren durchzuführen, womit sie zumindest formal hochschulübliche Standards erfüllte.

Da sich der DDR-Geheimdienst als ein »Bewaffnetes Organ« sah, das letztendlich dem Nationalen Verteidigungsrat, und damit der Sicherheitskommission des Zentralkomitees der SED als höchstem militärischen Gremium der DDR, unterstand, unterlagen die Hauptamtlichen Mitarbeiter des MfS dem Befehlsprinzip und dem militärischen Disziplinarrecht. Sie führten militärische Dienstgrade und schworen einen Eid auf die DDR.

Die Verpflichtungserklärung eines Hauptamtlichen Mitarbeiters liegt uns vor. Handschriftlich verfasst, wurde sie so oder ähnlich von allen Hauptamtlichen Mitarbeitern erbracht (persönliche Daten wurden anonymisiert):

»Ich, Klaus Wengler, geboren am XX.XX.XX in Sch., verpflichte mich zum Dienst im Ministerium für Staatssicherheit.

Bei der Abgabe dieser ehrenvollen Verpflichtung bin ich mir voll bewusst: Das Ministerium für Staatssicherheit ist ein zuverlässiges Instrument der Sozialistischen Einheitspartei Deutschlands, in deren Auftrage es politisch-operative Aufgaben von großer Bedeutung zu erfüllen hat.

Das Ministerium für Staatssicherheit ist ein Organ der Regierung der DDR, das wichtige Aufgaben zur Festigung der Arbeiter- und Bauernmacht, zur Erhaltung und Sicherung des Friedens und zur friedlichen Wiedervereinigung Deutschlands durchführt.
Das Ministerium für Staatssicherheit wurde geschaffen als ein bewaffnetes Organ der Arbeiter- und Bauernmacht der Deutschen Demokratischen Republik zum Schutz und zur Sicherung der sozialistischen Umgestaltung, zum Kampf gegen alle Anschläge der Feinde des Friedens und des Sozialismus.

Ich gelobe an Eides statt:
1. Ich werde alle meine Kräfte und Fähigkeiten einsetzen, um die ehrenvollen Aufgaben und Pflichten eines Mitarbeiters des Ministeriums für Staatssicherheit zur Sicherung der Arbeiter- und Bauernmacht zu erfüllen und getreu den Beschlüssen der SED, der

Verfassung und den Gesetzen der DDR zu handeln und zu kämpfen.

2. Ich gelobe, mit aller Entschlossenheit den Kampf gegen die Feinde der DDR zu führen und so zu leben, wie es die Grundsätze der sozialistischen Moral und Ethik von einem bewussten sozialistischen Menschen verlangen.

3. Ich gelobe, die militärische Disziplin einzuhalten, alle gegebenen Befehle und Anweisungen gewissenhaft und verantwortungsbewusst zu erfüllen und meinen Dienst an jedem Einsatzort durchzuführen.

4. Ich gelobe, meine politischen und fachlichen Kenntnisse allseitig zu erweitern, mich für meine Aufgaben ständig zu qualifizieren, um damit einen Beitrag zur Erhöhung der Schlagkraft des Ministeriums für Staatssicherheit zu leisten.

5. Ich gelobe, strengstes Stillschweigen über alle mir zur Kenntnis gekommenen dienstlichen Angelegenheiten sowie Dienstaufgaben und Dienststellen des Ministeriums für Staatssicherheit zu wahren und anderen Personen, Behörden oder sonstigen Stellen sowie meinen nächsten Familienangehörigen weder mündlich noch schriftlich, noch in irgendeiner anderen Form darüber Auskunft zu geben.

6. Ich bestätige meiner Dienststelle, dem MfS, dass ich über die verbrecherischen Methoden der westlichen Spionagezentralen belehrt worden bin und verpflichte mich zu äußerster Wachsamkeit gegenüber allen Versuchen der Verbindungsaufnahme durch die feindlichen Geheimdienste und Spionagezentralen und habe solche Versuche meinem Dienstvorgesetzten sofort zu melden.

7. In diesem Zusammenhang wurde ich darüber belehrt, dass es mir verboten ist, die Westsektoren Berlins, Westdeutschland und das kapitalistische Ausland zu betreten, zu befahren oder zu überfliegen, Verbindungen jeglicher Art von oder nach dort zu unterhalten, soweit kein dienstlicher Auftrag vorliegt.

8. Ich verpflichte mich, dafür zu sorgen, dass auch meine nächsten Familienangehörigen oder Personen, die ständig oder überwiegend mit zur häuslichen Gemeinschaft gehören, dieses Verbot unbedingt einhalten.

9. Ich verpflichte mich, alle Veränderungen persönlicher Art sowie die meiner Familienangehörigen und nächsten Verwandtschaft meinem Dienstvorgesetzten unverzüglich zu melden. Desgleichen verpflichte ich mich, alle Post – wie Briefe, Karten, Pakete usw. –, die aus Westberlin, Westdeutschland und dem kapitalistischen Ausland an mich gesandt wird, unverzüglich meinem Dienstvorgesetzten zu übergeben, die Ankunft von Personen aus Westberlin, Westdeutschland und dem kapitalistischen Ausland, die mich besuchen oder auf andere Art mit mir in Verbindung treten, meinem Dienstvorgesetzten sofort zu melden.

10. Ich bin mir bewusst, dass mir die SED durch die Aufnahme in die Reihen des MfS ein großes Vertrauen entgegenbringt. Ich verspreche, mich dieses Vertrauens, mit dem mich die Partei der Arbeiterklasse und das MfS auszeichnen, würdig zu erweisen, indem ich aktiv und unter Einsatz all meiner Kräfte und meiner ganzen Person für die Lösung der mir gestellten Aufgaben kämpfe.

11. Mein Ausscheiden aus dem Dienst des MfS wird nicht von mir, sondern von meiner vorgesetzten Dienststelle bzw. Ministerium bestimmt. Auch nach meinem eventuellen Ausscheiden bin ich verpflichtet, über alle mir während meiner Zugehörigkeit zum MfS erworbenen Kenntnisse strengstes Stillschweigen zu wahren und mich so zu verhalten und so zu handeln, dass eine Gefährdung für die Tätigkeit des MfS und meiner Person nicht eintreten kann. Über die Folgen der Verletzung dieser Verpflichtung bin ich unter Hinweis auf die Ergänzung des Strafgesetzbuches ›Militärstrafgesetz vom 24. Januar 1962‹ ausdrücklich belehrt worden.

Berlin, 3. September 1962. Klaus Wengler«

Als Berufssoldaten erhielten die Hauptamtlichen Mitarbeiter militärische Dienstgradbezeichnungen vom Unterleutnant bis Oberst sowie ab 1952 auch eine Einstufung ihrer Fähigkeiten und Leistungen. Gute Arbeit konnte mit einem höheren Dienstgrad belohnt werden. Der Anteil der Frauen lag Ende 1989 bei 15,7 Prozent. Sie wurden vorwiegend im medizinischen Dienst und in der Verwaltung eingesetzt, weniger in Abteilungen, die sich direkt mit IM-Arbeit befassten. Frauen als Führungsoffiziere von IM waren äußerst selten.

Das MfS setzte auch Inoffizielle Mitarbeiter sowie Hauptamtliche Mitarbeiter, die sich besonders bewährt hatten, als sogenannte »Offiziere im besonderen Einsatz« (OibE) ein. Diese arbeiteten verdeckt sowohl innerhalb als auch außerhalb der DDR. Sie konnten in normalen Berufen, an bedeutsamen Stellen im Staatsapparat oder auch in der Wirtschaft und in weiteren Bereichen des gesellschaftlichen Lebens tätig sein und parallel dazu Spitzelberichte an das MfS weitergeben. Oberst Alexander Schalck-Golodkowski, der DDR-Devisenhändler, ist ein bekanntes Beispiel für einen OibE. Sie erhielten ein ordentliches Gehaltskonto im MfS und bezogen ab diesem Zeitpunkt eine monatliche Vergütung. Aus diesem Grunde erhielten auch erfolgreiche »Quellen« im Westen regelmäßig eine Offiziersvergütung, deren Höhe sich nach dem Offiziersgrad richtete. Auch jahrzehntelange treue Instrukteure der »Quellen« konnten zum Offizier im besonderen Einsatz befördert werden und kamen so in den Genuss einer vergleichsweise hohen monatlichen Vergütung sowie Verpflegungs-, Wohnungs- und Bekleidungsgeld.

Überhaupt: das Geld. Es floss im Ministerium für Staatssicherheit reichlich. Schon vor der Einstellung war jedem Mitarbeiter klar, dass ihn ein überdurchschnittliches Monatsgehalt erwartete – ohne genau zu wissen, was er für diesen Lohn im Einzelnen zu tun hatte. Die Höhe der Vergütung variierte in Abhängigkeit von bestimmten Faktoren: dem Dienstgrad, der Art der Tätigkeit, dem Dienstalter, Zulagen und Zuschlägen sowie unterschiedlichen Vergütungsstufen innerhalb des Aufgabenbereichs. Ein operativer Mitarbeiter der HV A, der gleichzeitig den Dienstgrad eines Hauptmanns innehatte (monatlich fünfhundertfünfzig Mark für den Dienstgrad), konnte durch die Vergütungsstufen XI–XV (Stand 1987) zusätzlich eintausendeinhundert bis eintausenddreihundert Mark verdienen. Das MfS belohnte langjährige Mitarbeiter unter anderem auch durch Lohnsteigerungen, die bis zu einem Viertel des normalen Gehalts ausmachen konnten. IM-führende Mitarbeiter und deren Leiter erhielten noch einmal Zulagen von einhundertfünfzig Mark. Lediglich die Vergütung durch den Dienstgrad war der Lohnsteuer unterworfen. Zehn Prozent des Bruttolohns gingen in eine Sonderversorgungskasse des MfS. Damit konnten später hohe Altersrenten (75 Prozent des Bruttoverdienstes) erwartet werden. Im

Vergleich dazu lag das durchschnittliche monatliche Arbeitseinkommen in der DDR 1989 bei knapp unter eintausendzweihundert Mark. Nicht zu vergessen sind die vielen Belobigungen in Form von Medaillen und die damit oftmals verbundenen finanziellen Zuwendungen. Die Liste der Auszeichnungen in Form von Sachprämien, Orden und Medaillen der MfS-Mannschaften ist vielfältig und lang. Markus Wolf selbst brachte es auf insgesamt sechsundsiebzig Medaillen, Orden, Ehrennadeln, -urkunden und -spangen, Plaketten und Abzeichen.

Ein weiterer Vorteil, Mitarbeiter der Stasi zu sein, war der Zugang zu Waren und Dienstleistungen, der ansonsten nur mit sehr viel Mühe oder gar nicht möglich war. Aber auch besonders gut gelegene oder neu gebaute Wohnungen, ein rares Gut in der DDR, standen ihnen zur Verfügung. Sie konnten sich in einer komplett eigenen Lebenswelt einrichten, in der sie und ihre Familien von der Kinderbetreuung bis zur Ferienreise rundum versorgt wurden.

Begründet wurde die großzügige finanzielle und materielle Versorgung mit der besonderen Bedeutung der Geheimdienstaufgaben sowie der hohen Belastung der Mitarbeiter durch Überstunden und Dienstbereitschaften. Neben der Belohnung der Mitarbeiter standen dem MfS auch Mittel der Bestrafung zur Verfügung: Tadel, Verweise, Hausarrest, Aberkennung von Auszeichnungen (nicht für Offiziere), Verwarnungen, Herabsetzung im Dienstgrad und in den Tätigkeiten bis zur Entlassung. So drohten etwa bei Verletzungen dienstlicher Pflichten und Missachtung von Befehlen, bei fahrlässigem Umgang mit Dienstausweisen, Dokumenten und Waffen und beim Verstoß gegen Meldepflicht von Kontakten und Verbindungen entsprechende Maßnahmen. Ein ordentlicher Ausstieg aus der »Firma« war nur im Ausnahmefall möglich, hatte aber eine lebenslange Überwachung zur Folge. Das schlimmste Vergehen eines Hauptamtlichen oder Inoffiziellen Mitarbei ters war der Verrat oder das Überlaufen zu gegnerischen Geheimdiensten. Damit kam er auf die Exekutionsliste. Noch bis ins Jahr 1987 folgte darauf theoretisch die Todesstrafe. Scheiterten diverse Rückholversuche der Stasi und der Flüchtige blieb im Westen, war er auch dort seines Lebens nicht sicher. 1981 wurde der letzte Stasi-Mitarbeiter, Dr. Werner Teske, wegen Spionage und Fluchtvorbereitungen in der DDR hingerichtet.

11. Erziehung

Frank Richter erwies sich als ein hoch motivierter Hauptamtlicher Mitarbeiter des Ministeriums. Als er Lilli Pöttrich begegnete, war er 29 Jahre alt, sechs Jahre älter als sie. Beide
verstanden sich von Beginn an sehr gut. Sie hatten ein offenes
Verhältnis, Probleme wurden von ihm direkt angesprochen
und sie hatte bei ihm keine Scheu, die ihrigen zu nennen. Oftmals sei sie sehr überrascht und regelrecht verwirrt über seine
Offenheit und Direktheit gewesen, erinnerte sich Lilli Pöttrich
rückblickend. Sie erlebte in diesem Mann einen sehr abwägenden und kritischen Menschen, der sich auch kritisch über den
Sozialismus und selbst über positive Seiten im Westen äußerte.
Es entwickelte sich eine freundschaftliche Verbundenheit, die
über Jahre hinweg halten sollte. Eigentlich sei Frank Richter
der ideale Partner gewesen, meint Lilli Pöttrich heute und
beteuert zugleich, dass es nie zu einem Liebesverhältnis gekommen sei.

Damit hatte Frank Richter eine wichtige Aufgabe erfüllt:
Verbundenheit und Vertrauen zu schaffen. Gleichzeitig, und in
den MfS-Richtlinien immer wieder betont, war die »politisch-
ideologische Erziehung« ein wichtiger Aspekt bei der IM-
Führung. Dem 4. Kommentar zur Richtlinie 2/68 vom Januar
1970 ist zu entnehmen, warum dies von immenser Bedeutung
für das MfS war:

*»Die Bedeutung und Kompliziertheit der politisch-ideo-
logischen Erziehung der IM wird durch folgende spezifische Faktoren unterstrichen:*

* *Das IM-Netz ist in seiner Zusammensetzung vom
Standpunkt der politisch-ideologischen Position der
einzelnen IM sehr differenziert. Die Bereitschaft zur*

bewussten operativen Zusammenarbeit beruht nur bei einem Teil der IM auf politisch-ideologischer Überzeugung. Die politisch-ideologische Überzeugung der einzelnen IM ist wiederum sehr unterschiedlich. Sie umfasst die prinzipielle oder teilweise Ablehnung der Politik des jeweiligen kapitalistischen Staates bis zur vollen Übereinstimmung des IM mit der Politik des sozialistischen Lagers und Mitgliedschaft in der Partei der Arbeiterklasse. Aus diesen Gründen muss die politisch-ideologische Grundlage bei allen IM im Prozess der politisch-operativen Arbeit entwickelt und ständig gefestigt werden. [...]

Die politisch-ideologische Erziehung der IM stellt deshalb große Anforderungen an das politisch-ideologische Niveau und die pädagogisch-erzieherischen Fähigkeiten der operativen Mitarbeiter und der für die Anleitung und Erziehung eingesetzten IM. Die politisch-ideologische Erziehungsarbeit muss differenziert, beharrlich und konsequent erfolgen. Sie ist ein ständiger Prozess und keine einmalige Angelegenheit. Inhalt und Phasen der politisch-ideologischen Erziehung sind real und exakt festzulegen.

Die politisch-ideologische Erziehung darf weder dem Selbstlauf überlassen noch dürfen notwendige Phasen übersprungen werden. [...]

In der politisch-ideologischen Erziehungsarbeit müssen vor allem folgende Methoden und Mittel zur Anwendung kommen:

- *Das Vorbild und die Autorität des operativen Mitarbeiters, der in seinem Denken und Handeln die Über-*

zeugung, die politisch-moralischen und charakterli-chen Eigenschaften, hohes Wissen und konspiratives Verhalten beispielhaft demonstrieren muss. Die Rolle des operativen Mitarbeiters im Erziehungsprozess ist umso bedeutsamer, als der operative Mitarbeiter dem IM in der politisch-operativen Arbeit das fehlende Kollektiv ersetzen und Partner zwischenmenschlicher Beziehungen, Partner des Erfahrungsaustausches, gegebenenfalls Parteikollektiv, Kamerad und Genosse sein muss. In der Person des operativen Mitarbeiters verkörpert sich für den IM vieles von dem, wofür der IM unter Einsatz seiner Person, seiner Kräfte und seiner Freiheit zu kämpfen bereit ist.

- *Die schöpferische Einbeziehung der IM in die Analyse und Lösung der Probleme der politisch-operativen Arbeit. Die schöpferische Einbeziehung der IM festigt das Vertrauensverhältnis zwischen IM und operativem Mitarbeiter, fördert die politisch-ideologische Erziehung der IM durch die eigenen Erfahrungen und entwickelt die Fähigkeit der IM zu selbstständiger operativer Entscheidungsfindung. Besonderer Wert ist dabei auf die Wahrnehmung der politisch-ideologischen Bildungsmöglichkeiten aus eigener Initiative des IM zu legen. Hierzu gehören das Studium von Dokumenten und Tageszeitungen der kommunistischen Parteien sowie das Abhören von Radio- und Fernsehsendungen der DDR u. a. fortschrittlichen Publikationen. Dadurch wird eine wichtige Voraussetzung zur Entwicklung der schöpferischen Aktivität der IM geschaffen. Auch wenn der IM besonders vorsichtig sein und sein Wissen aus anderen Quellen schöpfen muss, ist entscheidend, bei ihm ein festes Bedürfnis nach ständiger Information über das politische Geschehen zu entwickeln. Die Autorität und die führende Rolle des opera-*

*tiven Mitarbeiters bei der schöpferischen Einbeziehung
des IM wird dadurch gestärkt, dass die IM die größeren Kenntnisse und Erfahrungen des operativen Mitarbeiters, z. B. durch die gründliche Analyse und Einschätzung der politischen Situation und durch entsprechende operative Schlussfolgerungen für die praktische
Arbeit verspüren. [...].«*

Die Praxis lehrte die Führungsoffiziere und Instrukteure, wieviel Flexibilität im Umgang mit Inoffiziellen Mitarbeitern
tatsächlich von ihnen gefordert wurde. Auf jeden Einzelnen
mussten sie im Verlauf ihrer Zusammenarbeit eingehen und
versuchen, sich in das Denken und Handeln der jeweiligen Person zu versetzen. Zeigten sich bei einem IM zum Beispiel Unsicherheiten in politischen Fragen, waren ausführliche Berichte
an den entsprechenden Vorgesetzten innerhalb der HV A die
Folge – verbunden mit Vorschlägen, wie die Mitarbeiter am
wirkungsvollsten darauf reagieren sollten. Die Erfahrung zeigte, dass es für die Arbeit der Führungsoffiziere wirkungsvoller
und überzeugender war, mit den IM möglichst offen über die
politische und ökonomische Lage der DDR zur sprechen, etwa
über Versorgungsschwierigkeiten und offensichtliche Mängel.
Eine kalkulierte Offenheit, die Lilli Pöttrich an Frank Richter
so sehr verwunderte und imponierte. Auf Fragen des Inoffiziellen Mitarbeiters zur inneren Entwicklung der DDR oder anderer sozialistischer Länder orientierten sich die MfS-Mitarbeiter
weitgehend an offiziellen Erklärungen und Richtlinien der
Zentrale, die eigens zu diesen Zwecken gedruckt wurden.
Zu speziellen Anlässen gab es Sonderveröffentlichungen von
wichtigen Parteibeschlüssen, Parteitagsmaterialien oder zu besonderen politischen Ereignissen. Sie sollten helfen, eigene
Unsicherheiten zu vermeiden. Auch dem Inoffiziellen Mitarbeiter wurden diese Texte übergeben. Zwei Grundpositionen
waren jedoch außerhalb jeder Diskussion: der Sozialismus

würde siegen und die gegenwärtigen Schwierigkeiten wären auf die komplizierten Probleme der gesellschaftlichen Entwicklung und die momentane Lage zurückzuführen.

Um die Verbundenheit zum Sozialismus und zur DDR zu festigen, bediente sich das MfS der »Mittel des moralischen und materiellen Anreizes«, wie es in der Richtlinie 2/68 heißt. Dazu zählten mündliche Belobigungen, Belohnungen in Form von Geld oder Geschenken, Verleihung von Orden sowie die Aufnahme in die SED.

Auch Lilli Pöttrich wurde schon bald Mitglied der Partei. Frank Richter hatte ihr dieses Angebot gemacht und den Antrag vor seinen Vorgesetzten unterstützt. Für das Aufnahmeverfahren war wieder eine persönliche Erklärung von Lilli Pöttrich fällig. Da die SED keine Ausländer aufnahm, war mit dem Antrag gleichzeitig das Gesuch verbunden, DDR-Staatsbürgerin zu werden. Im Falle einer Übersiedlung in die DDR hätte Lilli Pöttrich unmittelbar danach die DDR-Staatsbürgerschaft erhalten. Es sei eine besondere Ehre gewesen, Mitglied der SED zu sein, erinnert sich die Ex-Agentin noch heute. Auch hier lag wieder das wirkungsvolle Prinzip zugrunde, für Geleistetes oder noch zu Leistendes Belohnungsanreize zu schaffen.

In diesem Zusammenhang muss auch auf die häufig und zahlreich verliehenen Orden verwiesen werden. Orden ermöglichten es, Erfolge sichtbar zu machen und damit besondere Anerkennung auszudrücken.

Einen Kampforden in Bronze erhielt auch Lilli Pöttrich, nachdem sie erste Erfolge verzeichnen konnte. Einige Stunden lang trug sie ihn stolz an ihrer Brust. Sie habe sich wirklich im wahrsten Sinne des Wortes »ausgezeichnet« gefühlt, als ihr der Orden während eines Ostberlin-Besuchs offiziell überreicht wurde. Allerdings sah sie das repräsentative Metall nach diesem einen Mal nie wieder. Den Orden in der Bundesrepublik zu tragen war schlichtweg unmöglich und eine zufällige Entdeckung hätte für unnötige und gefährliche Komplikationen sorgen können. Die Schatulle mit »ihrem« Orden musste also weiterhin in Ostberlin verbleiben, schließlich konnte und durfte sie ihn niemals öffentlich tragen.

Klaus von Raussendorff erhielt im Lauf seiner Agentenkarriere mehrere Verdienstorden, Treuemedaillen sowie Kampforden jeweils in Bronze, Silber und Gold. Sie waren ein Indiz dafür, wie hoch das MfS die Bonner Quelle einschätzte. Dazu kamen noch Sonderprämien, in seinem Falle Geldprämien von jeweils eintausend DM und mehr. Insgesamt summierten sich seine Spitzelprämien auf eine stolze Summe in sechsstelliger Höhe.

Obwohl sich Ludwig Pauli zu Beginn seiner Agententätigkeit noch heftig dagegen wehrte, Geld für seine Informationen anzunehmen, empfing auch er im Laufe der Jahrzehnte mindestens einhunderttausend DM. Dass bei den Treffen nicht nur Nachrichten, sondern auch Geld übergeben wurde, gehörte seiner Meinung nach zu den Gepflogenheiten eines Geheimdienstes. Dagegen konnte und wollte er sich nicht lange behaupten. Andere Schätze, als Geschenke deklariert, nahm Ludwig Pauli ohne Gegenwehr. Dazu gehörten antike Stühle, Sammlermünzen, eine kleine Reiseuhr, Schiffsbilder und Beistelltische. Natürlich gab es auch für ihn zahlreiche Orden und Medaillen.

Finanzielle Anreize als Motiv für eine Agententätigkeit scheinen im Falle Lilli Pöttrichs nicht ausschlaggebend gewesen zu sein. Während ihres Studiums erhielt sie regelmäßig anfangs einhundert DM und später zweihundert DM monatlich. Das Geld sollte als Reserve dienen und ihr studentische zeitintensive Nebenjobs ersparen. Ab einem gewissen Zeitpunkt verzichtete Lilli Pöttrich auf diese Form der Zuwendung. Man erklärte ihr, dass das Geld auf ein Konto in der DDR gutgeschrieben werde und ihr bei einer späteren Übersiedlung in die DDR zur Verfügung stehe. Gewissermaßen ein DDR-Konto als Altersvorsorge.

Ähnlich verhielt sich auch Hagen Blau. Immer wieder hatten Vertreter des MfS ihm bei Treffen Geld angeboten. Immer wieder lehnte Hagen Blau ab, auch dann, wenn es um Reise- und Flugkostenerstattungen ging. Darüber gab es mehrfach Diskussionen zwischen ihm und seinen Kontaktleuten. Drei- bis viermal ging er auf eine dringende Bitte des Kontaktmannes ein, die für ihn mitgebrachte Belohnung – eintausend oder zweitausend DM – nicht wieder mit zurücknehmen zu müssen. Ansonsten hatte er mit dem MfS vereinbart, dass er kein Geld in bar an- oder mitnehmen werde. Aus diesem Grund existierte angeblich auch für ihn ein Konto des MfS, auf das alle Beträge eingezahlt werden sollten. Dieses Geld hätte ihm dann im Notfall jederzeit zur Verfügung gestanden und sollte der Absicherung seiner Familie dienen, wie man ihm versicherte. Natürlich erhielt Hagen Blau auch die üblichen Belohnungen in Form von Orden und entsprechenden Prämien. Was ihm in der ganzen Tragweite und Bedeutung nicht klar gewesen sein mag, war die Tatsache, dass er – ebenso wie Klaus von Raussendorff – als Offizier im besonderen Einsatz (OibE) im MfS registriert war. Das beinhaltete Beförderungen in der beruflichen Militärhierarchie sowie Orden und ein entsprechendes regelmäßiges Offiziersgehalt auf das MfS-interne Konto, auf das Hagen Blau jedoch keineswegs zugreifen wollte. Ganz im Gegensatz zu Klaus von Raussendorff, der sich gern regelmäßig und gut bezahlen ließ.

Hagen Blau selbst begründete sein ablehnendes Verhalten damit, dass er nicht unter Verpflichtungszwang und Leistungsdruck geraten wolle. Außerdem schätzte er das Sicherheitsrisiko als relativ hoch ein, durch ungewöhnliche Ausgaben aufzufallen oder Bewegungen auf seinem Konto nicht erklären zu können. Was er für das MfS tun würde, geschehe freiwillig und aus eigenem Antrieb. Dadurch behalte er sich die Freiheit der Entscheidung über die Art und den Umfang seiner Agententätigkeit vor. Es würde ihm genügen zu wissen, dass er im

Not- oder Ernstfall nicht völlig mittellos wäre und dass irgendwo etwas für ihn und seine Familie angespart werde.

Besonders nachhaltig war nach Ansicht des MfS die Methode »der Vermittlung der sozialistischen Wirklichkeit in der DDR«. Charakteristische Entwicklungen und Fortschritte, wie beispielsweise Industrie- und Stadtzentren, Kulturveranstaltungen und Gedenkstätten, auf die man besonders stolz war, sollten beim IM positive Eindrücke hinterlassen. Auf diese Weise sei der IM durch eigene Anschauung und völlig unbeeinflusst in der Lage, sein Urteil über die Stärke und Siegfähigkeit des Sozialismus zu bilden, wie es in der Richtlinie heißt. Besucht wurden dazu meist gut geführte Landwirtschaftliche Produktionsgenossenschaften (LPG). Häufiges Ziel war die LPG in Ortwig (Oderbruch), die wichtigen Inoffiziellen Mitarbeitern vorgeführt wurde. Bereits seit den fünfziger Jahren hatte die HV A dort eine Patenschaft übernommen und zahlreiche Mitarbeiter der HV A leisteten auf dem Hof »freiwillig« Arbeitseinsätze, die als eine Art »Praxisbewährung« in der Laufbahn galten. Entsprechend groß waren die Gestaltungsmöglichkeiten eines Besuches in Ortwig, der als beeindruckendes Erlebnis in so manchem IM-Leben in Erinnerung geblieben sein mag.

12. Karrierestarts

In Köln arbeitete Lilli Pöttrich fleißig an ihren Vorbereitungen für das Erste Juristische Staatsexamen. Am 26. Januar 1979 war es soweit. Mit einem »voll befriedigend« meisterte sie vor dem Oberlandesgericht (OLG) Köln diese Hürde und erhielt einige Monate später in Düsseldorf beim dortigen OLG eine Referendarstelle. Sie packte ihre Sachen in Köln, verließ den Ort ihrer Studienzeit und zog auf die andere Seite des Rheins nach Düsseldorf. Während ihrer Referendarzeit nutzte sie alle Möglichkeiten, sich weiterhin im internationalen Bereich zu orientieren. Im Sommer 1980 ging sie für drei Monate an die Hochschule für Verwaltungswissenschaften in Speyer und erfuhr dort eine praxisbezogene Ausbildung, die sie am Gericht in Düsseldorf in der Form nicht geboten bekommen hätte. Außerdem wollte sie unbedingt ihre Sprachkenntnisse verbessern. Deshalb, und um ein anderes Rechtssystem kennenzulernen, entschied sich die ehrgeizige junge Frau im gleichen Jahr zusätzlich noch für einen dreimonatigen Aufenthalt in Paris beim »Tribunal de Grande Instance«.

Im November 1981 übersprang sie die nächste berufliche Hürde: Das Zweite Juristische Staatsexamen machte sie zur Volljuristin und offen für weitere Karriereschritte. Der nächste Abschnitt konnte nun vorbereitet werden: das Auswärtige Amt.

Die Aufnahmeprüfungen beim Auswärtigen Amt sind auch heute noch sehr aufwändig und sehr anspruchsvoll. Der Personenkreis der Bewerber wird anhand zahlreicher Kriterien ausgewählt. Gilt es doch, zukünftige Repräsentanten der Bundesrepublik Deutschland herauszufiltern. Um sich optimal auf das Auswahlverfahren vorbereiten zu können, nahm Lilli Pöttrich nach den juristischen Prüfungen erst einmal eine Art »Auszeit«. So konnte sie noch etwas Zeit zwischen ihren früheren politischen Aktivitäten und ihrer Bewerbung verstreichen lassen. Finanziell hielt sie sich mit Teilzeit-Beschäftigungen als wissenschaftliche Hilfskraft an der Universität Köln, als Angestellte bei der Kreishandwerkskammer in Düsseldorf und als freie wissenschaftliche Mitarbeiterin in einem Düsseldorfer Anwaltsbüro über Wasser. Daneben bereitete sie sich mehr oder weniger systematisch auf die Bewerbung beim Auswärtigen Amt vor.

Der gehobene auswärtige Dienst war und ist für viele junge Leute eine attraktive Berufswahl, sodass jährlich bis zum Ende der Bewerbungsfrist am 31. Oktober viele hundert Bewerbungen eingehen. Wie vielen von ihnen tatsächlich der Sprung in die Ausbildung gelingt, hängt vom aktuellen Personalbedarf ab, sodass alle Absolventen eines Ausbildungslehrgangs auch mit einer späteren Übernahme in das Beamtenverhältnis auf Probe rechnen können.

Die erste Runde des Auswahlverfahrens wird in der Regel am Ende eines Jahres durchgeführt und besteht aus psychologischen Eignungstests und schriftlichen Sprachprüfungen in Englisch und Französisch oder einer anderen Amtssprache der Vereinten Nationen. Der am höchsten bewertete Teil des Verfahrens ist der thematische Aufsatz zu einem aktuellen politischen Problem. Drei Themen aus den Bereichen Außenpolitik, Wirtschaft und Gesellschaft werden dabei zur Auswahl gestellt. Fachkenntnisse in Geschichte/Politik, Staats- und Völkerrecht, Wirtschaftswissenschaften sowie ein breites Allgemeinwissen werden im Frage- und Antwortverfahren überprüft. Ohne eine gründliche und gezielte Vorbereitung sind die Prüfungen kaum zu schaffen, vor allem die Überprüfung des Allgemeinwissens verlangt den Bewerbern einiges ab. In ihm werden Fragen zu wichtigen kulturellen, sozialen, naturwissenschaftlichen oder technischen Errungenschaften und Entwicklungen der letzten sechs bis zwölf Monate gestellt.

Diejenigen Teilnehmer, die den schriftlichen Teil der Prüfungen überzeugend überstanden haben, werden im März des Folgejahres zur zweiten Runde des Auswahlverfahrens eingeladen, um sich vor einer unabhängigen Auswahlkommission zu präsentieren. In dieser Phase steht die Frage nach der persönlichen Eignung und Motivation des Kandidaten im Mittelpunkt.

Als die wichtigsten charakterlichen Anforderungen der Persönlichkeit eines Bewerbers werden Kommunikationsstärke, Kooperationsfähigkeit und Teamgeist hervorgehoben. Eine überdurchschnittliche Intelligenz gewährleisten die für den höheren Dienst vorausgesetzten guten Universitätsabschlüsse. Aber die Kandidaten müssen auch die Fähigkeit haben, diese Intelligenz zu nutzen. Dabei ist analytisches Denken gefragt, die Begabung, auch komplexe und vielschichtige Sachverhalte zu durchdenken und die Fähigkeit, sie schriftlich oder mündlich konzentriert und ergebnisorientiert darzustellen.

Im mündlichen Auswahlverfahren haben sich die Kandidaten einzeln und in Gruppen bei verschiedenen Aufgabenstellungen zu bewähren. Ein Einführungsgespräch vor dem Auswahlausschuss knüpft an Lebenslauf und fachliche Vorerfahrungen an, sodass der Bewerber die Möglichkeit hat, sich selbst und seine Motivation zur Berufswahl zu präsentieren. Daneben gibt es Einzelgespräche und Tests mit Psychologen, die anschließend ein Persönlichkeitsprofil herausarbeiten.

Bevor Lilli Pöttrich am Auswahlverfahren teilnehmen konnte, musste sie in ihrer Bewerbung zunächst begründen, warum sie eine Laufbahn im Auswärtigen Amt beginnen wollte. Sie schrieb damals:

»Ausschlaggebend dafür war in gleichem Maße der Wunsch, an der Gestaltung der auswärtigen Beziehungen der Bundesrepublik als einer Aufgabe von grundlegender Bedeutung mitwirken zu können, wie die Aussicht auf

eine vielseitige Tätigkeit, die den Einsatz aller Kennt-
nisse und Fähigkeiten verlangt und die Befriedigung ver-
spricht, die ich mehr im beruflichen als im privaten
Bereich suche.
Düsseldorf, den 22.8.1982.«

Im Herbst 1982 erhielt Lilli die ersehnte Einladung zu den Aufnahmeprüfungen. Einen Tag lang saß sie in den schriftlichen
Prüfungen. Nach einigen Wochen erfuhr sie, dass sie auch zur
mündlichen Prüfung zugelassen wurde. Diese Zusage war für
sie zugleich erleichternd und überraschend, hatte sie doch den
Eindruck gewonnen, dass die Prüfungen kaum zu schaffen waren. Das mündliche Verfahren dauerte eine ganze Woche, in
der die jungen Anwärter und Anwärterinnen im Staatsdienst in
die Mangel genommen wurden. Gespräche auf Englisch und
Französisch, vor einer Kommission, allein oder in der Gruppe – eine Herausforderung für jeden Einzelnen. Schließlich
hatten alle Mitbewerber am Ende ein unsicheres Gefühl in der
Magengegend. Waren sie gut genug gewesen? Oder hatte es
nicht gereicht? Allen erschienen die gestellten Aufgaben kaum
lösbar. Eine resignierte Stimmung machte sich unter den jungen Akademikern breit.

Aber: Lilli Pöttrich schaffte trotz aller Sorgen und Bedenken
auch diese Hürde. Prüfungsleistungen und persönliche Darstellung hatten die Prüfungskommission überzeugen können.
Freude mischte sich mit Erleichterung: Sie hatte es geschafft.
Sogar die zur Einstellung notwendige Sicherheitsprüfung überstand sie, was ihr gar nicht so selbstverständlich erschien.
Schließlich wurde hier eine Datenanfrage bei den Sicherheitsbehörden nach § 3 Abs. 2 Nr. 1 des Verfassungsschutzgesetzes
gestellt. Aber ihre früheren Mitgliedschaften im SHB fielen
nicht ins Gewicht. Im Personalbogen vom August 1982 hatte
sie erklärt, dass sie weder zum derzeitigen Zeitpunkt noch zu
einem früheren in Parteien oder Organisationen Mitglied ist

oder war, die entweder für verfassungswidrig erklärt oder verboten sind oder die als kommunistisch, linksradikal oder rechtsradikal galten.

Da war jedoch ein anderer Punkt, der Lilli befürchten ließ, der Sicherheitsüberprüfung nicht standzuhalten. Einige Monate zuvor war ihr nach einem Besuch in Ostberlin ein folgenschweres Missgeschick passiert.

*

Im Dezember 1981 wollte Lilli Pöttrich die frohe Kunde des bestandenen Zweiten Staatsexamens ihren Ostberliner Mentoren persönlich überbringen. Aus Sicherheitsgründen reiste sie über Skandinavien in die DDR ein, eine bereits seit längerem praktizierte und bewährte Taktik. Dazu benötigte sie neben ihren Original-Ausweispapieren auch einen gefälschten BRD-Personalausweis, der ihr vom Ostberliner Geheimdienst bei einem ihrer früheren Treffen ausgehändigt worden war. In Kopenhagen verstaute sie ihren Original-Personalausweis in ihrem speziell präparierten Portemonnaie, dem Container, sodass der Ausweis bei oberflächlicher Kontrolle nicht zu finden war. Den gefälschten Personalausweis benutzte sie zur Übernachtung in Kopenhagen, um am nächsten Tag mit der Fähre als Transitreisende nach Warnemünde zu fahren. Von dort aus nahm sie den Zug nach Westberlin, den sie aber bereits im Osten der geteilten Stadt verließ. Sie traf Frank Richter am Bahnhof und beide fuhren nach Schöneiche, einer Vorortvillensiedlung und Waldgartenstadt, etwa fünfzehn Kilometer außerhalb Berlins gelegen. Seit 1978 – zeitgleich mit dem Wechsel ihrer Führungsoffiziere – fanden die Treffen nicht mehr in der Wisbyer Straße in der konspirativen Wohnung statt, sondern in einem Jagdhaus in Schöneiche, das die Stasi wie so viele andere Anwesen für ihre Zwecke nutzte. Offiziell handelte es sich um das Gästehaus des Kulturministeriums.

Das Haus bot wesentlich mehr Komfort als die kleine Wohnung. Es war nicht nur größer und wohnlicher ausgestattet, sondern bot auch noch den Luxus einer Komplettversorgung. Ein Wirtschafterehepaar, beide Anfang bis Mitte vierzig, kümmerte sich rührend darum, dass es Lilli Pöttrich und den übrigen Anwesenden an nichts fehlte. Sie wurde herzlich von beiden empfangen. Die kleine Frau hatte ein lebhaftes und offenes Wesen, während sich ihr Ehemann dezent im Hintergrund hielt. Zu beiden entwickelte Lilli eine freundliche Beziehung, man plauderte über dies und das, wenn sich die Gelegenheit ergab. Auf den Tisch kam selbstgemachte Hausmannskost, vom Schnitzel bis zu Rouladen. Auch die Bar bot mit Whisky, Wodka und Cognac allen Komfort. Im Sommer wurde bei schönem Wetter im Garten gegrillt. Rückzugsmöglichkeiten boten die in der oberen Etage gelegenen Schlafräume, zu denen eine schwere Holztreppe führte. Die Treppe stieg empor aus einem dunkel getäfelten, großen und hohen Raum, der den eigentlichen Mittelpunkt des Hauses bildete. In diesem Saal trafen sich die Gäste, um am Abend rauchend und trinkend in den wuchtigen Clubsesseln zusammenzusitzen. Der große runde Esstisch trug die reichhaltigen Speisen und Getränke. Ein dunkler Holzschrank wachte mit Löwenfüßen über das Geschehen, und die riesige Deckenlampe ließ den Raum erstrahlen. Plattenspieler und Fernseher sorgten für Unterhaltung. Hier kam man zusammen, um Pläne zu schmieden und Probleme und Zweifel aus dem Weg zu räumen. Hier wurde Lilli weiter in das Handwerk der Spionage eingeführt.

In dieser Enklave lebte sie jeweils für wenige Tage in behaglicher Atmosphäre. Um einer Entdeckung zu entgehen, waren Außenkontakte höchst selten. Lediglich kleine Spaziergänge in die von Bäumen und Büschen umsäumte Umgebung waren möglich. Selbst bei ihrer Ankunft wurden Vorsichtsmaßnahmen getroffen, um jeden neugierigen und unerwünschten Blick auf die Ankommende zu vermeiden, obwohl der Eingang des

Hauses am Ende der langen Einfahrt nicht einsehbar war. Das Auto, mit dem Lilli Pöttrich abgeholt wurde, fuhr deshalb direkt vor das Haus, ihr Gesicht unter einer Mütze verborgen sprang sie hinaus und in die bereits geöffnete Haustür hinein – all das musste in Sekundenschnelle geschehen.

Im Dezember 1981 feierte die MfS-Crew um Lilli Pöttrich deren Erfolg als Volljuristin an diesem Ort. Die gemeinsamen Tage mit Frank Richter und seinen Vorgesetzten waren angenehm und wurden in bester Feierlaune verlebt: Lobreden wurden gehalten, es wurde ausgiebig getafelt und getrunken. Die weiteren Schritte wurden besprochen und sie verließ motiviert und instruiert die verschwörerische Welt in Schöneiche.

Wie gewöhnlich wurde sie von Richter in der Nähe des Bahnhofs Friedrichstraße abgesetzt, um von dort nach Westberlin zu gelangen. Den DDR-Grenzern zeigte Lilli Pöttrich eine handelsübliche leere Passhülle, die sie routiniert auf die Theke legte. Sie wurde geöffnet und sofort war den strengen Prüfern, die dieses verabredete Zeichen kannten, klar, unter wessen Schutz sie reiste. Ein kurzer offizieller und prüfender Blick, damit die anderen Reisenden nichts bemerkten, und sie erhielt ihre leere Hülle kommentarlos zurück. Mit dem Strom der übrigen Reisenden bahnte sie sich ihren Weg unauffällig durch die Schleuse, stieg in die S-Bahn und fuhr nach Westberlin.

Bevor sie ihre Fahrt in Richtung Düsseldorf fortsetzte, begann die junge Agentin routinemäßig die sogenannte Selbstkontrolle, um sicherzugehen, dass sie wirklich niemandem, zum Beispiel Vertretern anderer Geheimdienste, aufgefallen war und um ihre Spuren nach Ostberlin zu verwischen. Zu diesem Zweck fuhr sie stets einige Stationen über ihr eigentliches Ziel Bahnhof Zoologischer Garten hinaus. An diesem Tag ging sie anschließend in einen nahe gelegenen Park, um ihr Äußeres ein wenig zu verändern. Sie zog sich schnell und unauffällig um, nahm die Kontaktlinsen heraus, setzte ihre Brille auf und – erschrak maßlos: ihre Handtasche war weg. Die kleine braune Unterarmtasche schien spurlos verschwunden. Panisch suchte Lilli die nähere Umgebung ab und versuchte sich zu erinnern, wo sie die Tasche zum letzten Mal gesehen hatte. Besonders schlimm war, dass sie den gefälschten Personalausweis darin verstaut hatte, noch dazu, ohne den Container zu benutzen. Sie suchte an allen möglichen und unmöglichen Stellen im Park und auf dem Weg dorthin. Nichts. Was tun? Sie erinnerte sich der Worte ihres Führungsoffiziers für den Fall außergewöhnlicher Ereignisse – und ein solcher war nun eingetreten. Sie tat, wie ihr geheißen und fuhr zurück zum Bahnhof Friedrichstraße, meldete sich bei den Grenzern mit den verabredeten Worten, den Dienst habenden Offizier sprechen zu wollen. Sie wurde zu ihrer eigenen Überraschung tatsächlich gleich verstanden. Über eine Telefonnummer, die sie für solche Fälle erhalten hatte, wurde Frank Richter verständigt und eine Stunde später stand er vor ihr.

In Schöneiche fand eine Krisensitzung statt. Die Aufregung war auf beiden Seiten groß. Sogar Suchtrupps des MfS wurden losgeschickt, um nach der Handtasche zu fahnden. Doch sie blieb verschwunden. Man legte ihr nahe, aufgrund der Ereignisse nun in der DDR zu bleiben. Doch das wollte Lilli keinesfalls. Mit Nachdruck bestand sie darauf, ihre Arbeit fortzusetzen und zurück in die Bundesrepublik zu reisen. Auf diese Weise in der DDR ankommen und bleiben? Das wollte sie auf keinen Fall. Sie hatte noch einiges vor. Letztlich war sie von der Hoffnung und Zuversicht getragen, dass die Tasche und vor allem der gefälschte Ausweis in Westberlin nicht gefunden werden würde.

Lilli Pöttrich reiste tatsächlich zurück nach Düsseldorf. Allerdings mit der Maßgabe, alle operativen Tätigkeiten bis auf weiteres einzustellen. Alles hatte sie zu vernichten, was verräterisch war oder sein könnte: alle Container, alle gefälschten Ausweise, die Chiffrierunterlagen, schriftliche Instruktionen –

einfach alles, was in ihrer bisherigen Agentenkarriere von Bedeutung war. Anschließend sollte sie sich ruhig und unauffällig verhalten und nur noch die Treffen mit »Hans«, ihrem Instrukteur, wahrnehmen. Keine Kontaktaufnahme von ihrer Seite, keine Reisen mehr nach Ostberlin, so lauteten ihre Anweisungen, die beinahe wie Drohungen klangen.

Das sollte bis zum Ende ihrer Karriere als Agentin der letzte Aufenthalt in Ostberlin gewesen sein. Danach trafen IM »Angelika« und ihre Führungsleute grundsätzlich im Ausland zusammen.

Mehr als ein halbes Jahr tauchte Lilli Pöttrich weisungsgemäß völlig ab. In dieser Zeit hatte sie nur einmal im Monat an einem bestimmten Punkt in Düsseldorf zu erscheinen, ohne dass es dabei zu einer Kontaktaufnahme kam. Dieses Prozedere diente lediglich zur Kontrolle, dass sie noch existierte, noch immer zur Kooperation bereit war und um wieder zu gegebener Zeit Kontakt mit ihr aufzunehmen. Irgendwann erschien auch ihr Instrukteur wieder an diesem verabredeten Treffpunkt. Lilli Pöttrich war damit zumindest vorübergehend rehabilitiert.

Jahre später erfuhr Lilli, dass tatsächlich jemand die Tasche gefunden, das Geld herausgenommen und den Rest in einen Postbriefkasten geworfen hatte, sodass alles bei der Briefsortierstelle des Postamtes 11 in Berlin landete. Die Westberliner Polizei versuchte daraufhin, den Ausweis und die Tasche zuzustellen und erfuhr auf diese Weise, dass die angebliche Besitzerin, Angelika Mull-Rimke, keine Tasche und keinen Personalausweis verloren hatte. Die Ermittlungen ergaben weiter, dass es sich bei dem Ausweis um eine Totalfälschung handelte und dass sich unter den ebenfalls aufgefundenen Schlüsseln ein Sicherheitsschlüssel befand, der in Düsseldorf nachgemacht worden war. Im Jahre 1982 leitete der Generalbundesanwalt unter dem Az. 7 BJs 12/82 ein Ermittlungsverfahren gegen eine unbekannte Person, die sich als Rita

Angelika Mull-Rimke, wegen Verdachts geheimdienstlicher Agententätigkeit ein. Erst Jahre später wurde ein Zusammenhang zwischen den damaligen Ermittlungen gegen Unbekannt und dem Fall Lilli Pöttrich hergestellt. Zu ihrem Glück blieben die Ermittlungen 1981/1982 jedoch ergebnislos. Wegen des gefälschten Passes hätte sie mit einem Strafverfahren und ihrer Verurteilung rechnen müssen – ihre Karriere beim Auswärtigen Amt wäre damit ein Traum geblieben.

Nach dem Verlust des gefälschten Personalausweises entschieden die Verantwortlichen der HV A endgültig, die Treffen zwischen Lilli Pöttrich und ihren Führungsoffizieren aus Sicherheitsgründen nicht mehr in der DDR stattfinden zu lassen. Es begann eine Serie von Auslandsreisen, die die MfS-Männer auf oft verschlungenen Wegen mit Lilli Pöttrich zusammentreffen ließen. Bereits 1981 und 1982 lernte sie in Begleitung ihrer »persönlichen Berater« von der HV A Budapest und Prag kennen. Allerdings war der Charakter dieser Reisen eher touristischer Art, in deren Verlauf sie persönliche Eindrücke anderer sozialistischer Städte und Länder sammeln sollte. Ihr Fahrer, »Eckhard«, ein lebenslustiger und schlagfertiger Mann, chauffierte sie zusammen mit ihren Begleitern in einem alten Mercedes durch die Landschaft. 1982 – während ihrer Vorbereitungszeit für das Auswahlverfahren für den Auswärtigen Dienst – trafen sich Frank Richter, ihr Führungsoffizier, Hans Müller und Ralf Devaux, der Vorgesetzte der beiden Geheimdienstler, in Jugoslawien. Hier sollte das weitere Vorgehen besprochen werden. Neben Richter und »Hans« gehörte Ralf Devaux als Dritter im Bunde zu den Männern der HV A, der in den folgenden Jahren die Beziehung zu Lilli Pöttrich wesentlich mitgestaltete.

Ralf-Peter Devaux, Jahrgang 1940, war ab September 1981 Referatsleiter der Abteilung I im Dienstgrad eines Oberstleutnants. Schon während seiner Studienzeit an der Juristischen Fakultät der Humboldt-Universität in Berlin erklärte er sich bereit, als Inoffizieller Mitarbeiter für das MfS zu arbeiten. Nach seinem Abschluss zum Diplom-Juristen vertiefte er sein Wissen der geheimdienstlichen Arbeit in einem Lehrgang an der Schule der HV A, der von September 1963 bis Juli 1964 dauerte. Direkt im Anschluss wurde er als operativer Sachbearbeiter im Dienstgrad eines Unterleutnants in der Abteilung I der HV A eingesetzt. Eine beachtliche Karriere innerhalb der HV A folgte. Vom Abteilungsleiter der Abteilung I – zuständig für die Aufklärung des Staatsapparates der Bundesrepublik, einschließlich Kanzleramt, Ministerien und Behörden – bis 1987 zum Stellvertreter von Werner Großmann, dem Leiter der HV A. Schon 1982, also fünf Jahre zuvor, hatte Frank Richter ihn auf einer gemeinsamen Reise vorausschauend als »Kronprinzen« bezeichnet. Lilli Pöttrich erinnert sich an Ralf Devaux in angenehmster Weise. Ein attraktiver Mann, in seinen Umgangsformen perfekt, ein sehr guter Redner, der es verstand, Dinge rhetorisch auf den Punkt zu bringen.

Im jugoslawischen Pula fand 1982 das erste Zusammentreffen nach der unglücklichen Handtaschen-Affäre und der anschließenden Kontaktunterbrechung statt. Die vier diskutierten in vielen Stunden alle tatsächlichen und möglichen Risiken, die für oder gegen den gemeinsamen Plan, die Bewerbung beim Auswärtigen Amt, sprachen. Am Ende beschlossen sie, ihr Ziel weiterzuverfolgen und dass sich Lilli Pöttrich intensiv auf die Prüfungen vorbereiten sollte. Sie erhielt noch hilfreiche Informationen, worauf sie besonders zu achten habe.

Wie wir bereits wissen, bestand Lilli, auch dank dieser Hinweise, die harten Prüfungen und erhielt schon bald die erlösende Mitteilung, dass sie in den Dienst des Auswärtigen Amtes aufgenommen sei. Der erste wichtige Schritt auf dem geplanten Weg zum Ziel war damit getan.

13. Instrukteurswesen

Die Verantwortlichen aus der MfS-Zentrale in Ostberlin einschließlich der Führungsoffiziere trafen und sahen ihre IM-Schützlinge in mehr oder weniger regelmäßigen Abständen an unterschiedlichen Orten in fernen oder nahen Ländern. Diese Zusammenkünfte hatten jedes Mal den Geschmack eines besonderen Ereignisses und wurden von beiden Seiten – Agent und Agentenführer – entsprechend vorbereitet und durchgeführt. Das Alltagsgeschäft aber, die Kontaktpflege und die personifizierte und reale Verbindung zwischen Geheimdienst und Zuträger, hielten ganz andere, nicht minder wichtige Männer und Frauen aus der DDR, aufrecht.

In den MfS-Richtlinien heißt es:

»Instrukteure müssen in der DDR eine berufliche und gesellschaftliche Position besitzen sowie in solchen persönlichen Verhältnissen leben, die eine zeitweilige konspirative Herauslösung aus ihrer Tätigkeit und ihrem familiären Bereich ermöglichen.«

Die in den Richtlinien formulierten Bedingungen konnten erfahrungsgemäß nicht immer eingehalten und umgesetzt werden. Deshalb fungierten auch Hauptamtliche Inoffizielle Mitarbeiter (HIM) des MfS als Instrukteure, mit dem Vorteil, dass die Verbindung flexibler gestaltet werden konnte. Anderweitige berufliche Verpflichtungen waren somit als zusätzliche Belastung und Gefährdung bei Einsätzen im »Operationsgebiet« ausgeschaltet.

Zu den wichtigsten Aufgaben eines Instrukteurs gehörte es, den Inoffiziellen Mitarbeiter in ganz praktischen Dingen seines Agentenlebens anzuleiten und Probleme zu besprechen, immer wieder Sicherheitshinweise zu geben und besonders sorgfältig auf die persönlichen Anliegen der IM zu achten. So entwickelte sich zwischen beiden häufig ein beinahe freundschaftliches Verhältnis.

Darüber hinaus nahm der Instrukteur die von seinen Vorgesetzten mal mehr, mal weniger hoch geschätzten Informationen in Form von Dokumenten, belichteten Filmrollen oder mündlichen und schriftlichen Berichten der IM persönlich entgegen. Umgekehrt transportierte er geheimdienstliche Utensilien, die unterschiedlichsten Container in Form von Schreibmappen oder Figuren sowie Geheimschreibpapier und unbelichtete Filme von Ost nach West. Er besprach die Inhalte bereits weitergegebener und neuer Informationen mit »seinen« IM, stellte Fragen und beantwortete andere im Gegenzug, er gab Einschätzungen weiter, ergänzte und formulierte kommende Aufträge. All das geschah in seiner Funktion als Beauftragter der MfS-Zentrale und auf der Grundlage von Befehlen und Weisungen.

Ein Instrukteur hatte darauf zu achten, dass die von der Zentrale festgelegten Aufgaben vom jeweiligen IM erfüllt wurden, sei es in Bezug auf gewünschte und zu liefernde Informationen, sei es in Bezug auf vereinbarte und umzusetzende Veränderungen. Hier galt es neben der konkreten Formulierung eines Auftrages auch Motivationsarbeit zu leisten und auf Widerstände und Probleme zu achten. Sollten Entscheidungen notwendig sein, die keinen Aufschub duldeten, hatte er sie an Ort und Stelle zu treffen. Über das ganze Geschehen wollte die Zentrale in Ostberlin stets umfassend informiert werden. Standen Entscheidungen über die weiteren Zielsetzungen und Entwicklungen eines IM-Vorgangs an, war das Wissen der Instrukteure in der Zentrale besonders geschätzt. Ihre Bedeutung kann nicht hoch genug bewertet werden.

*

Lilli Pöttrichs Instrukteur, der sie über Jahre begleitete, nannte sich »Hans«. Fünfzehn Jahre älter als sie, hatte Hans M. nach Maurerlehre und Studium an der Hochschule für Bauwesen den Abschluss als Diplom-Ingenieur gemacht. Ab 1968 war er im Landwirtschaftsbau und in der Planung tätig und übernahm leitende Funktionen. Die notwendigen Reisen in den Westen, auf denen er mit Lilli Pöttrich zusammentraf, Material in Empfang nahm beziehungsweise Informationen an sie überbrachte, erforderten geschicktes Koordinieren mit seinen hauptberuflichen Pflichten. Vor allem sollte und wollte er nicht als Mitarbeiter des MfS erkannt werden. Dennoch vermutete Lilli Pöttrich, dass es Hans M., Spaß gemacht habe, zusätzlich als Instrukteur für das MfS zu arbeiten. Für sie war er ein echter Norddeutscher, der sich auch in fremder Umgebung sicher bewegte. Groß und blond, von kräftiger Statur und offenem, aber zurückhaltendem Wesen. Von seinen Gesangskünsten konnte sich Lilli auf einer gemeinsamen Reise von Hamburg nach Helgoland überzeugen, während der er alle Lieder von Hans Albers lauthals mitsang. Hans M. wurde in Oberschlesien geboren und wuchs in Mecklenburg-Vorpommern an der Ostsee auf. Das war auch der Grund dafür, dass er – als der einzige MfS-Begleiter Lilli Pöttrichs – ein dialektfreies Hochdeutsch sprach.

Dem 2. Kommentar zur Richtlinie 2/79 des Ministeriums für Staatssicherheit zufolge hatten Instrukteure sich besonders durch folgende Fähigkeiten auszuzeichnen:

»Instrukteure müssen über solche Kenntnisse, Fähigkeiten und Fertigkeiten verfügen, die sie in die Lage versetzen,

- *bei Einsätzen im Operationsgebiet die vorgetäuschte gesellschaftliche Stellung glaubwürdig darzustellen;*
- *die operative Aufgabenstellung im IM-Vorgang in kon-*

*krete Maßnahmen zur Erziehung und Befähigung der
IM umzusetzen;*

- *die IM zu studieren und wirksam zu beeinflussen;*
- *sich bei zeitweiligen Aufenthalten im Operationsgebiet
  den konkreten Regimebedingungen einschließlich des
  grenzüberschreitenden Verkehrs so anzupassen, dass
  ein hohes Maß an Sicherheit gewährleistet ist;*
- *unter allen Lagebedingungen durch konspiratives Verhalten und die Anwendung spezieller Mittel und Methoden eine sichere, vom Feind unerkannte Treffdurch-
  führung zu ermöglichen. [...].«*

Allem Anschein nach erfüllte Müller diese theoretischen Anforderungen auch in der Praxis mit Bravour. Bei der Auswahl
eines Instrukteurs war natürlich die politisch-ideologische
Zuverlässigkeit, die Bindung an die Partei und an die DDR
von besonderer Bedeutung. Den vielfältigen Versuchungen auf
Reisen in westliche Länder musste ein gefestigter Glaube an
das sozialistische Gesellschaftssystem und die scheinbar gute
Sache gegenüberstehen. Bildung und geistige Beweglichkeit,
Anpassungsfähigkeit, Beurteilungs- und Begeisterungsfähig-
keit gehörten fast schon zur persönlichen Grundausstattung
eines Instrukteurs. Hausinterne MfS-Schulungen zu psychologischen, pädagogischen, politischen und fachlichen Themen
sollten solche Fähigkeiten schulen, auf- und ausbauen. In der
Praxis war es nicht immer einfach für die verantwortlichen
Mitarbeiter der HV A, die richtige und passende Wahl für den
jeweiligen IM zu treffen – schließlich spielte neben der fachlichen Qualifikation auch die zwischenmenschliche Kompo-
nente, die sogenannte gemeinsame Wellenlänge, eine entscheidende Rolle.

Offensichtlich hatten die Entscheider der Abteilung I der
HV A ein glückliches Händchen, als sie Hans Müller als Instrukteur für IM »Angelika« auswählten. Zwischen beiden

entwickelte sich schnell ein freundschaftliches Verhältnis. In regelmäßigen Abständen trafen sie sich in der Bundesrepublik und später im Ausland. Dabei war jedes Treffen zwischen Hans Müller und Lilli Pöttrich mit großen Risiken für den Instrukteur und damit die Ziele des MfS verbunden. Wie wir heute aus Forschungen der Birthler-Behörde wissen, wurden die Reisen des Instrukteurs, die »operative Reisetätigkeit« beziehungsweise »operative Einsätze« jeweils sorgfältig im Voraus geplant. Reise- oder Einsatzpläne enthielten eine genaue Auflistung der Zielsetzungen des Einsatzes, beispielsweise welche operativen und persönlichen Probleme zu besprechen waren, eine Mitteilung über die Bewertung der bisherigen Arbeitsergebnisse sowie deren Anerkennung. Darüber hinaus wurde der organisatorische Ablauf der Reise und des Treffens skizziert, Kontaktmöglichkeiten während des Einsatzes entwickelt, die benutzte Legende, die geplanten Reisewege und die eingesetzten Reisedokumente dargestellt, die finanziellen Aufwendungen kalkuliert sowie eine Übersicht über die bisherige Reisetätigkeit erstellt. Des Weiteren enthielt der Treffplan Schwerpunkte des politischen Gesprächs, das stets während eines Treffens mit dem Inoffiziellen Mitarbeiter geführt wurde. Außerdem hatte sich der Instrukteur für seinen Einsatz im »Operationsgebiet« entsprechend auszustatten, um nicht allein schon wegen seiner Kleidung aufzufallen. Wichtig waren auch die zu beachtenden Absicherungsmaßnahmen vor, während und nach der Begegnung. Der Einsatz- oder Treffplan musste mindestens vom Abteilungsleiter der entsprechenden Abteilung der HV A abgesegnet werden, in der Regel bekam ihn sogar der Leiter der HV A oder sein Stellvertreter zur Bestätigung vorgelegt.

Jedes Treffen erforderte bereits im Vorfeld besondere Maßnahmen zur Absicherung. Bei der Anreise des Instrukteurs im Ausland hatte er auf mögliche Aktivitäten gegnerischer Geheimdienste zu achten. Aus diesem Grund wurde niemals der eigentliche Treffort direkt angefahren, sondern immer ein Zwischenstopp von einigen Tagen an einem anderen Ort eingeschoben. Zur Einreise wurden speziell für den Einsatz gefertigte Einreisedokumente verwendet. Diese sehr aufwändig hergestellten und hochwertigen Fälschungen von Dokumenten westlicher Länder – von besonderem Interesse waren Dokumente aus der Bundesrepublik (Reisepass, Personalausweis, Berliner Personalausweis) – wurden als sogenannte »Doppelgänger-Varianten« eingesetzt, in denen alle Daten mit dem Reisepass der Originalperson übereinstimmten. Bei einer allgemein üblichen Überprüfung an der Grenze fiel der nachgemachte Reisepass nicht auf. Kritisch wurde es erst dann, wenn sich die Überprüfungen auf Passbild- oder andere Detailunterschiede konzentrierten oder der Originalinhaber den Pass als verloren gemeldet hatte. In der Bundesrepublik angekommen, wechselte der Instrukteur erneut seine Identität. Der zur Einreise benutzte Pass verschwand in besagtem Container, stattdessen übernahm ein weiterer gefälschter Ausweis den Identitätsbeweis. Damit sollte sichergestellt werden, dass keine Rückschlüsse auf die bei der Grenzüberschreitung aufgenommenen Daten gezogen werden konnten.

Lilli Pöttrich und Hans Müller trafen sich in verschiedenen Städten in der Bundesrepublik im Abstand von ungefähr drei Monaten, die sie nach bestimmten Kriterien auswählten. Sie mussten groß genug sein, damit ein Fremder nicht besonders auffiel. Zudem sollten keine Behörden in der Stadt angesiedelt sein, die verstärkt überwacht wurden. In Köln konnten sie sich zum Beispiel nicht direkt treffen, da hier das Bundesamt für Verfassungsschutz angesiedelt war. IM »Angelika« und ihr Instrukteur entschieden sich während ihrer Zusammenarbeit unter anderem für die Städte Düsseldorf, Darmstadt, Essen, Wuppertal, Hamburg und Aachen. Niemals trafen sie sich in einer Stadt mehrmals hintereinander. In der vereinbarten Stadt hatten beide bis zum Treffpunkt ihre Selbstkontrollen durchzuführen, um Überwachungsmaßnahmen rechtzeitig zu erkennen. Der vereinbarte Treffort sollte ständig zugänglich sein. Ein Kaufhaus als Treffpunkt wäre zum Beispiel wegen der begrenzten Öffnungszeiten nicht in Frage gekommen. Vor dem eigentlichen »Haupttreff« war ein »Vortreff« beziehungsweise »Sichttreff« vereinbart, bei dem die Inoffizielle Mitarbeiterin und der Instrukteur unauffällig Sichtkontakt aufnahmen. Wenn Lilli Pöttrich also am Treffpunkt war, kontrollierte sie unauffällig, ob sie verfolgt wurde und gab dann das »Freizeichen«, indem sie sich eine Zeitung unter den Arm klemmte. Für den Instrukteur war das das Signal, dass der »Haupttreff« durchgeführt werden konnte. Beide gingen unabhängig voneinander zum eigentlichen Treffort, dort wartete Lilli Pöttrich noch einmal, bis sie von ihrem Instrukteur angesprochen wurde. Für den Fall, dass Hans M. nicht hätte kommen können, war ein Losungswort als Erkennungszeichen vereinbart worden, das ihr von einer eingeweihten Person überbracht worden wäre. Der Treffpunkt wurde von beiden auf getrennten Wegen aufgesucht und eine Wartezeit von zehn bis zwanzig Minuten festgelegt. Im Lauf ihrer Zusammenarbeit trugen die beiden einen regelrechten Fundus von Trefforten und Treffpunkten zusammen, die sie als optimal einstuften.

Die Rückreise des Instrukteurs erforderte eine ebenso gute Vorbereitung wie die Anreise. Wieder wurden Dokumente benutzt, die keinen Zusammenhang mit dem Treffort hatten. Ebenso wurde eine andere Reiseroute, häufig mit verschiedenen Verkehrsmitteln, gewählt.

Meistens vereinbarten Hans M. und IM »Angelika« bereits während des Treffens, wann sie sich das nächste Mal sehen würden. Sollte es dennoch nötig sein, dass Termine verschoben oder nicht eingehalten werden konnten, benutzte Lilli Pöttrich für ihre Korrespondenz DDR-Deckadressen. Inoffizielle Mitarbeiter des DDR-Geheimdienstes erhielten in der Regel mehrere Deckadressen, an die sie verschlüsselte Botschaften schicken konnten. Übermittelt wurde auf diese Weise in der Regel ein Termin für ein Treffen, eine Sachinformation, die Information über ein Versteck oder gar eine Warnung. Zwischen Hans Müller und Lilli Pöttrich war vereinbart, ein vorgesehenes Treffdatum und den Treffort nicht direkt zu nennen. Lilli Pöttrich verschlüsselte den Text so, dass der eigentliche Termin immer drei Tage nach einem genannten Datum lag und sie einen weiblichen Vornamen für eine bestimmte Stadt verwendete. Hinter der Mitteilung »Liebe Gerda, zu deinem 25. Geburtstag herzlichen Glückwunsch« verbarg sich damit eine Verabredung für den 22. des Monats, wobei »Gerda« ein Synonym für beispielsweise Aachen war.

Der eigentliche Inhaber der Deckadresse hatte die Nachricht dann ungeöffnet, ungelesen und unverzüglich an das MfS weiterzugeben. Voraussetzung für eine Deckadresse war die eindeutige und unverwechselbare Anschrift einer Person, die alleinigen Zugang zum Briefkasten und keine schulpflichtigen Kinder hatte. Darüber hinaus wurde bei der Auswahl einer als Deckadressengeber geeigneten Person darauf geachtet, dass sie nicht aufgrund ihrer gesellschaftlichen Position zur Meldung von Westkontakten verpflichtet war. Oftmals wurden Ansichtskarten ohne Absender verwendet, da sie weniger intensiv kontrolliert wurden als Briefe. Um den Text möglichst persönlich und unverfänglich abfassen zu können, erhielt der IM einige Angaben zum Inhaber der Deckadresse, zum Beispiel über Familienstand und die Namen der nächsten Angehörigen.

*

Nach der Bereitschaftserklärung Hagen Blaus, dem DDR-Geheimdienst internes Wissen aus seinem politischen und beruflichen Umfeld weiterzugeben, sowie der Zusage des Auswärtigen Amtes, den jungen Intellektuellen in seine Reihen aufzunehmen, waren Treffen zwischen Agent und MfS-Mitarbeiter in Berlin unmöglich geworden. Aus diesem Grunde reiste der Kontaktmann »Berner« nach Bonn, wo Hagen Blau von April 1961 bis Dezember 1961 den theoretischen Teil seiner Attachéausbildung absolvierte. Zuvor, im April 1961, hatte der junge Nachwuchsdiplomat in Bonn gegenüber seinem bundesdeutschen Arbeitgeber eine Erklärung abgegeben. Darin hieß es:

> *Ich habe die besondere Ermahnung zur Geheimhaltung des Auswärtigen Amtes vom 23.8.1954 zur Kenntnis genommen. Die dienststrafrechtlichen und strafrechtlichen Folgen der Verletzung meiner Dienstpflichten in Bezug auf die Geheimhaltung dienstlicher Vorgänge und das Verbot der Geschenkannahme sind mir bekannt.*«

Die beiden Männer gingen in Bonn gemeinsam essen, und Hagen Blau erzählte dem Ostberliner von seiner Ausbildung, den Sicherheitskontrollen im Amt und bevorstehenden Versetzungen. Keine wirklich brisanten Fakten, so mag auch Hagen Blau sich in Momenten der Unsicherheit in Bezug auf sein Handeln beruhigt haben.

Wie wichtig diese Informationen dennoch waren, zeigt das Beispiel der jungen Juristin, die Jahre später auf den Weg durch den Dschungel einer bundesdeutschen Diplomatenausbildung gebracht wurde. Mit dem Wissen um interne Regeln und verborgene Stolpersteine, mit dem Wissen um Möglichkeiten einer Einflussnahme auf Einsatzorte und Positionen, mit dem Wissen um die internen Strukturen und speziellen Aufgabengebiete wurde nach und nach das hinter den Mauern und Türen eines Ministeriums existierende Leben sichtbar gemacht und gezielt für die eigenen Zwecke – beispielsweise eine Einschleusung – eingesetzt. So manches auf den ersten Blick scheinbar Unwichtige war für den Geheimdienst verwendbar.

Zeitgleich zur Attachéausbildung schrieb Hagen Blau weiter an seiner Dissertation. Im Dezember 1961 hatte er beides geschafft: das Promotionsverfahren und die theoretische Attachéausbildung in Bonn. Die mündliche Doktorprüfung in den Fächern Japanologie, Sinologie und Soziologie hatte er mit dem beeindruckenden Gesamturteil »magna cum laude« bestanden. Am 21. Dezember 1961 wurde der frischgebackene Dr. Hagen Blau im Namen der Bundesrepublik Deutschland als Attaché in das Beamtenverhältnis auf Widerruf ernannt und am gleichen Tag in Bonn vereidigt. Er wiederholte unter Erheben der rechten Hand die Eidesformel:

»Ich schwöre, das Grundgesetz für die Bundesrepublik Deutschland und alle in der Bundesrepublik geltenden Gesetze zu wahren und meine Amtspflichten gewissenhaft zu erfüllen, so wahr mir Gott helfe.«

Hagen Blau lernte in seiner über dreißigjährigen Spionagetätigkeit für die DDR mehrere Stasi-Instrukteure kennen, die die unmittelbare Verbindung zwischen ihm und der Zentrale in Berlin mit den Anweisungen, Rückfragen und Aufträgen von dort aufrechterhielten. Seit Beginn der nachrichtendienstlichen Treffen wechselten die Instrukteure häufiger, sodass sie nicht namentlich in seinem Gedächtnis haften blieben. Nur an einen »Peter«, den Hagen Blau etwa sechs Jahre lang regelmäßig traf, und an »Volker« erinnerte er sich genauer. »Volker« war ab 1980 ein persönlicher Bote, ein interessierter Zuhörer, Sensor für unausgesprochene Veränderungen und, wie Werner Großmann in seinem Buch »Bonn im Blick« erwähnte, ein »Freund« Hagen Blaus. Wer sich hinter »Volker« verbarg, wird wohl auch in Zukunft offen bleiben.

*

Einer der wichtigsten Männer, die Klaus von Raussendorff bis zum Ende seiner »Dienstzeit« im MfS begleiteten, war Karl Paul Draeger. Im Herbst 1962, als sich Klaus von Raussendorf bereits in der Doppelrolle als Agent und Jungattaché in Beirut eingerichtet hatte, wurde ihm »Paul« alias Karl Paul Draeger vorgestellt.

Der Lehrer aus Berlin-Pankow war einige Jahre zuvor von Eberhard Fritzsche, Führungsoffizier von Raussendorffs, angeworben worden. Zunächst fungierte Draeger mehr als ein Jahr als Deckadressengeber, wozu ihn Eberhard Fritzsche, der sich als Vertreter des Nationalrats der Nationalen Front vorstellte, im Jahr 1961 überredet hatte, angeblich, um eine Verbindung zu Friedensbewegungen der Bundesrepublik zu halten. Zu dieser Zeit war Draeger noch nicht bewusst, dass er damit eigentlich das Ministerium für Staatssicherheit unterstützte. Erst im Frühjahr 1962 offenbarte sich Eberhard Fritzsche als Mitarbeiter des MfS. Draeger verpflichtete sich ab diesem Zeitpunkt zur Mitarbeit und unterschrieb eine Schweigeverpflichtung. Bernhard Schorm klärte ihn bei einem späteren Treffen in einer konspirativen Wohnung darüber auf, dass er im Auftrag der Partei für die Verbindung zu einem sehr wichtigen in der Bundesrepublik tätigen Mann eingesetzt werden sollte. In Zukunft hatte Draeger mit falschem Pass in die BRD zu reisen und die Verbindung zu dem »Mann aus der BRD« – nur so viel wusste er anfangs über Klaus von Raussendorff – zu halten.

In einer konspirativen Wohnung in Ostberlin standen sich im Herbst 1962 erstmalig »Klaus« (von Raussendorff) und »Paul« (Draeger) persönlich gegenüber. Schon einige Wochen später begegneten sich beide in der Bundesrepublik erneut. »Paul« hatte einen Container, genauer eine Schreibmappe mit Geheimfach, für Klaus von Raussendorff im Gepäck.

Fast dreißig Jahre lang, von 1962 bis 1989, trafen sich die beiden Männer mit allen damit verbundenen Risiken und Vorsichtsmaßnahmen, in der Regel im Abstand von acht Wochen. Für einige Tage kamen beide an verschiedenen Orten Nordrhein-Westfalens, in der Nähe Hamburgs sowie im Ausland zusammen. Ob in Düsseldorf, Köln, Essen oder Wischhafen bei Stade: Kleine Päckchen in der Größe einer Streichholzschachtel wechselten bei diesen Treffen ihren Besitzer. Darin befanden sich belichtete Minox-Filme, bestimmt für den Ostberliner Geheimdienst. Im Gegenzug erhielt von Raussendorff in kleinen Paketen wahre Wunderwerke der Technik aus der Ostberliner Zentrale, beispielsweise Geheimschreibmaterial oder eine Kleinstbildkamera in der Größe einer Zigarettenschachtel, die in einer Spraydose versteckt werden konnte. Zuletzt stand Klaus von Raussendorff gar die »Venus B«, eine technisch hochwertige Kleinstbildkamera mit Sucher, zur Verfügung. Damit konnte er aus einem präparierten Taschentuch heraus an seinem Arbeitsplatz Dokumente fotografieren.

Aber noch etwas wanderte von einer Hand in die andere: Agentenlohn. Waren es zu Beginn jeweils fünfhundert DM, so stiegen die Bezüge im Laufe der Jahre auf über tausend DM je Treffen. Dazu kamen Geburtstagsgratifikationen oder andere Sonderprämien, sodass zu manchem Jahreswechsel – Klaus von Raussendorff feierte am 5. Januar seinen Geburtstag – mehrere tausend DM von Ost nach West transferiert wurden.

Darüber hinaus instruierte Paul Draeger seinen Schützling, wie er zur Materialübergabe ein Versteck in einem bestimmten Zug nutzen konnte. Der Interzonenzug in Richtung DDR enthielt in einem Waschraum einen entsprechenden Hohlraum. Außerdem übermittelte der Instrukteur eine Telefonnummer sowie Deckadressen, die für den Notfall als Kontaktmöglichkeit dienten, beispielsweise wenn ein vereinbarter Trefftermin nicht eingehalten werden konnte oder es Dringendes mit dem Führungsoffizier zu besprechen gab. Natürlich

erhielt auch Klaus von Raussendorff intensive geheimdienstliche Schulungen und Dechiffrierunterlagen, um den Agentenfunk abzuhören.

*

»Hans«, der eigentlich Johann hieß, war acht Jahre älter als
Ludwig Pauli und wurde 1922 in Österreich geboren. Er hatte
in Potsdam Pädagogik studiert, wurde 1948 Schulleiter und
später Direktor an einer Oberschule. Der anschließende Versuch, in Österreich oder Bayern eine Anstellung zu bekommen,
scheiterte, sodass Johann Karch ab 1962 wieder in der DDR
lebte und als Lehrer für Geografie arbeitete. 1964 hatte er sich
zur Inoffiziellen Mitarbeit für das MfS bereit erklärt, eine
Verpflichtungserklärung unterschrieben und den Decknamen
»Wassermann« erhalten. Zwei Jahre später entschied die Führung, einen Instrukteur für Ludwig Pauli alias IM »Adler« einzusetzen. Klaus Wengler, Hauptamtlicher Mitarbeiter der
HV A, der auch den Vorgang »Brede« (Klaus von Raussendorff) zu einem späteren Zeitpunkt führte, betreute Johann
Karch als Führungsoffizier. Von ihm erhielt er unter anderem
eine geheimdienstliche Ausbildung im Umgang mit der Foto-
technik, im Funkwesen, im Anlegen, Bestücken und Entleeren
von »toten Briefkästen« und im Erkennen von Observationen.
Als Einstieg in die Praxis erhielt Johann Karch Reiseaufträge
ins Ausland, nach Westberlin und in die Bundesrepublik,
beobachtete Grenzkontrollen und Wichtiges und Unwichtiges
während diverser Hotelaufenthalte. Ausführliche Berichte an
seinen Führungsoffizier, in denen akribisch jedes Detail vermerkt wurde, folgten diesen Reisen. 1966 wurde Bernhard
Schorm der unmittelbare Befehlsgeber von Karch, der ihm
sogleich von »Lutz« berichtete, wie Ludwig Pauli MfS-intern
genannt wurde. Schorm beschrieb »Lutz« als einen psychisch
labilen, etwas unbeholfenen, aber sehr korrekten Mann, zu

dem Johann Karch in Zukunft die Verbindung halten sollte. Dies bedeutete für den Instrukteur regelmäßiges Reisen in die Bundesrepublik und darüber hinaus. Karch und Ludwig Pauli passten tatsächlich gut zusammen. Im Laufe der Jahre – sie sahen sich bis zuletzt – entwickelte sich ein angenehmes zwischenmenschliches Verhältnis. Stets wusste der Instrukteur, wie er Ludwig Pauli anzupacken hatte und wieder auf die richtige Spur bringen konnte. 1968 schließlich gab Karch seine Lehrertätigkeit auf und wurde Hauptamtlicher Inoffizieller Mitarbeiter (HIM) des MfS.

14. Im Auswärtigen Amt

Ab April 1983 gehörte Lilli Pöttrich zum Mitarbeiterstab des
Auswärtigen Amtes (AA). Wieder packte sie ihre Koffer und
ihr bescheidenes Hab und Gut und zog von Düsseldorf nach
Bonn. Dort fand sie in einem Wohnheim ein Zimmer, das das
Auswärtige Amt seinen Auszubildenden für wenig Geld zur
Verfügung stellte. Gleichzeitig lernte sie auf diese Weise einige
ihrer Mitstreiterinnen und Mitstreiter auf dem gemeinsamen
Weg der diplomatischen Karriere näher kennen. Das war
durchaus im Sinne der Ausbildungsziele, da Gemeinschafts-
gefühl und Korpsgeist mehr als in anderen Berufen zu einer
gemeinsamen Identität und Identifizierung mit den dienstlichen Aufgaben beitrugen. Besonders spürbar wurde das
während des Attachélehrgangs – zwei Jahre dauerte die Ausbildung –, in dem auf Traditionen großer Wert gelegt wurde.
Die Auszubildenden saßen gemeinsam in einem Boot, zusammen fügten sie sich in die Hierarchien, die strengen Regeln und Vorschriften, die Gesundheits- und Sicherheitsüberprüfungen. Ein bunter Haufen hoch motivierter und einsatz-
freudiger junger Menschen wartete auf seinen Einsatz. Gerade
die Vielfalt der Typen und deren Stärken suchte und brauchte das Auswärtige Amt, um die unterschiedlichen Aufgaben-
bereiche abdecken zu können. Man hielt zusammen, lachte
und feierte und überstand so manche Krise oder Enttäuschung.
Sich als »Achtunddreißiger« – so die numerische Bezeichnung des Attachélehrgangs mit Lilli Pöttrich – in den späteren
Berufsjahren irgendwo auf der Welt zu begegnen, war mit
dem Gefühl besonderer Verbundenheit verknüpft. Seit 1950
wurden die Lehrgänge des Auswärtigen Amtes fortlaufend
nummeriert. Innerhalb des Hauses hießen sie »die Crew«. Sie
behielten sich im Auge, wussten, wann wer wo gelandet oder
gestrandet war. Sie konkurrierten untereinander – was Ehrgeiz

und Motivation anstachelte – und profitierten gleichzeitig als befreundete Kollegen innerhalb eines Netzwerkes voneinander.

Zur Beamtin auf Widerruf ernannt und vereidigt, startete Lilli Pöttrich gemeinsam mit ihren Kollegen den Attachélehrgang AL 38. Für den höheren Dienst hatten die Neuzugänge bereits erfolgreich akademische Ausbildungen abgeschlossen und wurden nun auf ihre Aufgaben im auswärtigen Dienst vorbereitet. Im theoretischen Teil erwarteten die Neulinge Seminare zur Erweiterung ihrer Kenntnisse in den Bereichen Neuere Geschichte, Politik, Wirtschaftswissenschaften, Völkerrecht sowie Rechts- und Konsularwesen. Besonderer Wert wurde auf Kommunikations- und Kooperationsfähigkeiten, das kritische Überprüfen des eigenen Handelns, Fähigkeiten zum selbstständigen und wirtschaftlichen Handeln sowie die soziale Kompetenz gelegt. Parallel dazu sollte die Fremdsprachenkompetenz gefördert werden. Sie übten praxisnahe Planspiele und Simulationen von Sicherheitsratssitzungen sowie rhetorische Fähigkeiten für öffentliche Auftritte. Eine Vorbereitung in die Führung von Personal und deren Beurteilungen sowie die Einführung in die protokollarischen Vorschriften des auswärtigen Dienstes gehörten ebenso zum Lehrprogramm wie mehrtägige Lehrbesichtigungsfahrten nach Brüssel und zur EU- und NATO-Vertretung. Dort hatten die Kandidaten Gelegenheit zu Gesprächen mit Vertretern aller wichtigen Organe, wie EU-Parlament, des Rats und der Kommission. In mehrstündigen Klausuren folgte die Überprüfung des Gelernten. Eine fordernde und motivierende Zeit, die vor der neunundzwanzigjährigen Beamtin auf Widerruf lag.

Im Sommer 1983 – kurz nach Beginn ihrer Ausbildung beim Auswärtigen Amt – erlebte Lilli Pöttrich eine weitere Premiere. Es war das erste Mal, dass sie sich mit ihrer MfS-Führungscrew nicht im sozialistischen Ausland traf.

Rom war die Stadt ihrer Wahl. Offiziell befand sich Lilli Pöttrich auf einer vierwöchigen Urlaubsreise in Italien. Da sie als Mitarbeiterin des Auswärtigen Amtes sämtliche Reisen nach Osteuropa hätte anmelden und genehmigen lassen müssen, wurde ein Treffen in Rom von ihren Kontaktleuten aus Ostberlin akzeptiert. Das war insofern eine Besonderheit, als die HV A normalerweise Reisen nur ins »Neutrale Ausland« unternahm, also in solche Länder, die nicht der NATO angehörten.

Frank Richter, ihr Führungsoffizier, Hans Müller als Instrukteur sowie Ralf Devaux, der Leiter des Referats 3, machten sich auf in die Ewige Stadt. Dass sich Ralf Devaux den Risiken dieser Reise aussetzte, bewertete Lilli Pöttrich rückblickend als eine Art Auszeichnung für Frank Richter und nicht zuletzt für sich selbst. Denn ein solcher Auslandstreff erhöhte den Aufwand der Vorbereitungen erheblich. Auf verschlungenen Wegen – durch die Aktivitäten der bundesdeutschen Abwehr wurden die Reisen immer komplizierter und aufwändiger – reiste das Trio getrennt und aus verschiedenen Richtungen an. Immer wieder waren Selbstkontrollen notwendig, um sich durch entsprechende Vorsichtsmaßnahmen vor einer Verfolgung zu schützen. Natürlich wurden gefälschte Dokumente zur Einreise benutzt. Die Herren des MfS scheuten weder Geld noch Mühen, um den Kontakt zu ihrer zukünftigen Topagentin »Angelika« wieder zu intensivieren. Natürlich sollte auch die gelungene Einstellung ins Auswärtige Amt gebührend gefeiert werden. Ein wichtiger Etappensieg auf dem seit sieben Jahren anvisierten Weg.

Lilli Pöttrich kam in freudiger Erwartung nach Rom. Sie reiste mit dem Auto an und nahm sich die Zeit, ihren vierwöchigen Urlaub richtig zu genießen. Obwohl das Reisen mit dem eigenen Auto größere Risiken barg, da man im Falle eines Verdachtes gegen sie zum Beispiel einen Peilsender oder Ähnliches anbringen könnte, entschied sie sich für die Autofahrt.

Dabei waren eigene Überprüfungen einer Verfolgung kaum möglich. Deshalb musste sie ihre Selbstkontrollen nach Verlassen des Hotels mehrmals durchführen, bevor sie auf ihre »Männer« traf. Die Kontrollen sahen vor, dass sie mit dem Bus in einen Vorort fuhr, durch belebte und unbelebte Gegenden so lange zu Fuß ging, bis sie sicher sein konnte, dass ihr kein ungebetener Anhang folgte. Schließlich nahm sie ein Taxi zurück in die Stadt und näherte sich vorsichtig dem vereinbarten Treffpunkt.

Ihr war bewusst, dass die Einstellung ins Bonner Auswärtige Amt als Erfolg gesehen wurde. Dennoch war sie äußerst neugierig, wie die Führungscrew aus der MfS-Zentrale darauf reagieren würde. Und dann sahen sie sich endlich wieder. Zuerst an der Piazza Navona, um nach dem auch hier vorgeschriebenen Sicherheits-Check im Café Greco zu verschwinden. Das traditionsreiche und früher bei Emigranten sehr beliebte Café mochte Lilli Pöttrich besonders. Die junge Frau und ihre drei Begleiter tranken einen ersten italienischen Kaffee zusammen. Zeit, sich im Gespräch wieder näher zu kommen. Sie blieben nur kurz zusammen, und als sie sich trennten, war die Verabredung für den Abend ausgemacht. Gefeiert werden sollte an diesem Abend im Hotel Eden in der Via Ludovisi. Ein imposantes sechsstöckiges Gebäude aus dem 19. Jahrhundert, das die klassische italienische Architektur sehr wirkungsvoll repräsentierte. Sie befanden sich im Herzen Roms – die Gärten der Villa Borghese und die Spanische Treppe waren in unmittelbarer Nähe – und dennoch fernab vom Lärm der Stadt. Vom hoteleigenen Dachrestaurant »La Terrazza« konnte man einen spektakulären Blick über die Stadt, die Hügel Roms mit Kolosseum, Vatikan und Fontana di Trevi genießen. Natürlich war es Ralf Devaux, der Leiter des Agententreffs in Rom, Liebhaber schöner Dinge, der diesen außergewöhnlichen Platz für seine Mitarbeiter, »Angelika« und sich auswählte. Hier im Restaurant »La Terrazza«, hoch über den Dächern Roms, an diesem lauen Sommerabend erlebte Lilli Pöttrich den Höhepunkt des Wiedersehens mit ihren Verbindungsmännern. Dieser Abend blieb für sie alle unvergesslich. Für die Verbundenheit untereinander und vor allem auch für die Loyalität gegenüber dem Ministerium für Staatssicherheit waren solche Erlebnisse von unschätzbarem Wert.

Natürlich hielt sich Ralf Devaux an die mittlerweile lieb gewordene Tradition und sprach mit wohlgewählten Worten und voll des Lobes vor allem zu »Angelika«. Gemeinsam blickten sie zurück: was hatten sie nicht alles unternommen, um bis hierher zu kommen, mit welchen Schwierigkeiten, Aufregungen, Unwägbarkeiten waren sie in den vergangenen Jahren konfrontiert worden. Und der Blick nach vorne öffnete ihnen eine hoffnungsvolle Sicht auf die zukünftige Karriere im Auswärtigen Amt. Sie diskutierten lebhaft darüber, worauf Lilli Pöttrich generell und im Besonderen bei Versetzungen ins Ausland zu achten habe und welche Mittel sie selbst einsetzen könne, um einen möglichst interessanten Außenposten zu bekommen. Vor allem überlegten sie, wie und in welchen Abständen wieder regelmäßig Treffen stattfinden sollten. Am Ende des Abends waren alle stolz und glücklich. Die ausgelassene Stimmung hielt noch lange an. Im Kreise dieser Männer fühlte sich Lilli gut aufgehoben. In dieser Runde konnte sie freiheraus sagen, wie ihr gerade zumute war. Hier musste sie nicht dreimal überlegen, was sie sagte, wie es im Auswärtigen Amt täglich der Fall war. Vor ihr und ihren Ostberliner Mentoren lag eine hoffnungsvolle Zukunft.

Nach Bonn zurückgekehrt, war sie sehr gespannt, wie sich ihre Arbeit im Auswärtigen Amt weiterentwickeln würde. Sie fühlte sich durch ihre heimlichen Verbindungen zu den Männern des MfS gestützt. Die Ziele und Erwartungen des DDR-Geheimdienstes motivierten sie, ihren Diensteid als Beamtin zu brechen. Sie glaubte fest daran, dass der Sozialismus das bessere, friedliebendere, sozialere System war, das sie im Rahmen ihrer Möglichkeiten voll und ganz unterstützen wollte.

Ab November 1983 sah ihr Ausbildungsplan eine Art Praktikum vor, das in der Zentrale oder an einer der Auslandsvertretungen abgeleistet werden konnte. Sie wurde im Referat 412 in Bonn eingesetzt, in dem sie das Sachgebiet »Sozialpolitik der EG« selbstständig zu bearbeiten hatte. Sie erhielt Sonderaufträge, die sie in die übrigen anfallenden Arbeitsbereiche des Referats einführten.

Das erste Jahr der Ausbildung für den 38. Attachélehrgang endete im April 1984 mit schriftlichen und mündlichen Prüfungen in den Schwerpunkten Geschichte/Politik, Volkswirtschaftslehre und Völkerrecht. Lilli landete auf einem Platz im Mittelfeld ihrer Gruppe und erhielt allgemein eine gute Leistungsbeurteilung.

Persönliche Bewährungsproben meisterte das »Küken« des auswärtigen Dienstes ebenso erfolgreich. Lilli Pöttrich wurde von einem Gutachter im April 1984 als eine bereits gestandene Persönlichkeit eingeschätzt, die physisch und psychisch stabil sei. Auch in Krisenzeiten würde sie das beruhigende Gefühl vermitteln, nicht die Nerven zu verlieren. Aufgefallen war ihm im Umgang mit ihr die nüchtern-sachliche Herangehensweise an Problemstellungen, die sich für die Lösung vor allem handfester Aufgaben besonders bewähren würde. Durch ihre offene und direkte Art bekäme sie mühelos Kontakt zu anderen Menschen. Dennoch wünschte ihr der Beurteiler etwas mehr Differenziertheit im Umgang mit Menschen

Nach dem zweiten Ausbildungsjahr hatte sich auch dieser kleine Wermutstropfen in ihrer Beurteilung verflüchtigt. In ihrem fachlichen Können blieb Lilli Pöttrich weiterhin auf hohem Niveau. Als starke und ausgeglichene Persönlichkeit hatte sie sich inzwischen zeigen können, dazu mit der Begabung ausgestattet, stets freundlich zu bleiben und gute Laune zu verbreiten. Das schätzten Ausbilder und Kollegen gleichermaßen. Krönender Abschluss war die noch einmal sehr schwere Laufbahnprüfung für den höheren auswärtigen Dienst. Mit der Gesamtnote »befriedigend« konnte Lilli zufrieden und stolz auf sich sein.

Im April 1985 folgte die Übernahme ins Beamtenverhältnis auf Probe. Als Empfehlungen für die weitere berufliche Verwendung von Lilli Pöttrich notierte ihr Vorgesetzter im Auswärtigen Amt, Dr. Klaus Barth: »Zunächst möglichst in Abteilung 4, danach Auslandsverwendung; längerfristig auch für Einsatz z. B. im Bereich Politik qualifiziert.«

Sie blieb zunächst weiterhin im Referat 412 in Bonn und übernahm als Referentin das Gebiet der europäischen Binnenpolitik, des Binnenmarktes sowie der Industrie-, Stahl-, Verkehrs- und Verbraucherpolitik. Mit der Besoldungsgruppe A 13 war sie zur Legationssekretärin aufgestiegen.

Ab Oktober 1985 wechselte sie in das neu gebildete Referat 416, das sich vor allem mit der internationalen Wirtschafts- und Währungspolitik beschäftigte. In diesem neuen, umfangreichen und arbeitsintensiven Bereich begleitete sie die Arbeit von OECD und IWF (Internationaler Währungsfonds). Sie war im Ressortkreis an der Meinungsbildung der Bundesregierung beteiligt, bereitete Gesprächsunterlagen für hochrangige Regierungskontakte vor und nahm als Vertreterin des Auswärtigen Amtes in Brüssel an EG-Ratstagungen und später in Paris an OECD-Ausschusssitzungen teil.

Überdurchschnittliche Fähigkeiten bewies Lilli Pöttrich in dem für sie noch unbekannten Arbeitsgebiet mit seinen zahlreichen und vielfältigen Aufgaben, in das sie sich sehr schnell einarbeitete. Ihre Vorgesetzten waren voll des Lobes für ihre Motivation und ihre Arbeitsleistung. Man nahm Lilli Pöttrich als eine lebhafte, lebenslustige und kontaktfreudige Person wahr, der es offensichtlich viel Freude machte, sich in einem anspruchsvollen Umfeld zu zeigen.

Schon bald standen ihrer Laufbahn entsprechend die ersten

Auslandseinsätze an. Lilli Pöttrich hatte als Wunsch geäußert, sich mit Politik und Wirtschaft, insbesondere der Europäischen Union, beschäftigen zu wollen. Regional gab sie Süd- und Westeuropa sowie Süd- und Südostasien den Vorzug. Zu Beginn des Jahres 1986 wurde sie zur Beamtin auf Lebenszeit ernannt und ab September in den Dienstrang einer Legationsrätin erhoben.

Natürlich traf sich Lilli Pöttrich in der Zeit von Sommer 1983 – seit dem denkwürdigen Treffen in Rom – bis Oktober 1986 weiterhin regelmäßig mit ihren Stasi-Offizieren aus Ostberlin. Zirka alle drei Monate begegnete sie ihrem Instrukteur Hans M. in verschiedenen Städten Deutschlands. Sie übergab ihm in Form von Filmen abgelichtetes handschriftliches Material mit Fakten zu ihrer Tätigkeit im Auswärtigen Amt sowie persönliche Einschätzungen – auch über Personen aus ihrem Umfeld. Wie gehabt, leistete Hans M. gute Verbindungsarbeit in Übereinstimmung mit den Plänen und Anweisungen seiner Vorgesetzten in der Ostberliner HV-A-Zentrale. Aber auch der Führungsoffizier und sein Vorgesetzter hielten direkt den persönlichen Kontakt zu ihrer Agentin »Angelika«. Mindestens einmal jährlich machten sie sich auf, um irgendwo an einem schönen und unauffälligen Ort in Europa Erziehungs-, Kontroll-, Motivations- und Beziehungsarbeit zu leisten. Im Jahr 1984 trafen sich Ralf Devaux, Frank Richter sowie Hans Müller und Lilli Pöttrich auf Kreta. 1985 – sie hatte die Ausbildung erfolgreich beendet und stieg in ein Berufsleben mit höherer Verantwortung und Selbstständigkeit ein – war es die Iberische Halbinsel, genauer die Städte Valencia und Madrid, wo die Vierertreffen stattfanden. 1986 fiel die Wahl auf die portugiesische Hauptstadt Lissabon. Bei diesem konspirativen Treffen war Ralf Devaux jedoch erstmals nicht dabei.

*

Im Dezember 1961 delegierte die Ausbildungsabteilung des Auswärtigen Amtes den jungen Attaché Klaus von Raussendorff nach Beirut, wo er im Wirtschafts-, Presse- und Kulturreferat erste praktische Erfahrungen als Repräsentant der Bundesrepublik sammeln sollte. Er blieb dort für neun Monate und kehrte anschließend in die Zentrale des Auswärtigen Amtes nach Bonn zurück. Fortan war er mit einer kurzen Unterbrechung im Pressereferat des Ministeriums tätig. Hier hatte er unter anderem für den Bundesaußenminister Gerhard Schröder von der CDU ausländische Zeitungen auszuwerten und Presseanalysen anzufertigen. Außerdem galt es, Pressekonferenzen inhaltlich vorzubereiten, Presseartikel zu entwerfen und offizielle für die Presse bestimmte Stellungnahmen des Auswärtigen Amtes zu formulieren, die anhand interner Vermerke der zuständigen Fachreferate erstellt wurden. Diese Vermerke standen grundsätzlich nur dem Pressereferat zur Verfügung und durften – weil sie den Prozess der Meinungsbildung im Auswärtigen Amt erkennen ließen – nur in Ausnahmefällen an die Presse weitergegeben werden.

Im Mai 1964 bestand Klaus von Raussendorff die Abschlussprüfung des Attachélehrgangs mit der Gesamtnote »befriedigend«. Im gleichen Jahr wurde er zum ersten Mal Vater.

Schon bald folgten für den jungen Diplomaten die ersten üblichen Auslandseinsätze. Die erste Station von Februar 1966 bis Februar 1969 führte nach Freetown ins afrikanische Sierra Leone. An der kleinen Botschaft war er hauptsächlich für die Presse- und Öffentlichkeitsarbeit sowie den Wirtschafts- und kulturellen Bereich zuständig. In dieser Zeit wurde er Beamter auf Lebenszeit und stieg gleichzeitig in der amtsinternen Karriereleiter zum Legationsrat auf. Und er wurde zum zweiten Mal Vater. Die Beurteilung des Botschafters in Freetown lässt Anpassungsschwierigkeiten des Karrieristen vermuten – zu sehr beharrte er stets auf die Durchsetzung des eigenen Standpunkts –, denn Klaus von Raussendorff hatte schon bald nach seiner Ankunft um die Versetzung an eine größere Botschaft gebeten, die jedoch von seinen Vorgesetzten abgelehnt wurde.

*

Sein erster Auslandseinsatz führte Hagen Blau an die Deutsche Botschaft in Kairo. Etwa zur gleichen Zeit trat auch Kollege Klaus von Raussendorff seinen Dienst in Beirut an. In der ägyptischen Hauptstadt lernte er eine junge deutsche Journalistin kennen und lieben. Sie heirateten 1962 noch während seiner Dienstzeit in Kairo. Bereits im folgenden Jahr erblickte der erste Sohn Matthias das Licht der Welt. Zu diesem Zeitpunkt war Hagen Blau mit seiner Frau bereits nach Bonn zurückgekehrt, wo er in der Zentrale des Auswärtigen Amtes eine neue Position übernahm. Der stolze Vater setzte seine Ausbildung fort und wurde unter anderem von März bis Juli 1963 im Bundespräsidialamt eingesetzt. Im Anschluss an seine mit »gut« bewertete Abschlussprüfung im Mai 1964 ernannte der damalige Bundesaußenminister Gerhard Schröder den Attaché Hagen Blau zum Legationssekretär. Gleichzeitig wurde er in das Beamtenverhältnis auf Probe übernommen.

Im Februar 1965 erfüllte sich dann endlich sein Traum: Tokio. Im Kultur- und Protokollreferat der dortigen Botschaft wurde Hagen Blau Hilfsreferent. Er bereitete Besuche für Gäste aus Deutschland vor, so zum Beispiel anlässlich der Außenministerkonsultationen und der anschließenden Botschafterkonferenz im Mai 1967. Zu seinen Aufgaben gehörte auch die Pflege der Beziehungen zu japanischen Universitäten und Studenten. Außerdem beschäftigte er sich mit dem Neubau der Deutschen Schule in Tokio. Am 12. November 1965 erfolgte im Rahmen der Regelbeförderung die Berufung zum Beamten auf Lebenszeit. Gleichzeitig stieg Blau zum Legationsrat auf. 1965 wurde in Tokio der zweite Sohn Peter geboren. Die Zeit in der japanischen Hauptstadt endete im Frühjahr 1968.

Im April 1968 kehrte die junge Familie Blau wieder zurück nach Bonn. Im Pressereferat (L 4) betreute Hagen Blau den damaligen parlamentarischen Staatssekretär im Auswärtigen Amt, den SPD-Politiker Gerhard Jahn. Interviews und Hintergrundgespräche, öffentliche Auftritte und Grußworte waren vorzubereiten. Außerdem bearbeitete er bedeutsame innen- und außenpolitische Meldungen und Berichte, die er seinem Vorgesetzten vorzulegen hatte. Ferner begleitete Blau den Staatssekretär vor allem dann zu internationalen Konferenzen, wenn dieser Delegationsleiter war. Hagen Blau verfügte über auffallend gute Kenntnisse der Bonner Außenpolitik. Dazu zählte vor allem die Ostpolitik der damaligen Großen Koalition. Seine Kenntnisse über Gespräche der Bonner Spitzenpolitiker mit ausländischen Gästen machten ihn zu einem gefragten Informanten auf beiden Seiten. Blau leistete überzeugende Pressearbeit in den stürmischen Zeiten vor dem Ende der Großen Koalition in Bonn. Während des Regierungswechsels zur sozial-liberalen Koalition 1969 führte er Hintergrundgespräche, in denen er die politischen Vorstellungen des Parlamentarischen Staatssekretärs und des verantwortlichen Ministers besonders herausstellte.

Mit Amtsantritt der Regierung Brandt/Scheel normalisierte sich die Arbeit im Pressereferat. Hagen Blau schrieb nun Artikel, Erklärungen und Monatsberichte für den neuen Außenminister, den FDP-Politiker Walter Scheel und dessen Staatssekretäre, und begleitete ihn zeitweise zu Sitzungen des Ministerrates der Europäischen Gemeinschaft in Brüssel und Luxemburg, zu einer Sitzung des NATO-Rates in Brüssel und zur Konferenz über die Nichtverbreitung von Atomwaffen in Genf. In der Zwischenzeit hatte ihn der amtierende Bundespräsident Heinrich Lübke am 20. Juni 1969 zum Legationsrat I. Klasse ernannt. Außenminister Walter Scheel berief ihn schließlich am 14. Juli 1971 zum Vortragenden Legationsrat.

Seit seiner Rückkehr aus Japan hatte Hagen Blau Erstaunliches festgestellt. Er erkannte das Land kaum wieder. Die Atmosphäre hatte sich für ihn zum Positiven gewandelt, und er spürte, auch innerhalb seines Verantwortungsbereiches zur Versöhnung der Völker etwas beitragen zu können. Dafür wollte er sich weiter einsetzen.

Zu diesem Zeitpunkt nahm auch der DDR-Geheimdienst wieder Kontakt zu ihm auf. In den drei Jahren seines Aufenthaltes in Tokio hatte er den Kontaktmann aus Ostberlin nur zweimal getroffen und die Zusammenarbeit mit dem MfS auch nicht vermisst. In Bonn angekommen registrierte Hagen Blau zunächst in seiner Wohnung mehrere erfolglose Versuche, telefonisch Kontakt zu ihm aufzunehmen. Erst nach mehreren Anläufen fasste sich der anonyme Anrufer ein Herz und schlug konkret einen Treffort und eine Treffzeit vor. Vor der Hauptpost in Bonn wurde Hagen Blau schließlich von einem ihm unbekannten Mann angesprochen. Der erinnerte im Verlauf des Gesprächs an eine bereits vor längerer Zeit getroffene Vereinbarung, nach der bei einem unbeantworteten Anruf ein Treffen an der jeweiligen Hauptpost des Ortes um 13.15 Uhr des Folgetages stattfinden sollte. Nun verstand Hagen Blau die mehrfache Stille am anderen Ende der Leitung. Der MfS-Instrukteur hatte in den vergangenen Tagen bereits mehrmals zur vereinbarten Zeit vor dem Postgebäude gestanden und erfolglos auf ihn gewartet. Doch konnte sich der sonst so gewissenhafte Hagen Blau wirklich nicht an diese Abmachung erinnern? Oder hatte er sie ganz einfach verdrängt, weil er an einer Zusammenarbeit mit dem MfS kein großes Interesse mehr hatte? Einer klaren Anweisung jedenfalls folgte er schließlich brav. Zu einer bewussten und offenen Ablehnung konnte er sich dann doch nicht durchringen.

Also sahen sich die beiden ungleichen Männer in Bonn in der Folgezeit relativ häufig, etwa alle zwei Monate. Sie gingen meist gemeinsam essen und dabei berichtete Hagen Blau seinem Instrukteur aus Ostberlin über seine Einschätzungen, über Ereignisse und Entwicklungen in der Bonner Außenpolitik und darüber hinaus. Alles, was der ostdeutsche Geheimdienst seiner Meinung nach wissen sollte, plauderte er aus. Zwei Männer, die in einem Restaurant die aktuelle politische Lage besprachen. Mehr nicht? Hätten wir als Beobachter die Brisanz der Situation erkannt? Dass keines dieser Treffen jemals aufflog, spricht gegen diese Vermutung. Zu systematisch und umsichtig plante der DDR-Geheimdienst die Zusammenkünfte seiner Agenten, zu sehr hatte man das Tarnen und Täuschen perfektioniert – selbst wenn es direkt unter unseren Augen stattfand.

Bei einem dieser zahlreichen Treffen erhielt Hagen Blau eine speziell für Dokumentenfotografie entwickelte Kamera, die in der Größe und im Aussehen einem Zigarettenetui nachempfunden war. Obwohl IM »Merten« – Hagen Blau hatte inzwischen einen neuen Decknamen erhalten – in einer Nacht- und Nebelaktion im Badezimmer seiner Wohnung von seinem Instrukteur einen Schnelllehrgang im Entwickeln des Filmmaterials erhalten hatte, gab er trotzdem nur die belichteten Filme weiter. Alles andere wäre ihm zuviel gewesen: zuviel Aufregung, zu viele Umstände, zuviel Unsicherheit. Auch in Zukunft blieb es dabei, dass er lediglich die Filmrollen weitergab. Um alles verräterische Material – Kamera, Filme – vor Entdeckung schützen zu können, erhielt er ein als Kerzenständer getarntes Versteck, in dessen hohlen Fuß alle Utensilien hineinpassten – ganz wie in einem Spionage-Thriller. Doch das hier war die Realität, dessen wurde sich auch Hagen Blau in beunruhigender Weise zunehmend bewusst.

*

Nach erfolgreicher Ausbildung im gehobenen Dienst des Auswärtigen Amtes und einer anschließenden dreijährigen Berufspraxis in Bonn stand für Ludwig Pauli eine Versetzung an.

1961 entsandte die Personalabteilung den Einunddreißigjährigen an die »Schutzmachtvertretung für deutsche Interessen« nach Belgrad. Kurz zuvor erhielt er noch die Ernennung zum Beamten auf Lebenszeit. Eine zentrale Aufgabe der Konsularabteilungen der Auslandsvertretungen ist die Betreuung von Deutschen im Ausland, aber auch von Ausländern mit privaten oder geschäftlichen Verbindungen nach Deutschland.

In Jugoslawien, zu dieser Zeit noch von Tito geführt, wurde Ludwig Pauli Leiter der Pass- und Sichtvermerkstelle, bearbeitete Staatsangehörigkeitsfragen sowie Konsular- und Kulturangelegenheiten. Zeitweilig vertrat er den Kanzler in allen innerdienstlichen Angelegenheiten. Fünf Jahre blieb er in Belgrad.

An diesem Ort intensivierten sich die Beziehungen zur HV A. Mündliche Berichte über sein Aufgabengebiet im Konsulat, Stimmungen und Entwicklungen lieferte Ludwig Pauli seinem Vertrauensmann Bernhard Schorm. Dieser hatte Pauli das Fotografieren und Entwickeln von Dokumenten mehr oder weniger erfolgreich gelehrt, sodass Filmmaterial in die Hände des Geheimdienstvertreters gelangte. Pauli wusste mittlerweile, wie er mit diversen Verstecken umzugehen hatte und worin seine »Beute« entschwand, zum Beispiel in »toten Briefkästen« in Interzonenzügen oder in präparierten Pralinenschachteln, die er an Deckadressen in die DDR schickte. Jährlich traf er seine Vertrauensleute in Ostberlin. Auf der anderen Seite der Stadt besuchte er bei dieser Gelegenheit seine Mutter, womit seine Reisen eine plausible Legende erhielten.

Im gleichen Jahr gab es für Ludwig Pauli noch eine große Veränderung in seinem Leben. Im Dezember 1961 trat er voller Hoffnung in den Bund der Ehe. Das Glück hielt jedoch nicht lange, bereits nach anderthalb Jahren folgte die Scheidung. Der Sachbearbeiter für Staatsangehörigkeits- und Personenstandsangelegenheiten der Deutschen Vertretung in Belgrad blieb auf der Suche nach der idealen Partnerin.

15. SIRA

Ein Blick in die internen Einschätzungen des MfS, genauer in das System zur Informationsrecherche der HV A (SIRA), gibt uns heute die Möglichkeit, die geheimen Umstände von damals ein wenig aufzudecken und führt uns in das Innerste des DDR-Geheimdienstes. Bei der Betrachtung der Unmenge an Daten, Zahlen, Fakten, Stichworten, Namen oder Statistiken, die auf den ersten Blick wenig aussagen, nüchtern und leer erscheinen, sollte man sich bewusst machen, auf welchen verschlungenen Wegen, mit welchem Aufwand und unter welchen Bedingungen diese Datenmenge »gesammelt« und weitergegeben wurde. Über deren damalige Bedeutung für die DDR – zu Zeiten des Kalten Krieges – können wir heute nur spekulieren.

Welche Maschine der Datenverarbeitung lief mit dem Empfang des »Geheimwissens« innerhalb des Ministeriums für Staatssicherheit an, wer entschied über die Bedeutung der Dokumente für die DDR und wer wurde über deren Inhalte informiert?

Anfang der siebziger Jahre begann die HV A damit, die von verschiedenen Diensteinheiten beschafften Informationen über das »System zur Informationsrecherche der HV A« (SIRA) einzuspeichern, zu verwalten, aber auch zu analysieren und auszuwerten.

1986, nach mehr als zehn Jahren praktischer Erfahrung mit den Möglichkeiten und Grenzen des Systems, entschloss sich das MfS, die geheimdienstlichen Zielsetzungen mit Hilfe modernerer Technologien weiter zu perfektionieren. Die ablaufenden nachrichtendienstlichen Prozesse sollten besser, effektiver, schneller, übersichtlicher gestaltet und gesteuert sowie Lücken im Agentennetz und gegnerische Aktivitäten rechtzeitig erkannt werden. Ein von den Ostblockstaaten gemeinsam entwickeltes »Einheitliches System Elektronischer Rechentechnik« bildete die Basis. Als Software diente ein von dem DDR-eigenen Elektronikunternehmen Robotron entwickeltes und für die HV A modifiziertes »System für Massendaten«. In dieses neue EDV-Gesamtsystem wurden ab 1986 schrittweise die vorhandenen Daten übertragen. Die notwendigen Änderungen der Datenstrukturen und entsprechenden Konvertierungen waren außerordentlich aufwändig und dauerten bis 1989 an.

Kurz vor der Auflösung der HV A im Jahre 1990, beinahe als letzte Amtshandlung, sollten die elektronisch gespeicherten Daten mit hoch brisanten Informationen über die Arbeitsergebnisse der Spionage vollständig vernichtet werden. Das geschah auch. Allerdings gelang es Stephan Konopatzky, Mitarbeiter der Bundesbehörde für die Unterlagen des Staatssicherheitsdienstes der ehemaligen Deutschen Demokratischen Republik (»Gauck«-Behörde, heute »Birthler-Behörde«), im Dezember 1998, aus einem Berg alter MfS-Magnetbänder vier Bänder zu dekodieren und nach und nach höchst interessante Daten zu entschlüsseln: der SIRA-Code war damit geknackt.

Aus der Zeit der Datenumstellungen von 1986 bis 1989 sollen nach Recherchen von Stephan Konopatzky jene Sicherungskopien stammen, die offensichtlich nach Konvertierungstests mit Echtdaten erstellt und bei der Vernichtung vergessen worden waren. An die »Test-Daten« hatte sich bei der Auflösung des MfS offensichtlich niemand mehr erinnert. Im Gegensatz zu den echten Datenträgern waren sie weder gelöscht noch überschrieben worden. Ein Segen für die Aufarbeitung der HV-A-Spionagetätigkeit.

Die alten SIRA-Datenbanken wurden bei der Umstellung in das neue »EDV-Gesamtsystem der HV A« in Teildatenbanken mit unterschiedlichen Schwerpunkten übertragen: die Teildatenbanken 11, 12, 13, 14 und 21.

In die Teildatenbank 12 (TDB 12) gingen die Ergebnisse von außen- und innenpolitischer, wirtschafts- und militärpolitischer Spionage ein. Zuständig für die Auswertung war die Abteilung VII der HV A. Einhundertsechzigtausendachthundertachtundsechzig Eingangsinformationen von Quellen der verschiedenen Abteilungen der HV A aus den Jahren 1969 bis 1987 sind hier rekonstruierbar. Aus den Jahren 1988 und 1989 sind es noch einmal zirka dreitausend. Die reale Datenmenge für diesen Zeitraum – so mutmaßt Stephan Konopatzky – dürfte bedeutend größer gewesen sein. Nur auf der Sicherungskopie wurden sie nicht mehr abgespeichert.

Sie gibt Auskünfte darüber,

- wie aktuell (Entstehungszeit),
- wie zuverlässig (Einschätzung der Quelle) und
- wie bedeutend (Einschätzung)

die eingegebenen Informationen für das MfS waren. Ferner sind Angaben enthalten,

- von welcher Quelle (Deckname und Registriernummer),
- in welcher Abteilung geführt (Absender),

die Informationen stammten. Insgesamt sind in der TDB 12 viertausendsiebenhundertfünfzehn Quellen verzeichnet, von denen noch etwa eintausendfünfhundert von 1984 bis Ende 1987 Informationen lieferten. Aus der TDB 12 ist ferner erkennbar,

- welchem Fachgebiet (zum Beispiel 10100 Ost-West-Verhältnis, Allg.) die Information zugeordnet wurde,
- welche Länder, Gemeinschaften oder Personen inhaltlich betroffen waren (zum Beispiel Amerika, Ferner Osten, Japan),

- welchen Umfang die Originalunterlagen hatten (zum Beispiel 39 Blatt) und
- ob es sich um Dokumente oder einen Bericht des Agenten handelte.

Ein kurzer Text fasste den Inhalt der registrierten Information zusammen (zum Beispiel »Schaffung einer Europäischen Technologiegemeinschaft«). Weitergabevermerke und -daten belegen, wann welche Informationen eines bestimmten Umfanges an befreundete Geheimdienste weitergegeben wurden. So erhielt laut SIRA der KGB ab 1980 rund zweiundfünfzigtausend Informationen aus der MfS-Zentrale in Ostberlin.

Ein ehemaliger Mitarbeiter der Abteilung VII der HV A – Auswertung und Information – gewährte uns einen Einblick in die praktische Arbeit. Nach seinen Angaben wurde es seit den fünfziger Jahren wie selbstverständlich gehandhabt, Informationen an den KGB weiterzugeben. Entsprechende Vereinbarungen in den Grundlagendokumenten über die Zusammenarbeit zwischen MfS und KGB sowie in speziellen dienstlichen Bestimmungen der Leitung der HV A legten diese Gepflogenheit später fest. Danach verpflichteten sich KGB und MfS zum Austausch der von ihren Sicherheitsorganen beschafften politischen, militärischen, wirtschaftlichen und wissenschaftlich-technischen Aufklärungsinformationen. Darüber hinaus vereinbarten beide Seiten, dass ohne Zustimmung desjenigen Partners, der die Informationen beschafft habe, keine Weitergabe an Nachrichtendienste anderer Verbündeter erfolgen dürfe. Markus Wolf persönlich legte in der Dienstanweisung 1/80 des MfS fest, dass von den beschafften Informationen aus dem Operationsgebiet dem Verbindungsoffizier des KGB eine Ausfertigung zu übergeben sei. Werner Großmann, der Nachfolger Wolfs, modifizierte diese Dienstanweisung am 2. Mai 1989 soweit, als dass er bei besonders wichtigen Informationen selbst über eine Weitergabe entscheiden wolle. Dieser Vorbehalt Großmanns hatte damit zu tun, dass das MfS ab Mitte der achtziger Jahre aufgrund der politisch veränderten Stimmung zwischen der DDR-Führung und der Sowjetunion dem KGB Informationen zum Dreiecksverhältnis Ostberlin-Moskau-Bonn vorenthielt. Unser Informant vermutete, dass der Verbindungsoffizier des KGB, der im Gebäude des MfS ein eigens für ihn eingerichtetes Zimmer besaß, aufgrund seiner guten internen Verbindungen jederzeit – wenn er es denn gewollt hätte – auch Informationen solchen Inhalts hätte erhalten können.

Von Erich Mielke persönlich erhielt der Vorsitzende es KGB häufiger Gaben ganz besonderer Art, die nicht nur in Ostberlin hinter vorgehaltener Hand Anlass zum Schmunzeln gaben. Besonders wertvolle Informationen ließ er – anlässlich großer Feiertage oder Gedenkdaten der Sowjetunion, der Kommunistischen Partei und der sowjetischen Staatssicherheitsorgane – als Geschenke verpacken. In speziell angefertigten und mit goldgedrucktem Titel beschrifteten Ledermappen, versehen mit Glückwünschen und kommunistischen Kampfparolen, schickte Mielke die »Früchte seiner Arbeit« gen Moskau.

Die »kleineren« verbündeten Geheimdienste erhielten keine Quelleninformationen der HV A (Eingangsinformationen) und gaben auch keine – abgesehen von einigen Ausnahmen des ungarischen und tschechoslowakischen Geheimdienstes in den achtziger Jahren – an die HV A weiter.

Zirka zwanzigtausend Nachweise in der SIRA-Teildatenbank 12 geben Auskunft über die sogenannten Ausgangsinformationen, das sind Auswertungen der eingegangenen Informationen, die von der Abteilung VII vorgenommen wurden. Ausgangsinformationen präsentierten die eigentlichen Arbeitsergebnisse der HV A. Sie dienten der Darstellung des aktuellen Informationsstands gegenüber der Partei und Regierung, der Leitung des Ministeriums für Nationale Verteidigung und ihres Geheimdienstes, dem KGB sowie der entsprechenden Abteilungsleiter. Sie wurden mit »Streng geheim – um Rückgabe wird gebeten« eingestuft und enthielten Zusätze wie »Diese Information ist nur zur persönlichen Kenntnisnahme bestimmt« oder »…darf nicht für offizielle Zwecke verwendet werden«. Diese Einstufung erfolgte hauptsächlich aus Gründen des Quellenschutzes, obwohl in der Ausgangsinformation keine direkten Angaben über die entsprechenden Quellen enthalten waren, diese aber – durch SIRA – rekonstruierbar waren. Die wahre Identität eines Agenten geheim zu halten, und zwar gegenüber jedem, der nicht zur Führung gehörte oder zur Aufrechterhaltung der Verbindung erforderlich war, galt als eines der absoluten und ehernen Grundsätze der HV A. Selbst der politischen Führung gegenüber, eingeschlossen den Generalsekretär der SED, durfte die Identität eines Agenten nicht preisgegeben werden. Alle Mitarbeiter des MfS sowie das weit verflochtene Netz an Inoffiziellen Mitarbeitern waren in die strengen Regeln der Konspiration eingewiesen und hatten sie zu befolgen. Wurden sie dennoch verletzt, musste mit rechtlichen und disziplinarischen Maßnahmen gerechnet werden.

Die Bearbeitung und Analyse der gelieferten Menge an Eingangsmaterialien erfolgte jedoch nicht immer wie geplant. Die eingehende Informationsflut überforderte zuweilen die Mitarbeiter der Abteilung VII. Das nicht nur, weil es nach Ansicht unseres Gesprächspartners mehrerer Mitarbeiter bedurft hätte, sondern auch, weil häufig Fachkenntnisse zum Inhalt der Informationen fehlten. Unter anderem aus diesem Grunde ist die Zahl der Ausgangsinformationen in der Teildatenbank 12 nicht so hoch.

Im Oktober 1989 hatte die Abteilung VII – Zentrale Auswertung – einen Mitarbeiterbestand von einhundertzehn, von denen zirka fünfzig mit den eigentlichen Auswertungs- und informationsverarbeitenden Aufgaben beschäftigt waren. Dazu zählte hauptsächlich das Sichten und anschließende Einschätzen der eingehenden Quelleninformationen. Dabei orientierten sich die Mitarbeiter an vorgegebenen Inhaltsschwerpunkten. In der jährlichen Planvorgabe des Ministers für Staatssicherheit, den Planorientierungen des Leiters der HV A und in Kommentaren zur Richtlinie 2/79 »Arbeit mit Inoffiziellen Mitarbeitern im Operationsgebiet« des Ministers wurden die Schwerpunkte festgelegt, zu denen Material zu beschaffen war. Die Leitung der Abteilung VII hatte dann im Laufe des Jahres diese Vorgaben zu konkretisieren. Ergänzt wurden sie durch vorliegende Beschaffungswünsche des KGB oder anderer verbündeter Nachrichtendienste sowie nationaler Instanzen. Die Einschätzungen erhielten die Staats-, Partei-, Streitkräfte- und Bündnisführung des Warschauer Paktes nach einem streng festgelegten Verteiler auf dem Dienstweg über den Leiter der HV A und den Minister für Staatssicherheit, Erich Mielke.

Für die Einschätzung und Bewertung einer Agenten-Information wurden Kriterien festgelegt, die eine genaue Einstufung ermöglichten. Demnach zeichnete sich eine nachrichtendienstlich relevante Information dadurch aus, dass sie

- inhaltlich mit den vorgegebenen Beschaffungsschwerpunkten zu tun hatte oder aber
- eine völlig neue gegnerische Haltung oder Situation offenbarte.

Zudem wirkte es sich positiv auf die Bewertung aus, wenn die Information

- aktuell, konkret, umfassend und vollständig war sowie
- als geheim und zuverlässig gelten konnte.

Die Bewertung nahmen die Auswerter nach einer festgelegten Werteskala von 1 = sehr wertvoll bis 4 = geringer Wert und 5 =

ohne Einschätzung vor. Dabei konnten niedrige Bewertungen mit einem Hinweis versehen und ergänzt werden, wie zum Beispiel »veraltet« oder »nachrichtendienstlich nicht von Interesse«.

Der Zeitzeuge aus der Auswertungsabteilung erinnerte sich an so manche problematische Situation, wenn es um die »richtige« Bewertung einer nachrichtendienstlich gewonnenen Information ging. Gründe sah er vor allem in den vielfältigen und umfangreichen Themenbereichen, in der kaum vermeidbaren subjektiven Sicht des Auswertenden sowie in unklaren Regelungen dienstlicher Bestimmungen. Dazu seien Bemühungen einiger quellenführender Abteilungen gekommen, die sich um höhere Einstufungen des gelieferten Materials bemühten. Eine hohe beziehungsweise niedrige Einschätzung des gelieferten Materials und deren Vermerk in SIRA konnte weit reichende Konsequenzen haben. Nicht nur, dass auf diese Weise eine Quelle hinsichtlich ihrer Materiallieferungen oder Zuverlässigkeit eingeschätzt werden konnte, darüber hinaus ermöglichte das Datenbanksystem vielfältige Leistungsüberprüfungen der entsprechenden HV-A-Abteilung und deren Mitarbeitern.

Doch wie gelangte das Faktenmaterial, das die »Kundschafter des Friedens« beschafft hatten, in die Auswertungsabteilung? In zum Teil persönlich gefährlichen Situationen hatten die Männer und Frauen in Westdeutschland die Informationen beschafft, auf abenteuerlichste Weise wurden sie in die DDR transportiert und landeten zunächst auf dem Schreibtisch des Führungsoffiziers. Sobald dieser das gelieferte Material einer Quelle in Händen hielt, wurde der Referats- oder Abteilungsleiter, gegebenenfalls sogar die Leitung der HV A, über den Inhalt mündlich informiert. Hier wurde auch entschieden, wann und welche Informationen in SIRA gelangen sollten. Bevor die Unterlagen zur Auswertung weitergegeben werden konnten, waren sie zu neutralisieren. Alle Merkmale, die auf den Standort oder die Person der Quelle einen Rückschluss ermöglicht hätten, mussten verschwinden. Anschließend wanderten die Ursprungsinformationen, wie die Dokumente und Berichte der Agenten intern genannt wurden, in den Kopierer oder, wenn es sich um Filmmaterial handelte, zuvor in die Fotostelle zur Entwicklung. Jeweils zwei Exemplare wurden angefertigt und mit einem Begleitschein mit mehreren Durchschriften versehen, den der Abteilungsleiter abzeichnete. Die Sekretärin brachte ein Exemplar der Ursprungsinformation samt Durchschlägen des Begleitscheins in die Abteilung VII, das zweite Exemplar erreichte auf kurzem Dienstweg den Verbindungsoffizier des KGB in der Normannenstraße. Die Mitarbeiter der quellenführenden Abteilung füllten für jede einzuspeichernde Information einen sogenannten Informationsbegleitbogen (IBB) mit mehreren Durchschriften aus. Eine Durchschrift (IBB A) blieb dabei als Nachweis in der absendenden Diensteinheit. Eine zweite Durchschrift (IBB B) ging als Deckblatt zusammen mit der Ursprungsinformation an die Abteilung VII Auswertung und Information. Dieser Begleitschein war das Rohmaterial für die Aufbereitung mit SIRA.

Der Leiter der Abteilung VII oder dessen Stellvertreter bestimmten nach kurzer Durchsicht das Themenspektrum der behandelten Informationen und entschieden damit, welches Auswertungsreferat für die weitere Bearbeitung zuständig war. Neben der Abteilung VII nahmen noch drei weitere Abteilungen Auswertungen eingehender Informationen vor. Deren Erkenntnisse sind in den übrigen Teildatenbanken von SIRA gespeichert.

Mit der Aufbereitung von Informationen aus Wissenschaft, Forschung und Technik war die Auswertungsabteilung V der HV A beschäftigt, deren Ergebnisse in der Teildatenbank 11 festgehalten wurden. Mit den Informationen zur Tätigkeit »gegnerischer« Geheimdienste war die Abteilung IX/C betraut. Entsprechende Einträge finden sich in der Teildatenbank 14. Die Teildatenbank 13 beinhaltet Informationen der

Abteilung VI, die mit der Aufklärung der »Regimeverhältnisse im Operationsgebiet« befasst war. Die Teildatenbank 21 wurde vom Referat 7 R des Stabs der HV A geführt und enthält über sechzigtausend Datensätze. In ihren Inhalten entspricht die Teildatenbank 21 der Vorgangskarteikarte F 22, die als Nachweis der von der HV A angelegten und registrierten Vorgänge dient.

Die Grunddaten des erhaltenen Materials schrieb der Auswerter in einem speziellen Nachweisbuch ein, studierte die Informationen, bewertete sie, trug das Bewertungsprädikat in seinem Nachweisbuch ein sowie auf dem Durchschlag des Informationsbegleitscheins. Dieser ging auf einem festgelegten Weg zurück an den Führungsoffizier. Die potentiellen Möglichkeiten zur weiteren Informationsbeschaffung besprachen Auswerter und Führungsoffizier meist mündlich. In besonderen Fällen formulierte der Auswerter schriftlich einen Operativ- oder Beschaffungshinweis. Das ausgewertete Material kam anschließend zur Archivierung zusammen mit der – falls vorhandenen – Ausgangsinformation und einer Durchschrift des ausgefüllten Begleitscheins in das Referat »Interne Dokumentation«.

Die gespeicherten Informationen in den SIRA-Datenbanken standen neben den Diensteinheiten der HV A auch allen anderen Abteilungen des MfS sowie befreundeter Nachrichtendienste anderer Länder, der NVA und dem Ministerium des Innern zur Verfügung. Bis heute konnten jedoch nicht alle Empfänger von Informationen identifiziert werden.

16. Agentenalltag

Informationen aus seiner Zeit in Belgrad, die Ludwig Pauli dem MfS weitergegeben hatte, gelangten nicht in die SIRA-Aufzeichnungen. Die HV A begann erst Ende der sechziger, Anfang der siebziger Jahre damit, kontinuierlich Daten in das System einzuspeichern. Daher liegen uns aus dieser frühen Zeit Paulis auch keine genauen Details vor.

Im Sommer 1966 war Ludwig Pauli in die Zentrale, ins Referat III A 4, zurückgekehrt. Hier hatte er es mit Luft-, Eisenbahn- und Straßenverkehrsfragen sowie mit der Vorbereitung völkerrechtlicher Vereinbarungen und der Bearbeitung von Ein- und Überfluggenehmigungen zu tun. Als anderthalb Jahre später auch Hagen Blau wieder nach Bonn ins Pressereferat kam, hatte die HV A zeitgleich zwei Informationsquellen in einem Objekt platziert. Beide »Quellen« hatten jedoch keine Ahnung von der Existenz der jeweils anderen.

Im Oktober des gleichen Jahres stand Ludwig Pauli erstmalig »Hans«, Johann Karch, aus Ostberlin gegenüber. Mit einem gefälschten Berliner Personalausweis war der stattliche und glatzköpfige Mann, mit zupackendem und praktischem Wesen, per Bahn nach Köln gekommen. Mit Ruhe und Zurückhaltung, aber voller Aufmerksamkeit stellte er sich auf Ludwig Pauli ein. Dieses erste Zusammentreffen sollte der Beginn einer über zwanzigjährigen Beziehung werden. Vor dem Kölner Dom gaben sie sich einander mit Hilfe eines Code-Wortes zu erkennen, um anschließend vor dem Astoria-Kino in der Hohen Straße zusammenzukommen. Wie bei so vielen anderen Treffen zwischen Instrukteur und Agent besprachen sich auch »Hans« und Ludwig Pauli in einem Restaurant. Ein belebtes Lokal bot die richtige Mischung, in die Anonymität der Gäste einzutauchen und sich gleichzeitig in einer ruhigen Ecke vertraulich und unbeobachtet austauschen zu können.

Da sich Ludwig Pauli in Bonn in ein neues Arbeitsgebiet einarbeiten musste und gleichzeitig Schwierigkeiten hatte, die passende Wohnung zu finden und sich einzuleben, gab es für »Hans« viel über die psychischen Befindlichkeiten des IM »Adler« nach Berlin zu berichten.

Weihnachten 1966 verbrachte Pauli in Berlin. Offizielle Anlaufstelle war die Mutter. Inoffiziell galt der Aufenthalt in der geteilten Stadt seinen Ostberliner Kontakten. Auf der anderen Seite der Mauer an der Friedrichstraße erwartete ihn bereits »Bernhard« im Auto. Häufiger geschah es, dass Ludwig Pauli, der den Ostberliner Geheimdienstlern als Büchernarr auffiel, sich zuvor mit »Hans« an einer Buchhandlung in der Nähe des Kurfürstendamms traf, um anschließend durch eine Sonderschleuse am Bahnhof Friedrichstraße in den Osten zu gelangen. Auf der Fahrt durch den Ostteil der Stadt ließ er so manches Mal an Buchhandlungen halten, um sich über die neueste DDR-Literatur zu informieren.

In Bonn erlebte Ludwig Pauli darüber hinaus einige ebenso freud- wie leidvolle Frauengeschichten. Er selbst hielt sich für das Gegenteil eines Frauenhelden. Allzu häufig hatte er Körbe einstecken müssen. Bernhard Schorm, Paulis persönlicher Vertrauter bei der HV A, wollte ihm helfen, diesen Missstand zu beenden. Er gab Pauli den offiziellen Auftrag, zu Sekretärinnen des Auswärtigen Amtes näheren Kontakt zu suchen und anschließend über sie zu berichten. Charakteristiken von vier Frauen sollte Ludwig Pauli liefern. Damit schlug Schorm zwei Fliegen mit einer Klappe: auf diese Weise hoffte er Informationen über potentiell neue Informationszuträgerinnen, also IM zu erhalten, und andererseits sah er eine Chance, dem frustrierten Pauli durch diese dienstliche Anweisung zu einer neuen Frau oder Freundin zu verhelfen.

Ludwig Pauli erschien dieser Auftrag zwar sehr speziell, aber dennoch einleuchtend. Dienstfertig machte er sich an die Arbeit. Anhand des Ordnungsplanes des Auswärtigen Amtes sollte sich Pauli zunächst einer Kollegin aus einem interessanten politischen Referat nähern. Tatsächlich kam es zu einigen Verabredungen und Treffen: Von einer Auserwählten erhielt er ziemlich schnell eine Abfuhr, da sie bereits verlobt war. Mit einer anderen Frau ging Pauli einige Male in Restaurants und Konzerte. Er verliebte sich in die Dame, sie sich aber nicht in ihn. Eine weitere Kollegin, die an einer besonders lukrativen Stelle saß, wollte partout nicht über ihre Arbeit sprechen – also stellte er die Treffen mit ihr schnell wieder ein. Gänzlich gegen den Strich ging ihm die Begegnung mit einer anderen, sehr bestimmten Dame, die gleich beim ersten Treffen mit ihm ins Bett wollte. Das ging ihm dann doch zu schnell. Nach diesen mehr oder weniger missglückten Versuchen wurde schnell klar: auf diesem Wege war nicht an eine neue Partnerin für Pauli zu kommen, und ergiebige Informationen hatten die Verabredungen auch nicht gebracht.

Im Oktober 1967 schien sich das Problem für die HV A wie von selbst zu lösen. Ludwig Pauli hatte eine neue Partnerin gefunden und heiratete sie sogleich.

Bernhard Schorm mühte sich noch an anderer Stelle vergeblich. Es hatte sich herausgestellt, dass die Qualität der von Pauli in der Vergangenheit gemachten Fotos die HV A nicht zufrieden stellte. Deshalb musste Schorm selbst in Paulis Wohnung die Dokumente fotografieren und ihm gleichzeitig noch einmal Nachhilfeunterricht erteilen. Später übernahm »Hans« die Fotoarbeiten. Mit entsprechendem Spezialgepäck reiste er als angeblicher Tourist immer dorthin, wo sich sein Schützling gerade aufhielt.

Der Blick auf die in der SIRA-Teildatenbank 12 aufgeführten Inhalte, die Ludwig Pauli in den Jahren 1969 und 1970 an den DDR-Geheimdienst weitergab – insgesamt waren es einhundertdreiundachtzig Eintragungen –, zeigt, dass sich diese auf Haltungen und Einschätzungen ost- und westeuropäischer, asiatischer, afrikanischer, nord- und südamerikanischer

Regierungen zu innen- und außenpolitischen Fragen bezogen. Dabei ging es um die politische Lage im Nahen Osten und die Außenpolitik Israels sowie die Unterstützung Israels durch »imperialistische« Staaten. Die Beziehungen einzelner Regierungen zu den Regierungen anderer Länder waren von Bedeutung. Auch Hinweise zu Arbeitskämpfen, Widerstandsorganisationen und Studentenunruhen waren von Interesse. Abrüstungsdebatten, Reaktionen auf Reisen bundesdeutscher und ausländischer Regierungsbeamten – Ludwig Pauli hatte einiges zusammengetragen.

Aber auch Berichte oder Dokumente über die Regelungen des Verkehrs per Luft, Bahn oder Post zwischen der Bundesrepublik, der Sowjetunion und der DDR, die verhandelt wurden oder verhandelt werden sollten, erhielt der DDR-Geheimdienst über IM »Adler«. In SIRA wurden sie beispielhaft wie folgt zusammengefasst:

- »Probleme und der Beschluss der westdeutsch-sowjetischen Luftverkehrsbeziehungen«,
- »Einschätzungen der Verkehrs- und Postverhandlungen zwischen der DDR und der BRD durch das Auswärtige Amt«,
- »Bonner Vorgehen zur Torpedierung des Beitritts der DDR zu dem internationalen Eisenbahnabkommen CIM und CIV«,
- »Entwurf eines Vertrages zwischen der BRD und der DDR über den Personen- und Güterverkehr innerhalb Deutschlands«,
- »Westdeutsche Maßnahmen zur Aufrechterhaltung der Alleinvertretung im Weltpostverein UPU«,
- »Start des ersten Fernmeldesatelliten der NATO-Aufzeichnung der Abteilung 2 vom 31.3.1970«,
- »Geplante Messesonderflüge westdeutscher Luftverkehrsunternehmen und die Einschätzung der Stellung des Flughafens Berlin-Schönefeld«.

Darüber hinaus wurden auch Paulis Einschätzungen zur DDR-Kirchenpolitik, zur »sowjetischen Antwort auf die Sondierungen der drei Westmächte in der Westberlin-Frage«, zur »Wertung des Vertrages UdSSR/BRD«, zum »Tschechoslowakischen Vertrag vom 6.5.1970 als Teil einer politischen Gesamtkonzeption der Sowjetunion« sowie zu politischen und militärischen Aspekten der sowjetisch-amerikanischen Gespräche zur Begrenzung strategischer Waffen, die »SALT«-Verhandlungen in SIRA aufgenommen.

Inwieweit die weitergegebenen Informationen zu Einschätzungen der Bundesregierung und deren Verhandlungspositionen tatsächlich einen Einfluss auf Entscheidungen der DDR-Führung hatten, kann an dieser Stelle nicht geklärt werden.

*

Neben Ludwig Pauli hielt sich ab 1968 auch Hagen Blau als Agent der DDR in der Bonner Zentrale des Auswärtigen Amtes auf. Auch er und seine Tätigkeit im Pressereferat erwiesen sich als ergiebige Quelle für den ostdeutschen Geheimdienst, der damit aus diesem Schlüsselreferat des Auswärtigen Amtes eine große Fülle an Informationen ziehen konnte.

Was leistete IM »Merten« im Einzelnen während seiner Zeit im Pressereferat für den DDR-Geheimdienst? Er selbst gab an, dass er seine geheimdienstliche Aufgabe darin sah, die Ostpolitik verständlich zu machen und über politische Tendenzen zu berichten. Über dreihundert Eintragungen verzeichnete die SIRA-Teildatenbank 12 für den Zeitraum von 1969 bis 1971 für IM »Merten«. Die Themenvielfalt der übermittelten Informationen zeigt sich an der folgenden, nicht vollständigen Aufstellung:

• »Einschätzung der Deutschland- und Osteuropa-Politik durch das Bonner Auswärtige Amt« (Bericht)

- »Die westdeutschen Maßnahmen zur Zurückweisung der Proteste der sozialistischen Länder gegen die Einbeziehung Westberlins in multilaterale Verträge« (Bericht, 7 Blatt)
- »Aufzeichnung des Gesprächs der Delegation der Fraktionsvorsitzenden der SPD-Bundestagsfraktion mit dem sowjetischen Außenminister Gromyko am 21. August 1969 im Gästehaus des Außenministers« (Dokument, 48 Blatt)
- »Eine westdeutsche Analyse der Behandlung der Deutschlandfrage in der Generaldebatte der 24. UNO-Vollversammlung« (Bericht, 6 Blatt)
- »Eine westdeutsche Bewertung der Reden Walter Ulbrichts und Leonid Breschnews zum 20. Jahrestag der DDR am 6. Oktober 1969 in Berlin« (Bericht, 4 Blatt)
- »Aufzeichnung des Bonner AA zu Themen der Beziehung zur DDR, Handel, Kontakte, Sportbeziehungen, Post- und Fernmeldewesen, Verkehrswesen, Gesundheitswesen, Gewaltverzicht. Vorschläge und Angebote der Bundesregierung dazu für Gespräche und Verhandlungen mit der DDR-Führung seit 1967« (Bericht, 9 Blatt)
- »Inhalt des NATO-Themenkataloges für Ost-West-Verhandlungen« (Bericht, 24 Blatt)
- »Eine Analyse des AA zur Haltung der DDR gegenüber der Politik der Bundesrepublik« (Bericht, 5 Blatt)
- »Eine Sprachregelung des Bonner AA zum Vertragsentwurf der DDR über die Aufnahme gleichberechtigter Beziehungen zwischen der DDR und der Bundesrepublik und erste Reaktionen zu diesem Vertragsentwurf« (Bericht, 6 Blatt)
- »Die Einschätzung der internationalen Pressekonferenz des Genossen Ulbricht vom 19.1.1970 durch maßgebliche Bonner Regierungskreise« (Bericht, 7 Blatt)
- »Die Haltung der westdeutschen Bundesregierung zur Deutschlandfrage« (Bericht, 5 Blatt)
- »Westdeutsche Störmaßnahmen gegen die Entwicklung der Beziehungen der DDR zur UNO und gegen die Mitglied-

schaft der DDR in multilateralen Verträgen« (Bericht, 9 Blatt)

- »Überlegungen im Bonner AA zur Durchführung von Propagandaaktionen im Ausland anlässlich des Jahrestages der Verkündigung des westdeutschen Grundgesetzes und des sogenannten Tages der Deutschen Einheit« (Bericht, 4 Blatt)
- »Die Haltung der westdeutschen Bundesregierung zu einem Antrag der DDR auf Mitgliedschaft in der Weltgesundheitsorganisation« (Bericht, 3 Blatt)
- »Eine Ausarbeitung der Bundesregierung über die Staaten, bei denen eine Anerkennung der DDR nicht auszuschließen sei« (Bericht, 7 Blatt)
- »Bisherige Reaktion des Bonner AA auf den Brief des Vorsitzenden des Ministerrates der DDR an den Bundeskanzler der Bundesrepublik vom 12.2.1970«
- »Überlegungen des Bonner AA zum weiteren Vorgehen in der Deutschlandfrage, insbesondere zur UNO-Mitgliedschaft beider deutscher Staaten« (Bericht, 6 Blatt)
- »Westdeutsche Einschätzung der Beziehungen Großbritanniens zu beiden deutschen Staaten und britische Haltung zur Bonner Osteuropa-Politik« (Bericht, 8 Blatt)
- »Einschätzung des AA zum deutsch-polnischen Vertrag vom 7. Dezember 1970« (Dokument, 3 Blatt)
- »Ein Gespräch zwischen dem westdeutschen Botschafter in Moskau (Allardt) und dem sowjetischen Botschafter in Bonn (Falin) vom 16.4.1971 zur Westberlin-Frage« (Bericht, 11 Blatt)
- »Eine Ausarbeitung des Bonner AA zur Stellung der DDR in der Frage der Einheit der Nation« (Dokument, 22 Blatt)
- »Haltung Westdeutschlands zur Mitarbeit der DDR in internationalen Organisationen (UNO, WHO)« (Bericht, 7 Blatt)
- »Westdeutsche Aktivitäten zur Verhinderung einer Teilnahme der DDR an der UN-Umweltkonferenz in Stockholm vom 5.–17.6.1971« (Bericht, 3 Blatt)

Diese Beispiele geben nur einen Ausschnitt der Inhalte wieder, die in Form von mündlichen Berichten an seinen Instrukteur oder – noch wichtiger – als Dokumentenablichtung weitergegeben wurden. Während IM »Merten« über ein ausgezeichnetes Gedächtnis verfügte sowie die Fähigkeit besaß, sich schnell und umfassend detaillierte Kenntnisse auch von komplizierten Sachverhalten zu verschaffen und sich durch eine hohe analytische Begabung auszeichnete, bestand die Gefahr, dass die mündlich übermittelten Einschätzungen verzerrt auf der anderen Seite ankamen. Inhalte konnten unbeabsichtigt schlicht falsch verstanden oder wiedergegeben werden. An den Empfänger der Nachrichten, den Instrukteur, wurden dementsprechend hohe Anforderungen gestellt, musste er doch die mündlich übermittelten Inhalte verstehen und korrekt weitergeben können. Aus diesem Grunde wurden Dokumenten-Lieferungen, das heißt nachprüfbare Informationen nachrichtendienstlich höher eingeschätzt als mündlich überlieferte Berichte. Um dieses Problem bei Hagen Blau in den Griff zu bekommen – vielleicht auch, weil die erforderlichen Kapazitäten auf Seiten des MfS fehlten –, sollte er mit Hilfe der bereits erwähnten unauffälligen Abrollkamera arbeiten. Deren Ergebnisse blieben jedoch weit hinter den Erwartungen zurück, weshalb die Kamera später gegen eine Kleinstkamera ausgetauscht wurde.

*

Nach seinem Aufenthalt in Freetown verschlug es Klaus von Raussendorff ab März 1969 in die indonesische Hauptstadt Jakarta, seinem nächsten Einsatzort. Dort traf Klaus von Raussendorff auf einen Vorgesetzten im Wirtschaftsreferat, mit dem er nicht zusammenarbeiten konnte oder wollte. Hochoffiziell bat er um dessen Ablösung, da er ihn für unfähig hielt, und schlug gleichzeitig sich selbst als Amtsnachfolger vor. Das war angesichts der hehren Prinzipien des Auswärtigen Amts eine Ungeheuerlichkeit. Seine Vorgesetzten in Bonn waren nicht mehr gewillt, sein Verhalten mit einem freundlichen Hinweis auf persönliche Schwächen zu entschuldigen. Mit Nachdruck forderten sie ihn auf, seine Pflicht zu tun. Klaus von Raussendorff hatte im Wirtschaftsreferat durchzuhalten, wo er sich vor allem mit der technischen und finanziellen Entwicklungshilfe beschäftigte. Er betreute Projekte wie den Ausbau des Schienennetzes, den Bau eines Staudamms und die Errichtung einer Musterfarm. Ab August 1971 änderte sich sein Aufgabengebiet und die anhaltenden Probleme mit seinem Vorgesetzten erledigten sich von selbst. Fortan leitete er das Kulturreferat. Für diese Tätigkeit bescheinigte ihm der neue Vorgesetzte, »hervorragende Leistungen« erbracht zu haben. Gleichzeitig hielt er fest, der junge und ehrgeizige Mann »bedürfe« noch der Zügel eines älteren verständnisvolleren Kollegen, da sich ansonsten mögliche Konflikte zum »Schaden eines begabten und vielversprechenden Angehörigen« des auswärtigen Dienstes auswirken könnten.

In Jakarta kam es zu Entwicklungen, die nicht ohne Folgen blieben. Zunächst wurde Klaus von Raussendorff ein drittes Mal Vater. Gleichzeitig geriet in Indonesien die Ehe von Gisela und Klaus von Raussendorff in eine ernstzunehmende Krise. Dass es nicht zur Scheidung kam, lag auch an den intensiven Bemühungen des Ministeriums für Staatssicherheit, die Trennung zu verhindern. Selbst Markus Wolf schaltete sich persönlich ein. Zu wichtig war IM »Brede«. Eine Scheidung wäre für die MfS-Obersten in Ostberlin zu einem unkalkulierbaren Sicherheitsrisiko geworden, da Gisela von Raussendorff genauestens über die »Nebentätigkeit« ihres Mannes informiert war. Sie hatte in unregelmäßigen Abständen an den Treffen mit Paul Draeger teilgenommen und war somit zumindest zur Mitwisserin geworden.

Das MfS war grundsätzlich daran interessiert, auch die Ehepartner mit einzubeziehen. Besonders günstig war es, wenn die Ehepartner selbst als Inoffizielle Mitarbeiter geworben werden konnten – Gisela von Raussendorff wurde unter eigener IM-Registriernummer und dem IM-Decknamen »Blume« im MfS geführt – um dadurch beide Partner »in einem Boot« zu haben. Auf das Agentenleben sollte sich diese »Gemeinsamkeit«, dieses Wissen um ein »Geheimnis« stabilisierend und unterstützend auswirken. Diese Rechnung ging allerdings nur so lange auf, wie die Beziehung intakt war. In Krisenzeiten, bei Trennungsabsichten und Scheidungen konnte es dagegen für das MfS und den Inoffiziellen Mitarbeiter mitunter sehr gefährlich werden, da das sorgsam gehütete Geheimnis drohte gelüftet zu werden.

Während eines Heimaturlaubs in der Bundesrepublik wurde IM »Brede« zu einem dringenden Treffen nach Ostberlin bestellt. Neben dem Führungsoffizier Eberhard Fritzsche und dem Referatsleiter Bernhard Schorm traf Klaus von Raussendorff auch mit dem Chef der HV A, Markus Wolf, zusammen. Nachdrücklich wies der Leiter der Westspionage des MfS auf die zwingende Notwendigkeit hin, eine Trennung zu verhindern und die Ehe wieder in Ordnung zu bringen. Gleichzeitig bekam Klaus von Raussendorff aus den Händen des obersten Agentenführers mehrere Belohnungen für seine bisherigen Leistungen: Verdienstorden sowie eine Geldprämie über mindestens eintausend DM. Die Sorge um eine mögliche Enttarnung infolge der Scheidung war so groß, dass Bernhard Schorm später persönlich nach Indonesien reiste, um Schaden abzuwenden und die Entwicklung unter Kontrolle zu behalten.

Mit dem MfS-Instrukteur Paul Draeger, eine der wichtigsten Kontaktpersonen zwischen Agent und MfS-Zentrale, traf Klaus von Raussendorff während seiner Auslandseinsätze bis Ende 1972 jährlich etwa zwei- bis dreimal in verschiedenen Großstädten der Bundesrepublik zusammen. Die Termine waren jeweils beim vorherigen Treffen besprochen worden und wurden über Funk noch einmal bestätigt. Auf dem Weg vom Treffpunkt zum anvisierten Restaurant fand der »Material«-Wechsel statt. Von der Außenwelt unbemerkt wechselte eine Streichholzschachtel mit drei bis fünf Filmen den Besitzer und landete in den Händen des ostdeutschen Lehrers. Spätestens während der freundschaftlichen Plauderei in einem Restaurant wanderten mehrere Hundert-DM-Scheine in die Taschen des Westagenten.

1972 veränderte sich das Leben des Instrukteurs und wichtigsten Verbindungsmannes von Klaus von Raussendorff. Auf Anraten des MfS gab Paul Draeger seinen Lehrerberuf auf und wurde HIM – Hauptamtlicher Inoffizieller Mitarbeiter. Schon mehrere Jahre lang hatte das MfS versucht, ihn von einer hauptamtlichen Tätigkeit für den DDR-Geheimdienst zu überzeugen. Schließlich waren Haupt- und Nebenberuf nicht mehr zu vereinbaren. Die Reisen sowie die Vor- und Nachbereitungen der Treffen mit IM »Brede« belasteten seine geregelte Arbeit zunehmend, sodass er sich zu dem folgenschweren Schritt entschloss, den Lehrerberuf aufzugeben. Gleichzeitig wurde mit einer Beschäftigung im Ostberliner »Haus des Lehrers« seine Tätigkeit als Hauptamtlicher Inoffizieller Mitarbeiter getarnt. Fortan war Draeger hauptberuflich mit IM »Brede« beschäftigt. Vom Ministerium für Staatssicherheit erhielt er seinen Lohn, soziale Absicherung und Anerkennung. Die persönliche Verbindung zwischen ihm und Klaus von Raussendorff galt es optimal zu nutzen. Kosten spielten dabei erst einmal keine Rolle.

Aus der Zeit in Indonesien von März 1969 bis Ende 1972 verzeichnete die SIRA-Teildatenbank 12 an Verratsmaterial zu IM »Brede« insgesamt vierunddreißig Eintragungen mit einem Umfang von zweihundertzweiundachtzig Blatt Dokumentenkopien sowie zweiundachtzig Blatt in Form von Berichten. Das gelieferte Material umfasste eine Vielzahl von Informationen über das Gastgeberland Indonesien, seine außen- und innenpolitischen Probleme und Beziehungen. Auffallend waren Berichte von Bonner Botschaften über zahlreiche andere Länder, die im Rahmen des Informationsaustauschs innerhalb des Auswärtigen Amtes auch die Botschaft in Jakarta erreichten. Dazu zählten unter anderem Botschaftsberichte aus Tokio und Singapur. IM »Brede« lieferte außerdem an seine Freunde in Ostberlin innen- und außenpolitische Einschätzungen der Bonner Zentrale über Länder der Dritten Welt und ihre Beziehungen zur DDR.

*

Ab Januar 1973 lebten die von Raussendorffs wieder in Bonn. Im neuen Arbeitsgebiet des Diplomaten und unerkannten DDR-Agenten ging es um die Westeuropäische Union (WEU), die dem Referat 200 des Auswärtigen Amtes zugeordnet war. Ein Bereich, der für den DDR-Geheimdienst von großem Interesse war, ging die vereinbarte Zusammenarbeit der Mitglieder der WEU doch selbst über die Aufgaben der NATO hinaus.

Eine andere wichtige politische Entwicklung, die das MfS besonders interessierte, war das Zustandekommen des Grundlagenvertrages mit der DDR sowie die Aufnahme beider deutscher Staaten in die Vereinten Nationen. Nach den Erfolgen ihrer Ostpolitik mit dem deutsch-sowjetischen und dem deutsch-polnischen Vertrag konnte die Regierung Brandt am 21. Dezember 1972 auch die innerdeutschen Beziehungen mit einem Grundlagenvertrag nachhaltig verbessern. Das am 21. Juni 1973 in Kraft getretene Abkommen enthielt einen Gewaltverzicht, bekräftigte die Unverletzlichkeit der territorialen Integrität der Partner, stellte eine Reihe von Verträgen zur engeren Zusammenarbeit in Wirtschaft, Wissenschaft und Kultur in Aussicht, beauftragte eine Grenzkommission, sah Verbesserungen in humanitären Fragen vor und verpflichtete beide deutsche Staaten zur Förderung der europäischen Sicherheit und der Rüstungsbegrenzung. Außerdem wurden Ständige Vertretungen in Ostberlin und Bonn vereinbart, die DDR nahm einen »Brief zur deutschen Einheit« entgegen, in dem die Bundesrepublik betonte, dass der Grundlagenvertrag nicht dem Wiedervereinigungsgebot der Präambel des Grundgesetzes widerspreche.

Im Referat 200 des Auswärtigen Amtes wurden die politischen Fragen der europäischen Einigung aller Mitgliedsländer bearbeitet. Dazu gehörten Grundsatzüberlegungen zur Rolle der WEU, Vorbereitungen von Reden und Sitzungen sowie Weisungen zu politischen Angelegenheiten der WEU und zu Haushalts- und Organisationsfragen.

Klaus von Raussendorff war also in einer Dienststelle des Auswärtigen Amtes gelandet, die für die Ostberliner Agentenführer von großem Interesse und mit hohen Erwartungen verbunden war.

In der Bonner Zeit von Januar 1973 bis Juni 1977 wurden die Treffs zwischen dem Westagenten und seinem Instrukteur, Paul Draeger, immer häufiger. Der Spion im Auswärtigen Amt sammelte fleißig für die HV A hoch brisantes Material. Um die Treffen mit seinem Instrukteur möglichst unauffällig zu gestalten, wurde auch die Urlaubszeit genutzt, in der sich die Familie von Raussendorff in ihrem Zweithaus in Wischhafen bei Stade aufhielt. Eine baldige Erhöhung des Agentenlohns war die spürbare Folge erfolgreicher Arbeit. Jeweils eintausend bis eintausenddreihundert DM pro Treffen kassierte IM »Brede«.

Kurz darauf kam es an der Spitze der Bundesrepublik zu einem überraschenden Wechsel. Bundeskanzler Willy Brandt erklärte im Zusammenhang mit der Spionageaffäre Günter Guillaume am 6. Mai 1974 seinen Rücktritt. Nachfolger wurde der bisherige Finanzminister Helmut Schmidt. Am 15. Mai 1974 wählte die Bundesversammlung den bisherigen Bundesaußenminister Walter Scheel zum Nachfolger Gustav Heinemanns und damit zum Bundespräsidenten. Nachfolger Walter

Scheels im Auswärtigen Amt wurde der bisherige Bundes-innenminister und FDP-Vorsitzende Hans-Dietrich Genscher. Er blieb bis zu von Raussendorffs Verhaftung im Jahr 1990 sein höchster Vorgesetzter.

Rein statistisch lieferte IM »Brede« in den Jahren 1973 bis 1977 aus dem Referat 200 an die MfS-Zentrale in Ostberlin Fotografien von mehr als zweihundertfünfzig Dokumenten mit einem Umfang von annähernd fünftausend Blatt. Dar-in enthalten waren zwanzig Berichte, die mündlich an den Instrukteur weitergegeben worden waren. Mit diesen beein-druckenden Zahlen war IM »Brede« einer der Topspione im Auswärtigen Amt.

Inhaltlich reichte das Material von außen- und militärpoliti-schen Stellungnahmen und Konzepten bis zu europapoliti-schen Plänen, die für den DDR-Geheimdienst von höchstem Wert waren. Die von Klaus von Raussendorff fotografier-ten Dokumente enthielten Aufzeichnungen und Gesprächsvor-schläge für den deutschen Teilnehmer an den Sitzungen des Ministerkomitees des Europarats und des Ministerrats der WEU. Außerdem Gesprächsvorschläge für die Sitzungen des WEU-Ministerrats, zusammengestellt aus Stellungnahmen des Auswärtigen Amtes und anderer Bundesministerien. Sie ent-hielten regelmäßig sehr ausführlich die bundesdeutsche Ein-schätzung der Lage in der DDR sowie die Politik der Bundes-republik gegenüber der DDR. Hinzu kamen Protokolle der Sitzungen des Ministerrats, Vorschläge für die Weiterentwick-lung der politischen Zusammenarbeit innerhalb der EG. Au-ßerdem: Konzepte zur Schaffung eines Apparates für die Har-monisierung der Außenpolitik der EG-Staaten, unter anderem den Plan für ein Kommunikationsnetz, ein völliges Novum, das die tägliche Kommunikation der einzelnen EG-Partner un-tereinander ermöglichen sollte. Eine wichtige Quelle waren die sogenannten »Blauen Dienste«, etwa monatlich erscheinende

Hefte, zirka dreißig Seiten stark, die in der Zentrale des Auswärtigen Amtes angefertigte Analysen und Bewertungen weltweiter politischer Ereignisse enthielten. Sie wurden den Auslandsvertretungen, den Referatsleitern sowie den zuständigen Referenten in einer Verschlussmappe zugeleitet mit dem Vermerk: »Unter Verschluss halten«. Einzelne Berichte der »Blauen Dienste« machten die Gewichtung und Bewertung der jeweiligen Vorgänge durch das Auswärtige Amt deutlich und waren deshalb für das MfS von immensem Wert.

Nach Angaben der 1998 entschlüsselten SIRA-Teildatenbank 21 kam es am 15. Oktober 1973 zu einem erneuten Führungsoffizier-Wechsel. Klaus Wengler übernahm die Bearbeitung des IM »Brede«. Im Sommer 1975 trafen sich in Semmering bei Wien der neue Führungsoffizier aus der MfS-Zentrale, Referatsleiter Bernhard Schorm, sowie Instrukteur Paul Draeger. Ihr Topagent Klaus von Raussendorff sollte persönlich erfahren, wer sich hinter »Klaus« verbarg und umgekehrt sollte auch Klaus Wengler seinen neuen Schützling kennen lernen. Schließlich sollte die Beziehung zwischen der Zentrale in Berlin und IM »Brede« keine Risse bekommen. Eine weitere Begegnung im Ausland fand im schwedischen Malmö statt, zu der Klaus von Raussendorff gemeinsam mit seinem Instrukteur Draeger von Kopenhagen aus anreiste und dort auf die Ostberliner MfS-Offiziere Klaus Wengler und Bernhard Schorm traf. Alle verfügten über gefälschte Ausweispapiere und bedienten sich unterschiedlicher Klarnamen.

Trotz der stets problemlosen Kontaktaufnahmen kam es einmal zu einer Panikreaktion Klaus von Raussendorffs. Er fühlte sich enttarnt. In seiner Not benutzte er das erste und einzige Mal das Geheimschreibpapier aus seinem Agenten-Fundus. Mit Hilfe eines weißen, dünnen DIN-A5-Blattes, das zwischen zwei normale Blätter gelegt wurde, übertrug sich ein mit Bleistift geschriebener Text auf der ersten Seite unsichtbar auf das unterste Blatt. Anschließend konnte diese Seite normal mit einem unverfänglichen Text beschrieben werden.

In einer Art Abschiedsbrief berichtete Klaus von Raussendorff seinem Führungsoffizier, dass er den Eindruck habe, abgehört zu werden. Fremde Geräusche aus einem Lautsprecher in seiner Wohnung lösten diese Befürchtungen aus. Die Reaktion der DDR-Geheimdienstzentrale kam prompt. Sie forderte ihn auf, sofort nach Berlin zu kommen. In Ostberlin gelang es den »Betreuern« erst einmal, den Spitzenagenten zu beruhigen. Bei diesem Treffen lernte Klaus von Raussendorff einen weiteren, für ihn bis dahin unbekannten MfS-Mitarbeiter kennen: »Werner« alias Dr. Werner Roitzsch. Obwohl die MfS-Oberen ihrer Bonner Quelle die Furcht vor einer Enttarnung nehmen konnten und die Situation als nicht gefährlich einschätzten, blieben sie nicht tatenlos. Ein Ehepaar aus der DDR, das innerhalb der Bundesrepublik die Betreuung von Klaus von Raussendorff übernehmen sollte und bereits eingeschleust war, wurde Hals über Kopf nach Ostberlin zurückbeordert. Aus Sicherheitsgründen – so die MfS-Planung – sollte die Instrukteursverbindung zu Paul Draeger eigentlich durch die Residentur in der Bundesrepublik ersetzt werden. Doch nach diesem Vorfall blieb alles wie gehabt: Draeger leistete auch weiterhin die effiziente Verbindungsarbeit. Die tatsächlichen Ursachen der Geräusche in von Raussendorffs Wohnung blieben jedoch ungeklärt.

17. Kontinuität

Kurz vor seiner Abreise nach Edinburgh, wohin er aus Bonn als Wirtschaftssachbearbeiter und Leiter der Passstelle versetzt wurde, ließ sich Ludwig Pauli im Februar 1970 von seiner zweiten Ehefrau scheiden. Wieder war er allein. Abwechslung in diese Einsamkeit brachten vor allem die Besuche seines Instrukteurs »Hans«, der alle drei bis vier Monate nach Schottland reiste. Ihm gab er weiter, was es weiterzugeben gab.

In SIRA finden sich aus der Zeit seines Aufenthaltes in Edinburgh dreihundertzwölf Eintragungen. Darin enthalten sind jeweils mehrere Seiten umfassende Berichte zu den unterschiedlichsten Themen. So unter anderem:

- »Westdeutsche Einschätzung des Charakters und der Bedeutung der Moskauer Absichtserklärung« (Juni 1971).
- »Ergebnisse der politischen Konsultationen zwischen den Außenministern der EG-Staaten am 13. und 14. Mai 1971 zu den Fragen einer Europäischen Sicherheitskonferenz« (Juli 1971).
- »Zur Frage der Anerkennung der DDR und ihrer Konsequenzen, Stand April 1971«.
- »Ausstellung von westdeutschen Pässen an Bürger der DDR im Ausland«.

Ein Beispiel der besonderen Art war: »Die Werbung und die Öffentlichkeitsarbeit der Bundesregierung für die Olympischen Spiele München 1972« (Juni 1971). Ein weiteres Dokument, das möglicherweise vom Bundesamt für Verfassungsschutz stammte und einhundertdreiundvierzig Seiten umfasste (vom September 1973), enthielt Hinweise über »Die politisch radikalen Ausländergruppen in der BRD«. Eine Richtlinie des Bonner Auswärtigen Amtes gab Informationen über »das Verhalten von BRD-Institutionen, -Organisationen und -Personen gegenüber der DDR im Ausland« wieder. Eine andere Richtlinie machte »Angaben über die Gestaltung von Arbeitskontakten der Ständigen Vertretung der DDR mit dem Bonner Auswärtigen Amt«. Außerdem wanderten »Ergebnisse der Reise Präsident Nixons in die Sowjetunion Anfang Juni 1974« oder des »Besuchs Außenminister Scheels in den USA vom 15.–20.2.1971« in die Hände des DDR-Geheimdienstes. Knapp achtzig Hefte des »Blauen« und »Gelben Dienstes«, die alle ein bis zwei Monate erscheinenden Veröffentlichungen aus der Zentrale und den Auslandsvertretungen, schickte Ludwig Pauli ebenfalls nach Ostberlin und ermöglichte dem Geheimdienst damit einen detaillierten Überblick der bundesdeutschen Einschätzungen, Haltungen und Vorlagen zu aktuellen außenpolitischen Fragen.

1974 entschied die IM-Führung um »Adler«, die Instrukteursverbindung zu erweitern. Bei einem Sondertreffen in Amsterdam wurde Ludwig Pauli daher eine junge Frau, »Jaqueline«, als Mitarbeiterin der HV A vorgestellt. »Jaqueline« sollte im Wechsel mit »Hans« Kurier- und Instrukteursaufgaben übernehmen. Gleichzeitig verbarg sich hinter dieser Idee noch eine zweite, weitaus persönlichere Ebene. Über die dienstlichen Kontakte hinaus, so der Auftrag der gutaussehenden jungen Frau, sollte sie mit Ludwig Pauli eine intime Beziehung aufbauen. Der hatte nämlich vermehrt seinem Instrukteur gegenüber geklagt, dass es ihm an der Fähigkeit mangelte, Frauenbeziehungen aufzubauen und aufrechtzuerhalten. Die beiden erfolglosen Eheversuche hatten »Adler« zunehmend verunsichert. Deshalb sollten sich »Adler« und »Jaqueline« einmal näher kennenlernen und fuhren gemeinsam nach Holland, wo sie einen Kurzurlaub miteinander verbrachten. Es schien ganz gut zwischen den beiden zu laufen, weshalb die Treffen zwischen »Hans« und Ludwig Pauli seltener wurden. »Jaqueline« übernahm mehr und mehr dessen Aufgaben. Dennoch ging die Rechnung der Berliner Zentrale nicht auf. Ludwig Pauli und »Jaqueline« als zukünftiges Ehepaar – das passte dann doch nicht. Sie war Ludwig Pauli angeblich zu selbstbewusst und zu dominant, außerdem hatten beide unterschiedliche Lebensauffassungen. Spätestens nach einem weiteren gemeinsamen Urlaub in Österreich war das beiden klar. Ab diesem Zeitpunkt traf sich das ungleiche Paar nur noch zu dienstlichen Verabredungen. Die Verbindung zwischen »Jaqueline« und »Hans«, den beiden Instrukteuren, lief ebenfalls nicht wie erwartet. Spannungen und Unsicherheiten belasteten das Klima. Oftmals wussten beide nicht, welche Aufträge dem einen oder anderen gegeben worden waren. Ab 1983 kehrte wieder Ruhe ein – »Hans« blieb alleiniger Instrukteur und »Jaqueline« ging. Zum nächsten Einsatz.

*

An eine andere Auslandsvertretung in Großbritannien wechselte Hagen Blau im November 1971. Mit der Berufung an die Deutsche Botschaft in London zog er mit Frau und Kindern in die britische Metropole.

Als persönlicher Referent des Botschafters Karl Günter von Hase hatte Hagen Blau Zugang zu fast allen wichtigen Informationen, die seinen Vorgesetzten erreichten oder von ihm verschickt wurden. Er nahm an täglichen Morgenbesprechungen der Beamten des höheren Dienstes teil, in denen unter anderem auch der Militärattaché und der Vertreter des Bundesnachrichtendienstes (BND) anwesend waren. Dabei wurde die politische Lage erörtert und bewertet sowie Stellungnahmen der Londoner Botschaft vorbereitet. Blau erfuhr dadurch Details über die Fortschritte der politischen Entwicklung, insbesondere in Bezug auf die anstehenden Verhandlungen des Vereinigten Königsreiches, in die EG aufgenommen zu werden. Als Referent hatte er den Überblick über alle Termine und

Veranstaltungen des Botschafters sowie die Aufsicht über das Botschaftssekretariat und die Zusammenarbeit mit den übrigen Abteilungen. Wichtige Telegramme, die an den Botschafter gingen beziehungsweise von den einzelnen Abteilungen zur Kenntnis vorgelegt wurden, gingen über seinen Tisch. Auch die Vorbereitung, Organisation und Durchführung des Staatsbesuchs von Bundespräsident Gustav Heinemann in London vom 24. bis 27. Oktober 1972 verantwortete Hagen Blau. Dabei lag die Gesamtkoordination des Besuchs in seinen Händen, die nicht nur die zeremonielle Vorbereitung umfasste, sondern darüber hinaus auch die politische Akzentuierung. Ab 1973 fanden in London laufend Verhandlungen zwischen Großbritannien, USA und der Bundesrepublik über die gemeinsame Strategie bei den anlaufenden MBFR-Verhandlungen statt, die zwischen Nato und Warschauer Pakt über eine beidseitige und ausgewogene Truppenverminderung in Mitteleuropa vorgesehen waren. Sie wurden nach der englischen Bezeichnung »Mutual Balances Force Reduction«, abgekürzt MBFR, benannt. Wie sich zeigen sollte, kam damit ein langwieriger und komplizierter Prozess in Gang, an dem Hagen Blau bereits während seiner Entstehung hier in London teilnehmen konnte. Sein brisantes Wissen darüber war für die DDR von hohem Interesse. Durch die regelmäßige Mitarbeit und die Lektüre der ein- und ausgehenden Schriftstücke zu diesem Komplex hatte er einen sehr genauen Kenntnisstand über die Positionen der drei wichtigsten westlichen Hauptbeteiligten an den Verhandlungen. Auch über den weiteren Verlauf der MBFR-Verhandlungen konnte er sich – und damit auch seine Auftraggeber in Ostberlin – auf seinen weiteren beruflichen Stationen über botschaftsinterne Mitteilungen auf dem Laufenden halten.

Der deutsche Botschafter in London erkannte in seinem persönlichen Referenten einen Menschen mit vielen Talenten, die er geschickt einzusetzen wusste. Neben einer ausgeprägten Gabe, sehr schnell das Wichtige vom Unwichtigen zu trennen, das Gelesene im Gedächtnis zu behalten und den wesentlichen Inhalt zu erfassen und zu analysieren war Hagen Blau darüber hinaus ein fleißiger und außerordentlich engagierter Mitarbeiter.

Ab Anfang November 1972 – nach einem Jahr als persönlicher Referent des Botschafters in London – wechselte Hagen Blau in das politische Referat der deutschen Vertretung. Dort war er zuständig für den gesamten europäischen Komplex, die WEU sowie Japan und Lateinamerika. Die europäische Integration und die britischen Beziehungen zu den Staaten Westeuropas standen innerhalb seines Arbeitsgebietes im Mittelpunkt. Vor allem in der Phase der Neuverhandlung des britischen Beitritts war er sehr aktiv an allen wichtigen Verhandlungen zu diesem Thema beteiligt. Die in Brüssel geführten Beitrittsverhandlungen – auch über eine EG-Mitgliedschaft von Dänemark und Irland – konnten im Herbst 1971 erfolgreich abgeschlossen und die Beitrittsurkunden im Januar 1972 unterzeichnet werden. Zum 1. Januar 1973 wurde der Beitritt Großbritanniens zur EG beschlossen. Nach dem Regierungswechsel in Großbritannien im Frühjahr 1974 – Harold Wilson löste Edward Heath als Premierminister ab – begannen Nachverhandlungen. In einer Volksabstimmung im Juni 1975 stimmte die Mehrheit der Briten dem EG-Beitritt endgültig zu.

Hagen Blau war über den Stand der Verhandlungen immer sehr gut informiert, ebenso über die Vorstellungen der deutschen Seite. Wegen seiner hervorragenden Kenntnisse auf diesem Gebiet nannten ihn die Kollegen in der Londoner Botschaft gern »Mister Europe«.

Zu seinen weiteren Aufgaben im Politischen Referat der Bonner Vertretung gehörten Angelegenheiten der Europäischen Politischen Zusammenarbeit (EPZ), der britischen Beziehungen zu den Ländern Ost- und Südostasiens sowie der Ost-West-Beziehungen. Wichtige politische Weichen wurden durch die Bonner Ostverträge mit der Sowjetunion und

Polen – im Mai 1972 ratifiziert – gestellt. Gleiches galt für den Grundlagenvertrag mit der DDR vom Dezember 1972.

Die Arbeit im Politischen Referat war für Hagen Blau die bisher interessanteste und befriedigendste Aufgabe im Auswärtigen Amt. In ihr ging er völlig auf. Die Beziehungen Großbritanniens zur EG, die Europapolitik, KSZE- und MBFR-Verhandlungen – dies alles waren Bereiche, die er inhaltlich voll unterstützte. Sie waren auf ein größeres Europa und auf die Überwindung des Ost-West-Gegensatzes gerichtet und gleichzeitig für den DDR-Geheimdienst von höchstem Informationswert.

Diese positiven politischen Entwicklungen in Europa blieben nicht ohne Wirkung bei Hagen Blau. Zunehmend häufiger stellte sich der West-Agent des MfS die Frage, welchen Sinn seine Informations- und Materiallieferungen überhaupt noch hatten. Als eine Antwort auf diesen Zweifel spürte Hagen Blau, dass sich seine ehemals hochideologische Motivation deutlich verringert hatte. Am liebsten hätte er sich seinem Vorgesetzten, Botschafter Karl Günter von Hase, anvertraut und damit seinem Doppelleben ein Ende bereitet. Gleichzeitig war ihm klar, dass ein noch so verständnisvoller Vorgesetzter es nicht verhindern könnte, dass er seinen geliebten Beruf verlieren würde, für den er sich voll und ganz einsetzte und für den er selbst seine Familie vernachlässigte. Außerdem hätte er gerade ihr damit sehr geschadet. Die Kinder waren noch klein, sie brauchten ein geordnetes Familienleben und keine Katastrophen. Ganz abgesehen davon, dass eine Offenbarung bei seinem Vorgesetzten für Hagen Blau gleichzeitig einen zweiten »Verrat«, nämlich dem Ministerium für Staatssicherheit gegenüber, bedeutet hätte. Diese Konsequenz wollte Hagen Blau ebenfalls nicht tragen. Deshalb beschloss er, die Gewissenskonflikte, den Stress der Geheimnistuerei und die Angst vor Enttarnung weiterhin zu ertragen.

Dennoch suchte sich sein Inneres einen Weg, um den Druck

und den Zwiespalt aushalten zu können. Vermehrt verlangte es nach Beruhigung, nach einem Mittel, das Linderung versprach und für kurze Zeit auch brachte. Ein solches Mittel war für ihn der regelmäßige und zunehmende Konsum guten Weins und anderer alkoholischer Getränke. Auf diese Weise hoffte Hagen Blau, seine Versagensängste, Gefühle der Überforderung, die Zweifel und den Zwiespalt zumindest für eine Weile wieder unter Kontrolle zu halten. Rein äußerlich funktionierte er in der altbekannten Weise: in seinem Auftreten und seiner Reaktionsfähigkeit, im Denken und Verfassen von Texten zeigte er sich unverändert erfolgreich und sicher. Dennoch bemerkten seine Vorgesetzten und Mitarbeiter schon bald, was sich im Arbeitszimmer Hagen Blaus gut sortiert und versteckt befand. Sie bekamen auch mit, dass er bereits während seiner Dienstzeit in der Londoner Botschaft von seinen Vorräten ausgiebigen Gebrauch machte. Auch dann, wenn es keine Gäste zu bewirten gab und er allein in seinem Zimmer war. Irgendwann sickerten dann Berichte über seine Vorliebe für Alkoholisches bis in die Zentrale nach Bonn durch. Auch in Ostberlin wurde man irgendwann auf die Probleme des Topspions aufmerksam.

Für das Ministerium für Staatssicherheit war die Reise seines Instrukteurs nach Großbritannien stets mit hohen Sicherheitsrisiken verbunden, da es an der Grenze eine strikte, gut funktionierende Reisekontrolle gab. Nur in größeren Zeitabständen, etwa alle drei bis vier Monate, sah Hagen Blau seinen Kontaktmann. Sie trafen sich im Hyde Park, im Kensington Park, an der St. Paul's Cathedral und auf dem Trafalgar Square. Manchmal fuhren die beiden anschließend aufs Land. Stets hatte Hagen Blau den Eindruck, dass sich sein Instrukteur dabei besonders unwohl fühlte. Einmal, während einer Autofahrt, wurde der Besucher aus Ostdeutschland so nervös und unruhig – obwohl IM »Merten« keineswegs ein rasanter Fahrer war –, dass er ausstieg und zur Beruhigung eine Runde an der frischen Luft drehte. Die Gründe für diese Unruhe blieben jedoch im Dunkeln.

In der Londoner Anfangszeit übernahm der Instrukteur pro Treffen jeweils zwei bis drei belichtete Filme für die Auftraggeber in Ostberlin. Nach dem Wechsel ins Politische Referat nahm die Materialfülle noch zu: vier bis fünf Filme mit je fünfzig Aufnahmen belichtete Hagen Blau. Ein in Chelsea gekauftes, britisches und antikes Holzkästchen, reich mit Intarsienarbeiten verziert und einem abschraubbaren Boden versehen, diente ihm als Geheimversteck für das Filmmaterial. Sein nervöser Instrukteur hatte es für ihn erworben.

In seinen mündlichen Berichten für das MfS bemühte sich Hagen Blau darum, die deutsche und westliche Haltung zu untermauern, indem er grundsätzliche Aufzeichnungen und Meinungen festhielt und weitergab. Er bewertete die Europapolitik als gut und richtig. Notizen, die er zur Vorbereitung der Tagesordnung für in London stattfindende Konferenzen der Botschafter der EG-Länder für den Botschafter zu erstellen hatte, sammelte er für gemeinsame Treffen und stellte die schriftlich festgehaltenen Konferenzergebnisse dem MfS zur Verfügung. Auch die Differenzen zwischen den EG-Partnern interessierten den DDR-Geheimdienst. Vor allem zählten dazu die Erkenntnisse über die MBFR-Verhandlungen sowie über die Verhandlungen der KSZE-Konferenz, die im Juli 1973 in Helsinki begannen.

In die London-Zeit fiel auch ein außergewöhnliches Treffen in der Nähe Ostberlins. Hagen Blau wurde dort dem Leiter der HV A, Markus Wolf, vorgestellt. Wolf, Chef der DDR-Auslandsspionage, wollte den Topagenten gern persönlich kennenlernen. In dem zwanzig Minuten dauernden Gespräch dankte der oberste Geheimdienstler dem Diplomaten der Bundesrepublik Deutschland für seine hervorragende Arbeit. Besonders die Informationen, die Hagen Blau während seines Aufenthaltes im Bonner Pressereferat weitergegeben habe, seien für ihn von besonderer Bedeutung gewesen. Dadurch sei er in der Lage gewesen, Einfluss auf die Haltung des Politbüros zu nehmen und zum erfolgreichen Abschluss der Ostverträge beizutragen. Wolf betonte, dass sich Hagen Blau nicht als Spion sehen solle, sondern als »unser Mann« und »unser Berater«. Der wiederum war überrascht, in Markus Wolf einen klugen, abwägenden und gemäßigt politisch denkenden Menschen anzutreffen, der so gar nicht in die allgemeine Vorstellung eines ideologisch besessenen Offiziers des DDR-Geheimdienstes passte.

Am Beispiel der hochbrisanten MBFR-Verhandlungen lässt sich gut dokumentieren, was der Ostberliner Geheimdienst unter anderem durch Hagen Blau erfahren hat:

- »Bericht über die Einleitung der multilateralen Explorationsphase« (18 Blatt)
- »Einladung zu multilateralen MBFR-Explorationen« (47 Blatt)
- »Streitkräftebeschränkungen, Kontrollmaßnahmen, NATO-Richtlinienpapier« (79 Blatt)
- »Studie der Luftstreitkräfte« (70 Blatt)
- »Verfahrensfragen, Richtlinienpapier (17 Blatt) sowie Angaben zum Teilnehmerkreis« (49 Blatt)
- »Reduzierungsgebiet, Streitkräftebeschränkungen« (79 Blatt)
- »Verhandlungsposition der NATO« (38 Blatt + 120 Blatt)
- »Vorbereitung und Beginn der Verhandlungen« (66 Blatt)
- »Britische Haltung« (77 Blatt)
- »Stabilisierende Maßnahmen, Rahmenvorschläge« (56 Blatt)
- »Verifikation stabilisierender Maßnahmen« (19 Blatt)
- »NATO-Konzeption, Verhandlungen mit Bundesrepublik, UdSSR, Kanada, Niederlande, USA, Belgien« (21 Blatt)
- »Tagesordnungspunkte und Teilnehmer der Verhandlungen im März / April 1973« (33 Blatt)
- »Vierergespräch, Flankenstaaten, Stabilisierende Maßnah-

men, gemeinsame Streitkräftehöchstgrenzen, Reduzierungskonzept« (96 Blatt)

- »MBFR-Sitzung der Ad-hoc-Gruppe am 6. März 1973« (20 Blatt)
- »Konsultationen USA, Großbritannien, Bundesrepublik« (6 Blatt)
- »Rahmenvorschläge, gemeinsame Streitkräftehöchstgrenzen, Europa-Vorbehalt« (68 Blatt)
- »Verhandlungen 2. Sitzungsperiode« (71 Blatt)
- »Reduzierungskonzept 2. Phase« (92 Blatt)
- »Verhandlungen 2. Sitzungsperiode, Luftstreitkräfte, Aufklärung, Krisenplanung, Vorwarnzeit« (76 Blatt)
- »Verhandlungen 3. Sitzungsperiode«
- »Verbindung zwischen MBFR und KSZE« (32 Blatt)
- »Gemeinsame Streitkräftehöchstgrenzen, Datenbasis, Kontrollmaßnahmen« (59 Blatt)
- »4. Sitzungsperiode, Flankenschutzformel« (117 Blatt)
- »4. Sitzungsperiode, Trilaterale Konsultationen USA/Bundesrepublik/Großbritannien« (22 Blatt)
- »4. Verhandlungsrunde, Symbolische Reduzierungen, Abkommenentwurf vom 6.11.1973« (76 Blatt)
- »5. Verhandlungsrunde« (120 Blatt)

Darüber hinaus lagen dem MfS Dokumentenabzüge von Hagen Blau vor, die sich mit der Europäischen Union und deren Mitgliedstaaten, mit Großbritannien im Allgemeinen, der WEU, der KSZE, der NATO sowie mit Afrika befassten.

Während seines London-Aufenthaltes war Hagen Blau als Westagent besonders fleißig in der Weitergabe von abgelichteten Dokumenten und in der mündlichen Berichterstattung wichtiger Ereignisse. Die SIRA-Daten zeigen folgende beeindruckende Zahlen: Insgesamt wurden zweihundertvierundvierzig Eingangsinformationen, bei denen es sich um zwanzig Berichte und zweihundertvierundzwanzig Dokumentenablichtungen handelte, in der SIRA-Teildatenbank 12 verzeichnet. Insgesamt waren es annähernd sechstausend Blatt, die Blau für das MfS sammelte.

Zweihundertfünfundsechzig sogenannte Ausgangsinformationen erstellte die Auswertungsabteilung des MfS noch zusätzlich auf der Grundlage des Datenmaterials ihrer Westagenten in diesem Zeitraum. In diese zu besonders wichtigen Themenkomplexen zusammengestellten Analysen flossen auch die Materialien anderer Agenten, unter anderem Klaus von Raussendorff, mit ein.

Hagen Blau verließ London mit gemischten Gefühlen: er hatte dabei sein können, als Großbritannien Mitglied der Europäischen Gemeinschaft wurde. Er war froh und erleichtert, dass die erste Phase der KSZE-Verhandlungen erfolgreich enden würde. Eine aufregende und gute Zeit lag hinter ihm. Trotzdem: er fühlte Erleichterung bei dem Gedanken, Europa für einige Zeit den Rücken zu kehren und sich dem Zugriff des MfS für einige Zeit entziehen zu können. Japan sollte ein zweites Mal sein Ziel sein.

*

Ab Juni 1975 siedelte die Familie Blau wieder nach Tokio um. Als Leiter des politischen Referats in der Deutschen Botschaft konnte Hagen Blau an wichtiger Stelle agieren. Leider gestaltete sich der Aufenthalt nicht so erfreulich, wie zunächst erhofft. Die Zusammenarbeit mit seinen Vorgesetzten war alles andere als harmonisch. Es gab sowohl politische als auch persönliche Differenzen, die sich auch auf Dauer nicht abbauen ließen. Zu dieser angespannten Situation hatte auch eine Reaktion Blaus in einer Morgenbesprechung der Botschaft beigetragen. Dabei bemerkte der Botschafter in seiner ersten Mitarbeiterbesprechung recht flapsig, den »Japsen« zeigen zu wollen, wo es langginge. Die zwanzig anwesenden Mitarbeiter hatten sich nach dieser Bemerkung in betretendes Schweigen gehüllt. Hagen Blau äußerte spontan seine Zweifel, ob dies für die künftige Tätigkeit des neuen Botschafters die geeignete Form einer Annäherung an den Gastgeber sei. Sein Vorgesetzter vergaß diese Zurechtweisung nicht – zumindest herrschte zwischen beiden fortan ein spürbar kühles Klima.

Sein Aufgabengebiet in Tokio umfasste allgemeine Fragen der japanischen Außenpolitik, der Beziehungen Japans zu den Vereinigten Staaten von Amerika, zur UdSSR und zur Volksrepublik China. Außerdem ging es um die japanische Sicherheits- und Verteidigungspolitik, Abrüstung und Rüstungskontrolle und die Beziehungen Japans zu Osteuropa einschließlich der DDR. Hinzu kamen politische Fragen zum Verhältnis Japans zur Europäischen Gemeinschaft und zu westeuropäischen Ländern sowie die deutsch-japanischen Beziehungen. Im Bereich der japanischen Innenpolitik war Blau zuständig für die Beobachtung der Vorgänge in der Regierungspartei LDP. Als Leiter des politischen Referats der deutschen Botschaft erhielt Hagen Blau Kenntnis über Fernschreiben anderer Botschaften, die für die Botschaft in Tokio von Interesse sein konnten. Weiterhin lagen ihm Informationsmaterialien aus dem Auswärtigen Amt zu aktuellen politischen Fragen vor sowie Sammlungen von Berichten, die von allgemeinem Interesse für den auswärtigen Dienst waren.

Blau erhielt alle politisch relevanten Informationen und erstellte auch selbst wichtige Vorgänge innerhalb der Botschaft. Er führte in relativer Selbstständigkeit Gespräche mit den japanischen Behörden, besonders dem japanischen Auswärtigen Amt. Er hielt vielfältige Verbindungen zu Kollegen in anderen Botschaften, insbesondere zu denjenigen, die der Europäischen Gemeinschaft oder dem Atlantischen Bündnis angehörten. Der Zugang zu Verschlusssachen ermöglichte ihm die Einschätzung der Vorhaben und durchzuführenden Aktionen der Bundesrepublik in außen- und innenpolitischen Bereichen. In internen Beratungen spielten sicherheitspolitische Vorgänge eine große Rolle. Die Präsenz der sowjetischen Streitkräfte, vor allem der sowjetischen Flotte im Pazifik, war ständig Gegenstand der Beobachtungen. Besonders die von Bundeskanzler Helmut Schmidt veranlasste Beteiligung der japanischen Regierung an sicherheitspolitischen Konzepten des Westens waren wiederholt Gegenstand der internen Beratungen. Insgesamt waren die Morgenbesprechungen gekennzeichnet durch den detaillierten Austausch vorhandener Erkenntnisse, an denen neben den verantwortlichen Botschaftsangehörigen noch der Verteidigungsattaché sowie ein Vertreter des BND teilnahmen.

Aktiv und fleißig und mit der japanischen Polit-Szene gut vertraut, so zeigte sich der Diplomat zunächst auch hier in Tokio seinen Vorgesetzten und Kollegen.

1977 wurden Risse im äußerlich tadellosen und engagierten Bild des Diplomaten thematisiert. In einer routinemäßigen Personalbesprechung erklärte man dem Erfolgsverwöhnten, dass seine Leistungen nicht mehr befriedigend seien. Begründet wurde dies damit, dass seine schriftlichen und mündlichen Darstellungen verschwommen und ausweichend wirkten, er Haupt- und Nebensachen nicht richtig einschätze und konkrete Aufträge nicht erwartungsgemäß erledige. Man äußerte die Sorge, dass dieses Verhalten auch den dienstlichen Umgang mit japanischen Partnern bestimmen könnte. Aus diesen Gründen wurden erste Zweifel laut, ob Hagen Blau den wichtigen Platz, den er hier innehabe, auch wirklich ausfüllen könne.

Das war ein harter Schlag ins Gesicht des Diplomaten. Natürlich wehrte sich Blau dagegen, akzeptierte die Kritik nicht und verwies auf die Einschätzung seiner Arbeit durch frühere Vorgesetzte. Am Ende erhielt er die Zusage, in Zukunft so eingesetzt und beteiligt zu werden, wie es seiner Stellung als Leiter des politischen Referats entspreche. Also viel Wind um nichts?

Das Personalgespräch hatte zumindest noch einen anderen wichtigen Punkt getroffen. Auf die direkte Frage, ob er sich in einer persönlichen Krise befinden würde, die Labilität, Unzuverlässigkeit und vermehrten Alkoholgenuss erzeuge, reagierte Hagen Blau empört und abwehrend. Er wies die Frage entgegen besseren Wissens weit von sich.

Ob es das unbefriedigende Verhältnis zu seinem Vorgesetzten war oder persönliche familiäre Probleme – Hagen Blau hatte sich verändert. Zunehmend isolierte und distanzierte er sich innerlich von seiner Familie und suchte parallel nach einem neuen, eigenen und unabhängigeren Leben. Dazu passte, dass er eine ernste und andauernde Liebesaffäre begann.

Mit dem Ministerium für Staatssicherheit hatte Hagen Blau, wie von ihm beabsichtigt, zu dieser Zeit wenig Kontakt. Der Aufwand, den ein häufigeres Treffen in Japan erforderte, war angeblich zu hoch und erschien dem MfS zu riskant, da dieses ferne und fremde Land die Instrukteure vor zusätzliche Unwägbarkeiten stellte. Insgesamt gab es vier Treffen in Tokio im halbjährlichen Abstand. Zweimal wurde Material außerhalb Japans weitergegeben, nämlich 1976 während eines Urlaubs mit seiner neuen Liebe in Hongkong und im Juli 1977 in Stockholm.

Vor allem interessierten das MfS seine Einschätzungen zur Entwicklung in der Volksrepublik China sowie zu den Kontakten zwischen China und den westlichen Ländern einschließlich Japan. Durch die vorhandenen Informationen und seine detaillierten Kenntnisse über Ostasien konnte Hagen Blau wertvolle Analysen und Bewertungen nach Ostberlin weitergeben. Bei einem Treffen in Tokio überließ er seinem Kontaktmann Dokumente, die dieser dann – schweißüberströmt vor Aufregung – in seinem Hotelzimmer abfotografierte. Aus Sicherheitsgründen musste Hagen Blau seine eigene Kamera vor seiner Versetzung nach Tokio an den Führungsoffizier übergeben.

Im Juli 1977 traf der Leiter des Politischen Referats der Deutschen Botschaft in Japan in Stockholm ein, um sich mit dem großen und dem kleinen »Werner«, Oberstleutnant Roitzsch und Oberst Großmann, zu treffen. Es ging um seine weitere berufliche Perspektive, vor allem um eine Rückversetzung in die Bonner Zentrale. Außerdem wurde kontrovers politisch diskutiert. Aber Stockholm blieb aus einem anderen Grunde als ein besonderes Ereignis in seinem Gedächtnis haften. Hagen Blau und die beiden »Werner« hatten sich just in dem Haus getroffen, vor dem Markus Wolf einige Wochen später erstmalig von einem Fotografen aufgenommen worden war. Das Foto ging weltweit durch die Presse. Das hinterließ Spuren bei den MfS-Organisatoren. Sie fürchteten eine Observation des Hauses bereits zum Zeitpunkt des Dreier-Treffens, sodass auch sie potentiell in Gefahr waren, enttarnt zu werden. Aber Hagen Blau hatte keinerlei Auffälligkeiten bei seinem Aufenthalt in Stockholm bemerkt und beschwichtigte damit die besorgten Genossen aus der DDR. Trotzdem erhielt er die Anweisung, nach seiner Rückkehr in Tokio sofort alle Hilfsmittel zu vernichten und sorgfältig aufzupassen, ob es eine Beobachtung gebe oder sonstige ungewöhnliche Vorkommnisse auftreten würden. Dazu gehörte auch, darauf zu achten, ob ihm möglicherweise Akten vorenthalten würden. Erst nach einer sicheren Entwarnung sollte Hagen Blau wieder Kontakt mit den MfS-Betreuern aufnehmen.

Was dieser Zeitpunkt eine verpasste Gelegenheit für IM »Merten«, aus dem Geheimdienstgeschäft auszusteigen? Er hätte die Unsicherheit des MfS für sich nutzen und sich hinter – wenn auch vorgeschobenen – hohen Sicherheitsrisiken verbergen können. Wer hätte das überprüfen können? Seine ursprünglich politisch motivierte Basis der Zusammenarbeit mit dem MfS geriet immer mehr ins Wanken. Die DDR als idealer sozialistischer Vorzeigestaat existierte für ihn nicht mehr. Der Aufenthalt in Tokio hatte wiederholt Zweifel am Sinn seines

Tuns – seines Verrats – in ihm aufkommen lassen. Nur zu gern hätte er mit diesem verborgenen Teil seines Lebens abgeschlossen. Trotzdem wagte es Hagen Blau nicht, die günstige Gelegenheit nach der Unruhe von Stockholm zu nutzen und mit der Spionagearbeit abzuschließen. War die Motivation doch nicht stark genug oder hatten ihn der »kleine« und der »große« Werner wieder aufgerichtet und erneut an das MfS gebunden? Fürchtete Hagen Blau die Macht und die Methoden des Geheimdienstes im Falle seines Ausstiegs? Wie konkret waren seine Informationen und Erfahrungen dazu? Was auch immer ihn bewog weiterzumachen: er wollte in jedem Fall einen persönlichen Neuanfang wagen, seit er sich in eine junge Japanerin neu verliebt und sie von sich und einem gemeinsamen Leben hatte überzeugen können. Dafür benötigte er jedoch nicht nur den Erhalt seiner offiziellen beruflichen Stellung, sondern auch die damit verbundene materielle Sicherheit. Deshalb – so darf vermutet werden – das Festhalten an Bestehendem.

Die SIRA-Eintragungen bestätigen einen Rückgang der Informationsflut des IM »Merten« in der Zeit von 1976 bis 1977 aus der Deutschen Botschaft in Japan. Knapp dreißig Eintragungen mit inhaltlichen Schwerpunkten zu Japan, Vietnam, Nordkorea, Laos und Kuba, Südostasien und China sind verzeichnet. Ein Eintrag enthält die Haltung der Bundesrepublik zur Realisierung der KSZE-Schlussakte, Berichte des Auswärtigen Amtes zu MBFR und SALT sowie zur Rüstungszusammenarbeit in der NATO und Probleme der NATO-Südflanke. Vorwiegend waren es Informationen aus wertvollem dokumentarischem Material, die in SIRA gespeichert wurden.

Jeweils einmal pro Jahr – im Mai 1976 und März 1977 – wurden acht beziehungsweise zwölf Informationen, die insgesamt zwischen zweihundert und dreihundert Seiten umfassten, in SIRA als Eingang vermerkt. Aus den Monaten Oktober und November 1976 stammten jeweils zwei Informationen, die möglicherweise während des Treffens mit dem Instrukteur in

Hongkong weitergegeben worden waren. Auch in der zweiten Jahreshälfte 1977 gab es in der Datenbank nur wenig zu verzeichnen – zwei Einträge mit insgesamt vierzehn Seiten Umfang – wobei aber nicht außer Acht gelassen werden darf, dass der Vorfall in Stockholm alle Beteiligten zur Vorsicht mahnte. Erst mit dem Wechsel Hagen Blaus auf einen neuen Posten in Wien wurde der Ertrag wieder reicher.

*

Während Hagen Blau also zunächst noch im Fernen Osten blieb, verschlug es Klaus von Raussendorff nach Westen. Die französische Hauptstadt Paris lockte mit neuen Herausforderungen. Klaus von Raussendorff wurde zur ständigen Vertretung der Bundesrepublik bei der OECD (Organization for Economic Cooperation and Development), der Organisation für wirtschaftliche Zusammenarbeit und Entwicklung, versetzt. Zu seinen Aufgaben als Leiter des Referats 7 gehörte die Mitarbeit im Umwelt- und Energieausschuss der OECD und die Betreuung der Beziehungen zu Ölerzeugerländern und Ölverbraucherländern. Außerdem bearbeitete er Grundsatzfragen der Energiepolitik. Gleichzeitig übernahm der ehrgeizige von Raussendorff den Vorsitz im Personalrat der Deutschen Botschaft in Paris.

Die Freude über den Wechsel nach Paris hielt sich in der Ostberliner Geheimdienstzentrale in Grenzen. Die künftigen nachrichtendienstlichen Früchte ihres Topagenten wurden als nicht ergiebig eingeschätzt. Doch nach wie vor traf sich Klaus von Raussendorff jährlich drei- bis viermal mit seinem Instrukteur Paul Draeger, der ihm auftragsgemäß die thematischen Schwerpunkte der gewünschten Informationen weitergab. Zwei bis drei belichtete Minox-Filme wurden in der Regel übergeben und im Gegenzug dafür jeweils eintausend DM gezahlt. Arbeitsergebnisse und finanzielle Zuwendungen hatten sich den neuen Bedingungen angepasst – beides wurde reduziert. Paul Draeger übermittelte an Klaus von Raussendorff die dringende Bitte aus Ostberlin, sich um eine ergiebigere Stelle innerhalb der Botschaft oder an eine ganz andere Vertretung des Auswärtigen Amtes zu bemühen.

Entsprechende Einträge zeigen auch die SIRA-Daten aus den Jahren seines Paris-Aufenthaltes von 1978 bis 1980. Es sind lediglich dreißig als wichtig erachtete Eingangsinformationen verzeichnet, die erstmalig auch Auskunft über die von der Auswertungsabteilung VII der HV A vorgenommenen Einschätzungen zum Material-Wert geben. Der größte Teil der Informationen war demnach nur von geringem und mittlerem Wert (Einstufung III und II), lediglich eine Information, das Informationsblatt »Blauer Dienst« wurde mit Stufe »I«, das heißt als bedeutungsvoll eingeschätzt. Die Inhalte bezogen sich auf Energieinvestitionen, Energiereserven, Energiebeziehungen und Erdöl im Speziellen sowie zur OECD im Allgemeinen. Der »Blaue Dienst« enthielt Interna unter anderem über die Wahl der Bundesrepublik in die UN-Menschenrechtskommission, Probleme der deutschen Staatsangehörigkeit im Verhältnis zu Drittstaaten, EG-Leitlinien für Exportkredite, (West)Berlin im Kulturaustausch mit Warschauer-Pakt-Staaten, die internationale Energiesituation und die amerikanisch-sowjetischen Verhandlungen über Flottenbegrenzungen im Iindischen Ozean.

Im dänischen Odense begegnete Klaus von Raussendorff im Frühjahr 1980 neben seinen bekannten Auftraggebern wieder einmal einem neuen Gesicht aus der MfS-Zentrale: Siegfried Kern. Klaus Wengler, jahrelanger Ansprechpartner und Vertrauter Klaus von Raussendorffs, war 1979 im Alter von achtunddreißig Jahren an Krebs gestorben. In der Zwischenzeit hatte Werner Roitzsch die operative Arbeit in Ostberlin übernommen, bis Siegfried Kern als der passende neue Führungsmann gefunden worden war. Am 14. Februar 1980 – so die SIRA-

Datenbank 21 – übernahm Siegfried Kern offiziell die Funktion des Führungsoffiziers zum IM-Vorgang »Brede«. Beim Kennenlernen in Dänemark erfuhr der Westagent erstmals, dass er bereits seit Anfang der siebziger Jahre als sogenannter Offizier im besonderen Einsatz (OibE) im MfS geführt wurde, und zwar im Range eines Hauptmanns. Beim geheimen Treffen in Dänemark erhielt er nun die Beförderung zum Major.

*

Durchschnittlich alle vier Jahre verließ Ludwig Pauli Freunde und Bekannte, seine Wohnung, den Ort und die Stätte seiner Arbeit. Wiederholt hatte er sich in neue Arbeitsgebiete einzuarbeiten, neue Arbeitskollegen und Vorgesetzte kennenzulernen, andere Sprachen zu sprechen. Bei allen neuen Reizen, die ein Aufenthalt auf Zeit an einem Ort mit sich bringt, für Ludwig Pauli brachte ein solches Leben auch Einsamkeit. Konstanten in seinem Leben bildeten allein die Kontakte nach Berlin, wo er seine Mutter wusste und jene Menschen des Geheimdienstes, die sich um ihn kümmerten.

Von November 1974 bis April 1978 hielt sich Ludwig Pauli in Palermo auf Sizilien auf. Obwohl im Auswärtigen Amt Überlegungen angestellt wurden, das Konsulat zu schließen, verbrachte Pauli doch vier Jahre dort. An diesem Ort lernte er auch eine zehn Jahre ältere Dame aus Freiburg kennen, mit der er sich trotz zuweilen großer räumlicher Distanz im Laufe der Jahre auf eine Beziehung einlassen konnte.

Zu dieser Zeit fanden etwa jedes Vierteljahr wechselnde Treffen mit »Hans« oder »Jacqueline« statt. Bei Führungstreffen in Ostberlin war neben »Hans« vor allem Werner Roitzsch anwesend, der während eines Moskau-Aufenthaltes von Bernhard Schorm dessen Vertretung übernommen hatte. Werner Roitzsch und Ludwig Pauli – zwischen diesen beiden Männern entstand nicht Verbundenheit und das Vertrauen, die Ludwig Pauli zuvor bei Bernhard Schorm schätzen gelernt hatte. Werner Roitzsch fackelte nicht lange und war von schonungsloser Direktheit. Ihm ging es darum, dass Aufträge erfüllt wurden. In Ostberlin war man mit den Lieferungen des Agenten nicht mehr zufrieden. Es schien, als würde er immer wieder Dokumente gleichen Inhalts oder belangloser Art liefern.

Von einhundertneunzig Eintragungen in der SIRA-Teildatenbank 12 aus der Zeit seines Aufenthaltes in Palermo betrafen über fünfzig die Lieferungen der »Blauen« und »Gelben Dienste« des Auswärtigen Amtes. Darüber hinaus hatte Ludwig Pauli Dokumente speziell zu Italien weitergegeben, zum Beispiel zur Zusammenarbeit der Bundesrepublik und Italiens, zur inneren Lage in Italien, den politischen Jahresbericht Italien 1974, Differenzen zwischen Frankreich und Italien, regionale Partnerschaften der DDR und Italiens sowie Berichte zur innenpolitischen Entwicklung und Situation Italiens.

*

Die Ermahnungen der HV A fruchteten bei dem nächsten Einsatz in Großbritannien umso mehr, die Unzufriedenheiten waren wie weggewischt. Ab Mai 1978 hielt sich Ludwig Pauli im deutschen Konsulat in Liverpool auf, wo er Kanzler und Sachbearbeiter für die Kultur- und Öffentlichkeitsarbeit wurde. Gleichzeitig erhielt er als Verbindungsmann zwischen den deutschen und den britischen Sicherheitsbehörden am Flughafen unmittelbaren Einblick in die dortigen Sicherheitsvorkehrungen, vor allem gegenüber terroristischen Angriffen.

Für wichtig erachtet und durchschnittlich mit einer »II« eingeschätzt wurden in der SIRA-Teildatenbank 14 im Zeitraum 1980 bis 1983 zahlreiche Hinweise gespeichert, unter anderem:

- zu Abwehr- und Sicherheitsmaßnahmen im Auswärtigen Amt,
- zum Geheimschutz,
- zu Reisebeschränkungen,
- zu einem Geheimnisträger in der Auslandsvertretung der DDR und dem Auswärtigen Amt,
- zum Bundeskriminalamt, Hauptabteilung 2, mit dem Zusatz »Einsatz Sicherheitsinspektor, Überprüfung Zusammenarbeit«,
- zum Bundesamt für Verfassungsschutz mit dem Zusatz »Pers.-Überprüfung, Pässe, Ausweise«.

Teilweise erhielt auch der sowjetische Vertreter innerhalb der HV A Kenntnis dieser von »Adler« beschafften brisanten Informationen.

Von »Hans«, seinem Instrukteur, hatte Ludwig Pauli den Hinweis erhalten, dass bundesdeutsche Sicherheitsbehörden das Personal in Auslandsvertretungen überprüfen würden. Tatsächlich hatten an einigen Tagen zwei Mitarbeiter des Bundesamtes für Verfassungsschutz unter anderem die gesamten Passakten in Liverpool durchforstet. Was sie fanden, hatte zumindest zu diesem Zeitpunkt noch keine Auswirkungen auf Ludwig Paulis Karriere.

An noch etwas anderem war die HV A im Falle Ludwig Paulis sehr interessiert und wurde auch an dieser Stelle bestens von ihm bedient. Pauli saß an einer exponierten Stelle in seiner Behörde, wodurch die HV A ausführliche Auskünfte über den grenzüberschreitenden Reiseverkehr, über benötigte Papiere, Pässe und Vorschriften erhielt. Darüber hinaus beschaffte der Agent umfassende Informationen rund ums Anmeldewesen, das allgemeine Aufenthaltsrecht, Hinweise zu Reisepässen und deren Verweigerung und Anerkennung in Afrika, Amerika, Europa, dem Nahen und Fernen Osten – solche Informationen hatten unschätzbaren Wert und erhielten mit der Stufe »I« die höchste Bewertung. Zu diesem Themenkomplex gab es annähernd einhundertfünfzig Eintragungen in der SIRA-Teildatenbank 13.

Informationen zu außen- und innenpolitischen, wirtschafts- und militärpolitischen Ereignissen des Operationsgebietes – die Teildatenbank 12 gab zweihundertfünfzig Vermerke zu Paulis Materiallieferungen aus Liverpool frei. Über einhundertzwanzig Eintragungen betrafen die bereits erwähnten »Blauen« oder »Gelben Dienste« des Auswärtigen Amtes. Die Informationsquelle sprudelte nach den dürftigen italienischen Jahren wieder kräftig.

*

Eine vorzeitige Versetzung Hagen Blaus im Mai 1978 erfolgte auf Betreiben des Botschafters in Tokio. Er hatte sich auf diese Weise eines Problems entledigt. Für Hagen Blau ging es jedoch nicht zurück nach Bonn, um eine Stellvertretende Referatsleitung zu übernehmen, worauf der Diplomat innerhalb seiner Beamtenlaufbahn Anspruch gehabt hätte. Stattdessen zog die Familie, gemeinsam mit der japanischen Freundin, die sich nach außen um Haushalt und Kinder kümmerte, nach Wien. Als persönliches Ziel hatte sich der Weltreisende gesetzt, seine verworrenen privaten Angelegenheiten schnellstmöglich zu regeln. Die Kinder verließen bald die Schule und wurden selbstständig, die Scheidung war in die Wege zu leiten und das neue Zusammenleben vorzubereiten.

Im Referat für Presse- und Öffentlichkeitsarbeit der Deutschen Botschaft in Wien war Hagen Blau in erster Linie für die Kontakte zu österreichischen Medien zuständig, um einerseits Einschätzungen und Reaktionen der inländischen Presse, Radio und Fernsehen zu erfahren und gleichzeitig die deutsche Außenpolitik den österreichischen Medienvertretern möglichst verständlich und positiv nahe zu bringen.

Der enge Kontakt zu österreichischen Journalisten brachte es mit sich, dass er Redakteure und Korrespondenten der Zeitungen, Rundfunksender und des ORF kannte, sie öfter besuchte und im kleinen Kreis mit ihnen zu speisen pflegte. Ebenso leistete er Beziehungsarbeit zu den Korrespondenten deutscher Medien, denn alle großen deutschen Radio- und Fernsehanstalten sowie die überregionalen Zeitungen waren in Wien vertreten. Die österreichische Hauptstadt war aufgrund ihrer geografischen Nähe auch der Mittelpunkt für die Berichterstattung deutscher Medien über die politische Lage in den Balkanländern, sodass auch zu den Korrespondenten, die nur über diesen Bereich berichteten, der Kontakt zu halten war. Über die zahlreichen Gespräche mit den Medienleuten berichtete Hagen Blau regelmäßig seinen Vorgesetzten in der Deutschen Botschaft. Ebenso gab er regelmäßig eine Darstellung des Pressebildes in Österreich während der Botschaftsbesprechung ab. Zu den Teilnehmern an diesen Pressebesprechungen gehörten auch der Verteidigungsattaché und der Repräsentant des BND. Alle sprachen und diskutierten offen. Besonders bei heiklen Themen wurden der Militärattaché und der BND-Vertreter noch einmal auf die Notwendigkeit der Verschwiegenheit hingewiesen.

Der Pressereferent nahm an allen wichtigen Besprechungen der Botschaft teil und hatte dadurch einen aktuellen Stand der deutsch-österreichischen Beziehungen und wusste über die Verhältnisse in den Balkanländern und über die in Wien geführten MBFR-Verhandlungen bestens Bescheid. Diese Verhandlungen wurden von einer selbstständigen Delegation des Auswärtigen Amtes geführt, die hierüber die Botschaft laufend unterrichtete. Informationen darüber erhielt Hagen Blau aber auch unmittelbar von den Mitgliedern der Delegation, mit denen er sich gelegentlich zu Gesprächen verabredete. Zusätzlich – dreimal jährlich, jeweils nach Abschluss der dreimonatigen Verhandlungsperiode – wurden Berichte der Botschaft in Wien übermittelt und gaben über Inhalt und den Stand der Verhandlungen exklusive Auskünfte. Natürlich standen ihm auch die botschaftsinternen Informationsschriften »Gelber Dienst« und »Blauer Dienst« sowie Hintergrundmaterial der Zentrale zur Verfügung.

Das Persönlichkeitsprofil Hagen Blaus, unter anderem seine hohe Intelligenz mit der besonderen Begabung zur Analyse und Präzision, war in Wien unbestritten. Vor allem die gute Qualität seiner Berichte, speziell über die österreichische Innenpolitik, wurde von seinen Vorgesetzten sehr geschätzt. Die sehr guten Informationsquellen, die sich Hagen Blau während seiner Anwesenheit in Wien aufbauen konnte, waren dabei wesentliche Stütze. Nach wie vor engagierte er sich für seine Arbeit weit über Gebühr.

Doch auch die andere Seite seiner Persönlichkeit, die ihn im Verlauf seiner Karriere schon oft behindert hatte, trat in Wien schnell zutage. Hagen Blau galt als »schwierig«. Es schien, als bewegte er sich zunehmend in einer eigenen Welt. Er konnte schnell aufbrausend werden, wenn ihm etwas gegen den Strich ging. Er wirkte dann unversöhnlich und unnachgiebig. Ein Zusammenhang zwischen diesem Verhalten und den Auswirkungen seiner Abhängigkeit vom Alkohol liegt nahe. Die berufliche Leistungsfähigkeit soll darunter jedoch nicht gelitten haben. Der Botschafter in Wien hielt weiterhin zu seinem Mann im Pressereferat.

Das Ministerium für Staatssicherheit meldete sich unmittelbar nach seiner Versetzung nach Wien ebenfalls wieder bei Hagen Blau. Diesmal war es ein neuer Kontaktmann, der ihn in seinem neuen Domizil aufsuchte und ihm Grüße aus Ostberlin überbrachte. Mit »Peter« alias Klaus Peter Pforte, einem Ostberliner Mathematiklehrer und Hauptamtlichen Inoffiziellen Mitarbeiter (HIM), traf sich der Pressereferent etwa viermal im Jahr an verschiedenen Orten in Wien: im Stadtpark, vor dem Burgtheater, am Schwarzenbergplatz, am Karlsplatz.

Sie führten längere gemeinsame Gespräche, gingen zum Heurigen oder gemeinsam Mittagessen. Allerdings entwickelte sich zwischen Hagen Blau und »Peter« kein allzu gutes Verhältnis. Zu seiner Erleichterung wurde »Peter«, nach einer befürchteten Enttarnung, ab Anfang der achtziger Jahre von »Volker« abgelöst, der ab diesem Zeitpunkt sein ständiger Treffpartner blieb.

Zwanzig Jahre nach der »Werbung« des IM »Merten« waren lediglich Werner Großmann und Werner Roitzsch konstante Ansprechpartner des MfS für Hagen Blau gewesen. Allzu oft gab es Wechsel seiner unmittelbaren Kontaktperson, des Instrukteurs. Das MfS war bei jedem eingesetzten Westagenten mit dem Problem konfrontiert, den »passenden« Instrukteur zu finden. Erst mit »Volker« sollte diese Suche im Fall von Hagen Blau von Erfolg gekrönt sein.

IM »Merten« und »Volker« trafen sich in Wien, unter anderem in der Kärntner Straße vor der Staatsoper, gingen essen und tauschten Informationen und Materialien aus. 1980 reiste Hagen Blau nach Zagreb, wo er neben seinem Instrukteur auch wieder mit Werner Großmann und Werner Roitzsch zusammentraf. Nach der Wiederaufnahme des Kontaktes in Wien schien Hagen Blau durchaus wieder motiviert zu sein, Verratsmaterial zu liefern. Immerhin konnten ab Mai 1978 bis Ende 1978 über achthundert Seiten registriert werden. Kurz vor dem Wechsel des Instrukteurs »Peter« verringerte sich die Informationslieferung erheblich, um dann ab 1980 wieder kontinuierlich anzusteigen. Möglicherweise trug damit das Treffen Blaus mit »Volker« und den beiden »Werner« in Zagreb erneut Früchte.

Während seines Wien-Aufenthaltes kam es zu weitreichenden familiären Veränderungen. Die Ehe mit der Mutter seiner beiden Söhne wurde 1982 geschieden. Trotzdem wohnte er bis zu seiner Versetzung in die Zentrale nach Bonn im Juli 1982 weiterhin bei seiner Familie. Innerlich der Ehefrau und den

Kindern entfremdet, ohne eigene persönliche Freunde, hatte sich Hagen Blau seit dem Japan-Aufenthalt immer mehr in seine eigene Welt zurückgezogen, in die er niemandem Einblick gewährte. Berufliche Betriebsamkeit, der starke Alkoholkonsum und die Beziehung zu seiner japanischen Freundin dienten ihm als Ablenkung.

18. Höhen und Tiefen

Nachdem Hagen Blau ein Jahr zuvor Österreich verlassen hatte, wechselte Ludwig Pauli von Liverpool an die Botschaft
nach Salzburg. Er übernahm die Aufgaben des Luftsicherheits-
beauftragten und bearbeitete Rechts- und Konsular- sowie
Staatsangehörigkeits- und Familienangelegenheiten.

Meistens trafen sich Ludwig Pauli und sein Instrukteur
»Hans« vor dem Geburtshaus Mozarts. Pauli beobachtete des
Öfteren, dass »Hans« dort besonders vorsichtig und ängstlich
war. »Hans« bestand stets darauf, dass Pauli seinen Wagen an
den Treffabenden auf keinen Fall vor dem nahe gelegenen Generalkonsulat parken sollte. Die Absprache galt, dass Pauli,
sobald er seine Selbstkontrolle durchgeführt hatte und alles in
Ordnung fand, sich für den in sicherer Distanz wartenden
»Hans« über die Haare streichen sollte. Trafen die beiden anschließend zusammen, sah sich »Hans« immer noch auffallend
oft um und vergewisserte sich wiederholt, ob Pauli auch wirklich nichts beobachtet habe. Erst in der geschützten Umgebung
der privaten Wohnung Ludwig Paulis konnte sich »Hans« ent-
spannen. Nach einigen beinahe freundschaftlichen Gesprächen fotografierte er schließlich die zum Teil sehr wichtigen
Dokumente.

Ein großes Interesse des DDR-Geheimdienstes bestand
weiterhin an Informationen aus westdeutschen Quellen über
Bestimmungen und Einschränkungen bei Reisen ins Ausland.
Aber auch zu Fragen der Einwanderungsproblematik und
Asylpolitik gab es unmittelbaren Bedarf. Denn im Oktober
1986 wurde dem Zustrom von Asylbewerbern, die über den
Flughafen Schönefeld nach Westberlin weiterreisen wollten,
von Seiten der DDR ein Riegel vorgeschoben. Ausländer, die
über die DDR in die Bundesrepublik einreisen wollten, be-
nötigten nun ein Anschlussvisum.

Die von Pauli gelieferten Informationen aus Salzburg beinhalteten unter anderem Bestimmungen zu Aufenthaltsgenehmigungen, zu Asyl- und Visaanträgen und deren Genehmigung, zur Einwanderung und Anmeldung von Personen in Österreich und Mitteleuropa, zu Einreise-Flüchtlingen in Österreich, zu Abschiebung, Personenfeststellung und Fahndungsregistern. Mit der Einschätzung »I« – sehr wichtig – wurden folgende Einträge in SIRA festgehalten:

- »BMI hält Verwaltungspraxis, BRD-RP (Reisepass) für DDR-Bürger bei Urlaubsreisen mit einer Gültigkeitsdauer von 5 Jahren auszustellen, nicht für sinnvoll. Ausstellungszeitraum soll vielmehr den Erfordernissen der beabsichtigten Reise angemessen werden. Ausstellung für max. Gültigkeit von 5 Jahren dann, wenn DDR-Bürger darauf besteht«, oder
- »Nach Einführung neuartiger Reisepässe wird für die Antragsbearbeitung bei Auslandsanträgen infolge der zentralen Ausstellung mit Fristen bis 8 Wochen gerechnet«.

Solche und ähnliche Hinweise waren für die HV A deshalb bedeutsam, weil die Reisen der Instrukteure oder Führungsoffiziere ins westliche Ausland oder die Bundesrepublik mit – zwar gefälschten, aber dennoch – landesgerechten Pässen erfolgten. Für deren korrekte Ausstellung war ab 1983 Werner Roitzsch zuständig, der die stellvertretende Leitung der Abteilung VI innerhalb der HV A übernommen hatte. Diese Abteilung steuerte den operativen Reiseverkehr des MfS aus der DDR in das gesamte westliche Ausland. Roitzsch benötigte daher dringend – gerade auch in der Zeit, als ein neuer Personalausweis in der Bundesrepublik eingeführt wurde – rechtzeitig möglichst umfangreiche Informationen über die gültigen Papiere.

*

Entsprechend den Versetzungswünschen des DDR-Geheimdienstes schaffte es Klaus von Raussendorff tatsächlich, ab Juli 1980 wieder an die Bonner Zentrale des Auswärtigen Amtes zurückzukehren. Seine Materiallieferungen aus Bonn vor seiner Versetzung nach Paris waren seinerzeit ja hoch geschätzt. Als Stellvertretender Leiter des Referats 104 bearbeitete er nun deutsche Personalien in internationalen Organisationen. Er bemühte sich um die Verbesserung der deutschen Personalquote in den einzelnen Organisationen, wie NATO, Westeuropäische Union (WEU), der Europäischen Gemeinschaften (EG) und sonstigen europäischen Organisationen. Außerdem hatte er Grundsatzfragen der deutschen Arbeitskräfte in den Organisationen zu bearbeiten. Dabei ging es in erster Linie um Entsendung, Ausgleichszahlungen und Sozialversicherung des deutschen Personals in internationalen Organisationen. Zusätzlich gehörte zu seinem Aufgabengebiet die Beratung, Vermittlung und die Betreuung der Ausbildungsprogramme für deutsche Nachwuchskräfte sowie das Dienstrecht des internationalen Personals.

Daran konnte das MfS kein besonderes Interesse haben. Hatte sich Klaus von Raussendorff nicht ernsthaft genug um eine – im Sinne des MfS – ergiebigere Tätigkeit bemüht? Dennoch übergab er im Abstand von etwa drei Monaten fleißig seine drei bis vier Filmrollen und kassierte dafür die jeweils eintausend bis eintausenddreihundert DM.

Zwischen vierhundert und sechshundert Blatt umfassten laut SIRA die jährlichen Informationslieferungen im Zeitraum von 1981 bis 1986. Damit hatten die zusammengetragenen Dokumente einen Gesamtumfang von annähernd dreitausend Blatt.

Auch wenn von Raussendorff nicht mehr unmittelbar an exponierter Stelle saß, ermöglichten zumindest die amtsinternen Informationsdienste, seine Auftraggeber in Ostberlin dennoch auf dem Laufenden zu halten. Die Einschätzungen der Wertigkeit des gelieferten Materials lagen größtenteils in den beiden obersten Kategorien (I und II).

Bei einem Spitzentreff in Ostberlin im Jahr 1985 wurde IM »Brede« erneut mit einem Verdienstorden dekoriert – diesmal von Markus Wolf persönlich. Überhaupt wurde der Topagent im Lauf seiner zweiunddreißigjährigen Agentenkarriere häufig und hoch dekoriert, und immer wieder auch mit zusätzlichen Geldprämien bedacht. Verdienstorden und finanzielle Zuwendungen waren nicht nur eine Belohnung für Geleistetes, vielmehr auch Anreiz, Motivation, in Zukunft wieder hochwertigeres Material zu liefern. Denn eigentlich war die Ostberliner Führungsriege gar nicht erfreut über den Aufgabenbereich im Bonner Referat 104. Vor allem forderten die MfS-Leute Klaus von Raussendorff wiederholt auf, Personendossiers, also Charakteristiken von Vorgesetzten, Kollegen und Mitarbeitern aus seinem näheren Umfeld anzufertigen. Wenn schon keine politischen Informationen flossen, dann doch zumindest solche über das Innenleben des Auswärtigen Amtes, über Personen aus dem beruflichen Umfeld. Der Bitte seiner Auftraggeber entsprach Klaus von Raussendorff nach vorliegenden Informationen nicht mehr. Er begründete seine ablehnende Haltung damit, dass die Zeit vorbei sei, in der man jemanden davon überzeugen könne, auf diese Art und Weise etwas für den Frieden tun zu müssen.

Seit Mitte der achtziger Jahre zeichnete sich bei Klaus von Raussendorff ohnehin eine Entwicklung ab, die bei seinen Gesprächspartnern in Ostberlin Befremden erzeugte. Wiederholt äußerte er die Idee, dass die illegale Kundschaftertätigkeit besser durch einen offenen politischen Meinungsaustausch ersetzt werden solle. Diese illusionären Überlegungen, die jeglicher Geheimdienstarbeit widersprachen, konnten die Männer des Ministeriums für Staatssicherheit nicht akzeptieren. Markus Wolf, Bernhard Schorm, Siegfried Kern – sie waren alle zutiefst enttäuscht von der Wandlung des IM »Brede«.

Möglicherweise hatte Klaus von Raussendorff noch aus einem anderen Grund Bedenken bekommen. Fürchtete er die Risiken einer Enttarnung oder gar Verhaftung? Kurz zuvor hatte die Flucht von Sonja Lüneburg, Sekretärin des Wirtschaftsministers Bangemann und eingeschleuste Agentin des MfS, in die DDR für höchste Aufregung in Bonner Regierungskreisen gesorgt. Wenig später, am 24. August 1985, wurde Margarete Höke, ebenfalls Inoffizielle Mitarbeiterin des MfS und Sekretärin im Bundespräsidialamt, festgenommen. Außerdem war Hans-Joachim Tiedge, Gruppenleiter der Spionageabwehr im Kölner Amt für Verfassungsschutz, in die DDR übergelaufen und sorgte für entsprechenden Wirbel in der bundesdeutschen Spionageabwehr. Der Boden unter Klaus von Raussendorffs Füßen brannte in dieser Zeit also lichterloh.

*

Als stellvertretender Leiter des Referats 341 (Ostasien-Referat) war Hagen Blau in Bonn für »sein Land« Japan sowie für Nord- und Südkorea zuständig. Hier konnte er eingreifen, etwas tun. Denn während seines Aufenthaltes in Tokio hatte er mangelnde Initiativen der Zentrale des Auswärtigen Amtes häufig beklagt. Nun saß er selbst an entscheidender Stelle und setzte sich für eine Verbesserung der Zusammenarbeit zwischen der Zentrale und der Botschaft in Japan ein. Zu seinen Aufgaben gehörte es, die politische, wirtschaftliche, militärische und kulturelle Entwicklung der ostasiatischen Länder im Auge zu behalten und für die deutsche Politik Konzepte zu entwickeln und umzusetzen. Auch hier galt es wieder, Besuche von Ministern, des Bundeskanzlers und des Bundespräsidenten in den ostasiatischen Ländern vorzubereiten sowie die Besuche maßgeblicher Persönlichkeiten aus diesen Ländern in der Bundesrepublik zu betreuen. Dazu bereitete er detaillierte

Unterlagen vor, die seinen Vorgesetzten für die zu führenden Gespräche wesentliche Informationen lieferten, beispielsweise Vorschläge zur zweckmäßigen Führung der Gespräche oder Übersichten über Werdegang und Persönlichkeit des zu erwartenden Gesprächspartners. Konkret erstellte Hagen Blau die Gesprächsmappen für die Besuche des Bundeskanzlers in Japan, des japanischen Außenministers Abe im Januar 1986 und des südkoreanischen Präsidenten Chun-Doo-Hwan im April 1986 in Bonn sowie für den Besuch des chinesischen Ministerpräsidenten Zhao Ziyang im Juni 1985 in Bonn. Der größte Teil seiner Arbeitszeit verging mit Besuchsvorbereitungen sowie dem Entwerfen von Reden und Ansprachen.

Hintergrundinformationen dazu erhielt Hagen Blau im Wesentlichen aus drei Quellen: den Berichten der Botschaften aus Tokio, Peking, Seoul sowie aus Fernschreiben aus dem NATO-Situations-Center vom Bundesnachrichtendienst in Pullach. Vor allem die Vorgänge in der Volksrepublik China waren für ihn von Interesse.

Den im Oktober 1982 vollzogenen Regierungswechsel zu einer christlich-liberalen Regierung unter Helmut Kohl beobachtete Hagen Blau voller Skepsis. Vor allem befürchtete er Änderungen in der Ost- und Verteidigungspolitik. Aus diesem Grunde erinnerte er sich wieder verstärkt sozialistischer Ideen, die er glaubte, mit seinen Kontakten zum MfS auffrischen und verwirklichen zu können. Es gab wieder häufigere Kontakte mit »Volker«, die alle zwei bis drei Monate jeweils samstags, meist in Köln auf der Domplatte, am Barbarossaplatz oder in Düsseldorf auf dem Platz vor dem Theater, stattfanden. Mit einer Kleinstbildkamera fotografierte Hagen Blau zu Hause Unterlagen über China, Japan, die Sowjetunion sowie den wesentlichen Inhalt der Gesprächsmappen. Auf vier bis fünf Filmen pro Treffen mit jeweils zirka fünfzig Aufnahmen, deren Inhalt er bei den Zusammenkünften mit »Volker« kurz erläuterte, hielt er Wesentliches für den DDR-Geheimdienst fest.

Rückfragen aus Ostberlin, die sich dort ergeben hatten und an ihn durch den Instrukteur beim nächsten Treffen übermittelt wurden, beantwortete er bereitwillig. Auch hier kamen ihm sein gut funktionierendes Gedächtnis und sein analytisches Denken zugute. Zur Aufbewahrung des konspirativen Materials stand ihm nunmehr ein unauffälliger Karteikasten mit herausnehmbarem Boden zur Verfügung.

Für das Ministerium für Staatssicherheit war es von großem Vorteil, aufgrund der weitergegebenen Dokumente und Berichte mehr über die Absichten und Darstellungen des Auswärtigen Amtes zu erfahren. Dennoch zeigten die Oberen des MfS erstmals Ungeduld Hagen Blau gegenüber, hofften sie doch, dass seinem schnellen Aufstieg in die politische Spitze nichts mehr im Wege stehen würde.

Obwohl Hagen Blau zu Beginn seiner Tätigkeit im Ostasien-Referat in Bonn den Idealen des Sozialismus wieder aufgeschlossener gegenüberstand, belastete ihn doch zunehmend die Verpflichtung gegenüber dem MfS. Er fühlte den steten Widerspruch in sich, die an ihn gerichteten Erwartungen hinsichtlich der Informationslieferungen sowie seiner Karriere innerhalb des Auswärtigen Amtes nicht erfüllen zu können. Sein Gewissen beruhigte er damit, dass er den stets hungrigen Rachen des MfS auch mit Unwichtigem stopfen konnte, so dass er zumindest quantitativ die Bedürfnisse seiner Ostberliner Auftraggeber stillen konnte. In seiner Position gab es seiner Auffassung nach einfach keine prekären »Geheimnisse« zu verraten.

Unter diesem Druck und ohne verfügbare konkrete Handlungsalternativen, griff Hagen Blau auf Bewährtes zurück: zur Flasche. Um einer Konfrontation aus dem Wege zu gehen, ließ er sogar ein geplantes Treffen in Ostberlin nicht zustande kommen. Doch war das wirklich die Lösung?

Privat setzte Hagen Blau den lange geplanten Neubeginn endlich in die Tat um. Ende Januar 1983, nach einem halben

Jahr in Bonn, heiratete er seine japanische Freundin. Innere Zerrissenheit, Selbstzweifel, Schuldgefühle, Angst und Sorge – die Verbindung zu seiner Frau und die Perspektive eines Neuanfangs ließen diese bedrückenden Gefühle zumindest zeitweilig in den Hintergrund treten.

Die heute feststellbaren Informationslieferungen des IM »Merten« aus der Bonner Zeit von Juli 1982 bis Mai 1986 sind von hohem nachrichtendienstlichen Wert. Gehen wir allein vom Verratsumfang aus – von der Anzahl der Dokumente –, war er in dieser Zeit ein überaus fleißiger Agent. Über vierhundert Eintragungen sind in der SIRA-Teildatenbank 12 verzeichnet.

Aus dem Jahr 1982 wurden Informationen in SIRA eingegeben, die mehr als achthundert Blatt (sechzig Eintragungen) umfassten. Davon wurden sechs Informationseintragungen mit der Note I – sehr wertvoll, achtunddreißig Eintragungen mit der Note II und sechzehn Eintragungen mit der Note III eingeschätzt. Inhaltlich umfassten die Dokumente im Wesentlichen sämtliche Hinweise über die Politik Chinas sowie dessen Kontakte ins Ausland und aus dem Ausland. Mit der Einstufung I wurden zum Beispiel Dokumente bewertet, die die Beziehung der Bundesrepublik zur Volksrepublik China, die Beziehungen zwischen China und der UdSSR, zwischen China und Japan sowie zwischen der DDR und China beinhalteten.

Ein statistischer Überblick über die Lieferungen von IM »Merten« aus diesem Zeitraum zeigt Erstaunliches. Die Bewertungen der in SIRA eingespeisten Informationen zeigen, dass es sich durchaus nicht um »Unwichtiges« gehandelt haben kann, wie Hagen Blau behauptete. Über sechzig Prozent wurden mit der zweithöchsten Einschätzung versehen und knapp zwanzig Prozent sogar mit der höchsten Wertigkeit belohnt. Dazu kommt die sehr hohe Seitenanzahl der Dokumentenlieferungen. Es sind über fünftausend Blatt aus der Zeit im Bonner Ostasien-Referat, von denen jedes einzelne Blatt ausgewählt, abfotografiert und auf Filmmaterial festgehalten werden musste – dann weit reiste – entwickelt, gelesen und analysiert, vervielfältigt, ausgewertet und in SIRA eingegeben wurde.

*

Welche Informationen gab schließlich Lilli Pöttrich in der Zeit ihrer ersten beruflichen Schritte im auswärtigen Dienst an den Geheimdienst weiter? Die Agentin glaubt rückblickend, dass für das Ministerium nicht sonderlich viel dabei herausgekommen sein kann. Hauptsächlich übermittelte sie Charakterisierungen von Personen aus ihrem Umfeld und Beschreibungen der Ausbildungsabschnitte, die zu einem großen Teil vermutlich schon bekannt waren. Wichtige oder gar verwertbare Informationen hatte sie nicht zu bieten, so ihre Einschätzung.

Aus den uns vorliegenden, in der SIRA-Teildatenbank 12 gespeicherten Informationen können wir rekonstruieren, dass Lilli Pöttrich bereits in ihrer praktischen Ausbildungszeit im Referat 412 Interna weitergegeben haben muss. Die erste umfassendere und für wichtig erachtete Information gelangte im Februar 1984 zur Eingabe in die Abteilung VII, die Auswertungsabteilung. Es handelte sich dabei um Hinweise aus einem früheren Zeitraum (April 1983), in der es um die Schaffung einer Europäischen Technologiegemeinschaft ging. Weitere Informationen betrafen Ereignisse vom Januar, Februar, Mai, Juli und Oktober 1984, die erst im Oktober 1984 vom Führungsoffizier gebündelt zur Eingabe in die Datenbank weitergegeben wurden. Aus dieser Zeit stammten insgesamt fünfzig Blatt, die archiviert wurden. Inhaltlich handelte es sich bei ihnen um:

- »Informationen über den grenzüberschreitenden Datenverkehr« (Januar 1984),

- »Dokumente und Bericht über die Frühjahrskonferenz der NATO-Verteidigungsminister« (Mai und Oktober 1984),
- »den Richtlinienentwurf über die Information und Anhörung der Arbeitnehmer von Unternehmen mit komplexer, insbesondere transnationaler Struktur« (Juli 1984).

Die vorgenommenen Einschätzungen der Auswertungsabteilung wurden nach ihrem Informationswert mit einer »II« eingestuft.

In der Zeit zwischen Oktober 1984 und November 1985 klafft eine auffallende Lücke, in der IM »Angelika« alias Lilli Pöttrich keine Informationen weitergegeben hatte – zumindest keine, die für die HV A zur Eingabe in die SIRA-Datenbank wichtig genug waren. Ob sie sich gegen Ende ihrer Ausbildung und in der ersten Zeit der Übernahme eines eigenen Verantwortungsbereichs durch Zurückhaltung absichern wollte, muss Spekulation bleiben. Erst nach ihrer Versetzung ins Referat 416 in der Zeit von Oktober 1985 bis Oktober 1986, in dem sie sich mit internationalen wirtschafts- und währungspolitischen Fragen beschäftigte, gab sie wieder interessant erscheinende Informationen an die HV A weiter. In diesem Zeitraum war sie so aktiv wie noch nie zuvor.

Bei dem gelieferten Material handelte es sich um Diskussionspapiere, Gesprächsauszüge, um Berichte über Besprechungen, Erklärungen, Entwürfe, Auszüge aus Berichten, Informationen und Reden sowie um Mitteilungen per Fernschreiben, die sie abfotografierte und weitergab. Inhaltlich ging es unter anderem um Gespräche, Reden und Treffen von Außenminister Genscher, unter anderem mit dem US-amerikanischen Außenminister Schultz am 14. Dezember 1985, dem japanischen Außenminister am 22. Januar 1986, dem Besuch in der Sowjetunion im Juli 1986 und um Fragen zum Internationalen Währungssystem, der Internationalen Währungskonferenz, dem Weltwirtschaftsgipfel in Tokio, um Verschuldungsdiskussionen, um Vorbereitungspapiere für die OECD-Tagung in Paris im März 1986, um Hintergrundinformationen zu Besuchen des Staatssekretärs von Würzen oder des Bundesministers Dr. Wallmann in Washington im Juli 1986 sowie des Bundespräsidenten im Oktober 1986 in den USA.

In der Teildatenbank 13 mit Hinweisen zur »Aufklärung der Regimeverhältnisse im Operationsgebiet« fanden sich zu IM »Angelika« zwei Eintragungen. Im Jahr 1979 muss sie Angaben über ein »Objekt« in »Düsseldorf« zur juristischen Qualifizierung und Berufsausbildung speziell in der Bundesrepublik und Nordrhein-Westfalen gemacht haben. Zu dieser Zeit absolvierte sie ihre Referendarausbildung beim Oberlandesgericht in Düsseldorf. 1985 war sie in der Bonner Zentrale im Referat 416 eingesetzt. Aus dieser Zeit stammten Hinweise über Zollkontrollen in Mitteleuropa und Luxemburg, die die HV A für wichtig hielt.

In der Teildatenbank 14 finden sich Informationen zu den Aktivitäten und Erkenntnissen gegnerischer Geheimdienste, beispielsweise dem Bundesamt für Verfassungsschutz oder Sicherheitsvorkehrungen im Auswärtigen Amt. Während ihrer Überbrückungszeit für die Bewerbung ins Auswärtige Amt hatte Lilli Pöttrich 1982 Erkenntnisse über Werbung und Personal, die sich auf die Objekte Bundesamt für Verfassungsschutz, Landesamt für Verfassungsschutz sowie das Landesamt für Verfassungsschutz Nordrhein-Westfalen bezogen, weitergegeben. Aus dem Jahr 1986 gibt es einen Eintrag in der Datenbank 14, der darauf schließen lässt, dass Lilli Pöttrich bestimmte Informationen zu Sicherheitsüberprüfungen im Auswärtigen Amt weitergegeben hat. Damals hatte sie sich selbst einer solchen unterziehen müssen, bevor sie zur Bearbeitung von »Geheim-Papieren« ermächtigt wurde. Die Bedeutung dieser Hinweise für die HV A wurde als »wichtig« (II) eingeschätzt. Aus demselben Jahr und mit der gleichen Wertigkeit eingeschätzt stammte eine Information zu einem Mitarbeiter in leitender Funktion im Objekt Bundesnachrichtendienst. Zwei weitere Einträge, ebenfalls aus dem Jahr 1986 und mit »II« bewertet, betreffen ein Attentat gegen einen Diplomaten, zu dem Lilli Pöttrich einen Stimmungsbericht und Unterlagen zum Personenschutz von Diplomaten, Kontrollen und deren Verschärfung geliefert hatte. Ein letzter Eintrag behandelt ein Ereignis in Amman 1988. Um welches es sich dabei gehandelt haben könnte, weiß die Agentin von damals nicht mehr. Bestimmte Inhalte, die Lilli Pöttrich wichtig genug schienen und an die sie sich noch heute erinnern kann, tauchten dagegen zu ihrem Erstaunen in SIRA nicht auf. Sie fragte sich heute wie damals, nach welchen Kriterien Informationen als wichtig und relevant eingeschätzt worden waren. Auch damals sei es schwierig für sie gewesen, die richtige Auswahl zu treffen. Eine Rückmeldung zur Qualität ihrer Lieferungen habe sie nicht erhalten, stattdessen den Rat von Frank Richter, ihrem Führungsoffizier, einfach so weiterzumachen.

Insgesamt waren in den SIRA-Datenbanken von »Angelika« annähernd dreihundert Informationen archiviert, die einen Zeitraum von April 1983 bis November 1986 umfassen. Informationen über Personen und Berichte, die zum damaligen Zeitpunkt für die Ziele des MfS als nicht relevant eingeschätzt wurden, gelangten nicht in die Datenbank. Aus diesem Grunde kann davon ausgegangen werden, dass die vorliegenden Daten nur einen Teil der tatsächlich geflossenen Informationen ausmachen.

Die statistische Betrachtung der vorgenommenen Ersteinschätzungen (P = Premier) der Auswertungsabteilung VII des MfS zeigt, dass 44,7 Prozent der Informationen die zweithöchste Einschätzung (II) erhielten, während 36,8 Prozent als mittelwichtig (III) angesehen wurden. Eine einzige Dateninformation wurde mit der Note I eingeschätzt. Lilli Pöttrich hatte in ihr über Inhalte aus dem Gespräch von Außenminister

Genscher mit dem amerikanischen Außenminister Schultz am 14. Dezember 1985 berichtet. Zwei Informationen waren »zu alt« und zwei blieben ohne Einschätzung (OE).

Im Sommer 1986, nach mehr als drei Jahren im Auswärtigen Amt in Bonn, konnte Lilli Pöttrich erste Erfolge im Berufsleben verzeichnen. Kurz nachdem ihre Ernennung zur Beamtin auf Lebenszeit erfolgt war, hieß es für sie, ihre Koffer für den ersten Auslandseinsatz zu packen. Bangladesch sollte ihre erste Station sein.

Dieses Ereignis und das weitere Vorgehen musste natürlich wieder mit ihren MfS-Oberen besprochen werden. Instrukteur Hans Müller und Frank Richter folgten ihrem Vorschlag gern, sich in Lissabon zu treffen. Lilli reiste mit dem Zug bereits einige Tage vor dem verabredeten Termin an. Sie schaute, welche Örtlichkeiten geeignet waren, um sich unauffällig begegnen zu können. Außerdem informierte sie sich über das Kulturprogramm, um mit der einen oder anderen Veranstaltung ihre Ostberliner Treffpartner verwöhnen zu können. Das hatte sie bereits auf früheren Reisen so gemacht, wenn ein gemeinsames Treffen anstand. Außerdem erweckte das Kulturprogramm den Eindruck ganz normaler Touristen, hinter denen niemand Agenten des DDR-Geheimdienstes vermutete. In Lissabon entschied sie sich deshalb für eine Besichtigung der Sammlung des Ölmagnaten Gulbenkian.

Doch bevor sich die Ostberliner Geheimdienstler gemeinsam mit Lilli Pöttrich die fantastische Kunstsammlung Gulbenkians ansehen konnten, gingen Hans Müller, Frank Richter und IM »Angelika« auf getrennten Wegen – nachdem sie beim Vortreff am Rofio-Brunnen die obligatorische Sicherheitsüberprüfung durchgeführt hatten – in eine ruhige Gegend der Stadt. Dort konnten sie sich ungestört unterhalten. Ralf Devaux, der Leiter der Abteilung I der HV A, war dieses Mal nicht dabei. Lilli Pöttrich berichtete über ihre Versetzung nach Bangladesch. »Ausgerechnet Bangladesch«, mögen die Agenten aus Ostberlin gedacht haben. Denn für Bangladesch interessierte sich die HV A so gut wie gar nicht. Ausgerechnet in diesem Moment, in dem Lilli Pöttrich ihre ersten Agenten-Erfahrungen vertiefen sollte, störte die Versetzung in diesen Teil der Welt ungemein. Denn allen Beteiligten war klar, dass für den DDR-Geheimdienst kaum Interessantes von diesem Einsatz zu erwarten war. Besondere Sorgen machten sich die Hauptamtlichen Stasi-Offiziere über die nun unvermeidlich größeren zeitlichen Abstände ihrer Treffen. Sie befürchteten, dass der Zeitraum zwischen den Begegnungen zu groß sein und ihnen ihr Schützling verloren gehen könnte. Aber noch eine andere Sorge brachten Hans Müller und Frank Richter zum Ausdruck: sie hofften, dass ihre Lilli, wie sie sie nannten, die Zeit in dem fernen Land wohlbehalten überstehen würde. Wer wusste denn, was ihr dort alles zustoßen konnte? Für die junge Frau war es ein gutes Gefühl, so umsorgt zu werden.

Sie diskutierten hin und her, was sich mit dem Einsatzort Bangladesch anfangen ließe. Am Ende kamen sie überein, dass die eigentliche operative Arbeit während dieser Zeit ruhen musste. Die nächsten Treffen sollten lediglich der Kontaktpflege dienen. Konkret vereinbarten sie, dass sich Lilli Pöttrich künftig einmal jährlich in Bangkok mit ihrem Instrukteur treffen würde. Bangkok wurde deshalb favorisiert, weil es Thailand als eines der wenigen Länder in der Region erlaubte, dass Deutsche ohne Visum einreisen konnten. Gleichzeitig betonte »Frank«, dass der Aufenthalt in Bangladesch keine verlorene Zeit sein würde – zumindest was die weitere Karriere seiner IM im Auswärtigen Amt betraf.

In Lissabon spürte Lilli Pöttrich ganz deutlich, dass eine längere Trennung zu ihren inzwischen lieb gewordenen Genossen des DDR-Geheimdienstes bevorstand. Für die neue Aufgabe versprach sie, ihr Möglichstes zu tun, um die Zeit optimal zu nutzen. Dazu gehörte, dass sie die nächste Versetzung gut vorbereiten und sich ihr bietende Einflussmöglichkeiten nutzen würde. Die besten Wünsche von Hans Müller und Frank Richter begleiteten sie.

*

Ein Jahr nach dem Abschied Lilli Pöttrichs aus Bonn kehrte Ludwig Pauli aus Salzburg wieder an den Regierungssitz am Rhein zurück. Im Referat 423 war er nun Dezernent für die Sachgebiete Luftverkehr, Tourismus, Post- und Fernmeldewesen.

Material für die HV A gab es auch hier. Aktuelle Themen waren unter anderem Vorlagen für Verhandlungen zwischen der DDR und der Bundesrepublik zu Luftverkehrsabkommen, wie Überfluggenehmigungen oder die Anmeldung neuer Fluglinien. Im Bereich Tourismus betreute er die Welttourismusorganisation und im Post- und Fernmeldewesen bereitete er zumeist Ministerbesuche vor.

Stand ein Trefftermin mit »Hans« bevor – meistens trafen sie sich an einem Wochenende –, nahm Ludwig Pauli am Freitag seine gesammelten Informationen für den Geheimdienst mit nach Hause, um sie am Montag wieder unbemerkt an ihren Platz zu legen. Seit der Zeit in Salzburg hatte er sich zwar wieder selbst in der Dokumentenfotografie geübt, aber lieber war es ihm und vermutlich den Auswertern im MfS auch, dass »Hans« diese Aufgabe übernahm. Da auch das Kopieren im Haus für ihn zu viel Stress bedeutete, weil ihn Kollegen dabei hätten beobachten können, nahm er heimlich die Originalunterlagen mit nach Hause. Das war kein leichtes Unterfangen. In seiner braunen Aktentasche, die er noch in eine Einkaufstasche steckte, verschwand, was später »Hans« vor die Linse bekam. Blut und Wasser schwitzte Pauli regelmäßig bei diesen Transporten. Denn Taschenkontrollen waren durchaus üblich im Auswärtigen Amt.

Die beiden »Partner« aus Ost und West trafen sich stets in

einer Gaststätte oder einem Restaurant, um sich zu besprechen. Meistens lud »Hans« Ludwig Pauli ein. Die eigentliche Aktion begann einen oder zwei Tage später – aus Sicherheitsgründen sollte ein zeitlicher Abstand eingehalten werden. Mit kompletter Fotoausrüstung stand »Hans« vor Paulis Wohnung, um dort die ausgewählten Unterlagen zu sichten und zu fotografieren. Übernachtungen oder längere Aufenthalte von »Hans« in der Wohnung fanden für gewöhnlich nicht statt, er übernachtete aus Sicherheitsgründen lieber in einem Hotel in Köln. Bevor er wieder nach Ostberlin zurückkehrte, besprachen sich die beiden noch einmal bei Bier oder Wein. In aller Ruhe widmeten sie sich den Themen, die noch zu besprechen waren. Die Kosten der »Nachbesprechung« übernahm dabei fast traditionell Ludwig Pauli. Ein eingespieltes Team. Ebenso eingespielt gingen die beiden vor, wenn »Hans« Geld in die Hände von Ludwig Pauli fließen ließ. In steigender Höhe erhielt dieser seit den siebziger Jahren vom Geheimdienst für seine Leistungen ein monatliches Fixum zwischen dreihundert und fünfhundert DM. Als Gegenleistung lieferte er im Laufe der Jahre seitenlange Dokumente und Berichte, von denen in SIRA über eintausend Eintragungen aufgenommen worden sind.

Doch auch die Vertrautheit mit »Hans«, seinem Begleiter in den Jahren seiner zweiten »Karriere« beim DDR-Geheimdienst, vermochte nicht zu verhindern, dass sich Ludwig Pauli zunehmend physisch und psychisch geschwächt fühlte. Das neue Arbeitsumfeld im Referat 423 in Bonn belastete ihn sehr und er brauchte mehr als ein Dreivierteljahr, um sich einzufinden. Außerdem hatte er ständigen Ärger mit seinen Zähnen, er musste sich langwierigen Behandlungen hingeben, und Fuß- und Gelenkschmerzen ließen ihn manche Nacht nicht zur Ruhe kommen. Ludwig Pauli spürte dauernden Druck auf sich lasten, fühlte sich ausgelaugt und verbraucht. Die Heimlichtuerei, die Angstzustände vor einer Entdeckung, der Stress der Materialübergabe für den Geheimdienst und die anschließende Bearbeitung – all das stabilisierte sein ohnehin schwaches Nervenkostüm nicht. Einen Plan, wie er sich von seinem Agentenstress befreien könnte, hatte Ludwig Pauli nicht. Er wartete einfach passiv auf einen wie auch immer gearteten Abgang.

19. Veränderungen

Lilli Pöttrich kam in ein sehr armes, regenreiches und politisch unsicheres Land. Die Grenzen Indiens umrahmen Bangladesch fast gänzlich, nur im Süden öffnet sich der Golf von Bengalen und ein kleiner Landstreifen grenzt im Südosten an Burma. Drei mächtige Flüsse, der Ganges, Brahmaputra und Meghna, sowie zahlreiche kleinere Flüsse und Kanäle, die neben dem regenreichen und tropischen Klima damals und heute noch für die schrecklichen Überschwemmungskatastrophen und anschließenden Hungersnöte verantwortlich sind, durchziehen das Land.

Sie wohnte in Dhaka, der Hauptstadt und größten Stadt Bangladeschs, die während des Unabhängigkeitskrieges stark zerstört wurde. Nach blutigen Unruhen, die auf die große Flut von 1970 folgten, hatte sich Ostbengalen von Pakistan abgespalten und sich 1971 zur Republik Bangladesch erklärt. Lilli Pöttrich erinnerte sich an den außerordentlich harten Befreiungskrieg der Bengalen, sodass sie schon allein deswegen mit Sympathien für dieses Land und seine Menschen einreiste. Jahre autoritärer Präsidialherrschaft, gekennzeichnet durch Staatsstreiche in rascher Folge, folgten. Als Lilli Pöttrich sich dort aufhielt, von 1986 bis 1988, gab es allein zwei Regierungswechsel, von denen sich die letztere als »milde« Militärdiktatur präsentierte. Erst Anfang der neunziger Jahre wurde Bangladesch schließlich von einer demokratisch gewählten Regierung geführt.

Nach sechs Monaten Hotelaufenthalt im Sheraton in Dhaka fand Lilli Pöttrich ein passendes Haus, das sie sogleich mietete. Es lag im sogenannten Diplomatenviertel und eignete sich hervorragend für Empfänge und Einladungen im privaten Rahmen. Es war ein offenes Haus – im wahrsten Sinne des Wortes – und deshalb gefiel es ihr noch einmal so gut. Das weiß getünchte und zweistöckige Gebäude hatte der Architekt in einen riesigen Garten mit leuchtenden Blüten und eindrucksvollen Palmen platziert. Zahlreiche Fenster und Türen vermittelten sogar in den Zimmern das Gefühl, sich direkt inmitten dieser Pracht zu befinden. Im Inneren bildete ein großer Wohnraum den Mittelpunkt. Die Decke dieses Raumes zog sich bis in den zweiten Stock, sodass auch hier Offenheit und Weite entstanden. Im ersten Stock führte eine Empore in die Schlafräume, gleichzeitig bot sich von dort eine andere Perspektive auf die Weite und Höhe des Wohnzimmers. Eine der großen weißen Wandflächen schmückte die neue Besitzerin schon bald mit einem übergroßen Gemälde eines einheimischen Künstlers. Sie gab es nicht wieder her. Heute erinnert es in ihrer Düsseldorfer Wohnung an die schöne Zeit von damals. Standesgemäße gute Geister, ganz in Weiß gekleidet, sorgten für Haus und Garten und das leibliche Wohl. Ein Fahrer, livriert in dunkelblauer Hose und mit weißem Hemd, chauffierte sie in ihrem gerade erstandenen weißen Mercedes wohin sie wollte.

Welch gegensätzliche Welten. Hier die Armut in den Straßen der Stadt und auf dem Land, die nicht zu verbergen war. Viele Bengalen lebten auf kleinstem Raum und kämpften tagtäglich um ihr Überleben. Dort das wohlbehütete, wohlversorgte und verführerische Leben einer Botschaftsangehörigen. Gleichzeitig hatte Lilli Pöttrich damit außergewöhnliche Möglichkeiten bekommen, um etwas für die Menschen und das Land zu tun. Schon während ihrer Schulzeit in Düsseldorf-Benrath waren ihr die Entwicklungen in Bangladesch zu Zeiten des Bürgerkrieges sehr zu Herzen gegangen. Einmal hatte sie aktiv an der Organisation eines Benefiz-Konzertes an der Schule zugunsten Bangladeschs mitgewirkt. Nun war sie – eine Fügung des Schicksals? – in diesem Land gelandet. Sie krempelte die Ärmel hoch und machte sich an die Arbeit.

Den Tagesablauf gestaltete sie so, dass sie sich bis gegen

14 Uhr in der Deutschen Botschaft aufhielt, wo sie sich um das Rechts- und Konsularwesen kümmerte, indem sie unter anderem die zahlreichen Anfragen deutscher Verwaltungsgerichte zu Asylangelegenheiten bearbeitete. In Dhaka ein umfangreiches und besonders wichtiges Arbeitsgebiet. Mit Presse- und Öffentlichkeitsarbeit sowie der Pflege und Ausweitung kultureller Aufgaben war sie außerdem betraut. Anschließend – die Tageshitze hatte ihren Höhepunkt erreicht – fuhr sie ihr Fahrer nach Hause, wo das Mittagessen bereits auf sie wartete. Zeitungslektüre und Vorbereitungen für den Abend bestimmten den Nachmittag. Sie verfolgte die innenpolitischen Entwicklungen des Landes und bekam immer mehr mit, wie sehr der Kultur- und vor allem der Universitätsbetrieb von der Politik des Landes bestimmt war. Gegen 18 Uhr hieß es, sich auf den zweiten Teil des Berufstages vorzubereiten. Das offizielle Leben, das sich in Repräsentationspflichten bei Einladungen, Vorträgen, Vorführungen und sonstigen Veranstaltungen zeigte, forderte häufig ihre Anwesenheit. Das Interessanteste dabei waren für sie die Ereignisse, die sich am Rande einer solchen Gesellschaft abspielten. Dort traf sie auf die Informationsquellen, die über Hintergründe bestimmter Entwicklungen oder Geschehnisse bestens Bescheid wussten. Dort komplettierte sich das Bild des Landes und seiner Möglichkeiten und Grenzen, das für zukünftige Einschätzungen und Entscheidungen des Auswärtigen Amtes von immenser Bedeutung war. Schon nach kurzer Zeit baute sie sich in Bangladesch ein Netzwerk persönlicher Beziehungen zu wichtigen und einflussreichen Persönlichkeiten auf, die in Universitäten oder anderen wissenschaftlichen Instituten, in Fernsehen und Rundfunk saßen. Ebenso hielt sie intensiven Kontakt zu Literaten, bildenden Künstlern, Journalisten und Herausgebern in- und ausländischer Zeitungen. Nicht allein die berufliche Aufgabe war es, die sie den Menschen näher kommen ließ. Schließlich stand sie hier ehemaligen aktiven Kämpfern aus den siebziger Jahren

gegenüber, die ihr Leben riskiert und für ihr Land und die Freiheit gekämpft hatten. Voller Achtung und Bewunderung für diesen Mut war sie mit ganzem Herzen bei diesen Menschen. So war es nicht verwunderlich, dass man auch ihr im Gegenzug freundlich begegnete, sie einlud und am Leben teilhaben ließ. Außerdem brachte sie Angenehmes und Anregendes mit. Sie vermittelte Studienaufenthalte, Gastvorträge und Gastdozenten und konnte Sachspenden, unter anderem in Form von Büchern, verteilen. Sie trat bei Ausstellungen und anderen kulturellen Veranstaltungen persönlich auf und beteiligte sich engagiert an Diskussionsveranstaltungen. Dass sie dabei auch schon einmal gezielt darauf achtete, auf Fotos oder in Filmen präsent zu sein, um den Einsatz ihren Vorgesetzten gegenüber dokumentiert zu wissen, schmälert nicht die Glaubwürdigkeit ihrer Freude daran, unter diesen Menschen zu sein.

Am späten Abend ging es oftmals in den »Dhaka Club«. Fast so etwas wie ein Stammlokal war der Club für sie und viele Journalisten und Vertreter des Landes. Aber es war eine Einrichtung der besonderen Art. Regeln und Bestimmungen, Aufnahmegebühren und Beiträge sicherten ab, auch wirklich »unter sich« zu sein. Im September 1987 – nach einer Wartezeit von einigen Monaten – wurde Lilli Pöttrich offizielles »Diplomat Membership«. Der Dhaka Club erlaubte normalerweise nur Männern eine Mitgliedschaft. Deren Ehefrauen blieb sie verwehrt, lediglich bei bestimmten Einladungen durften sie ihre Männer begleiten. Lilli Pöttrich wurde zur Ausnahme. Feierlich ging es zu in dem Moment der Aufnahme von »Miss Lilli Pottrich, First Secretary, Embassy of the Federal Republic of Germany, 178, Gulshan, Dhaka« in den ehrwürdigen »Dhaka Club«.

Auch wenn Einstieg und Bedingungen des Clubs steif und streng anmuten: dort ging es auch recht lustig zu. Selbstverständlich wurde gegessen – traditionell stand ein sehr grätenreicher Fisch auf der Speisekarte – und vor allem Whisky getrunken. Die meisten anwesenden Gäste aßen diesen Fisch, und während erzählt und gelacht wurde, hantierte fast jeder spielerisch mit dessen Gräten.

Die erste Auslandsstation ihrer beruflichen Laufbahn beim Auswärtigen Amt stellte sich für Lilli Pöttrich als ein ausgesprochener Glücksfall dar. Hier überzeugte sie Einheimische und Vorgesetzte von sich. Hier stand eine junge Frau von Anfang dreißig, von kräftiger Statur, die ihre Mitmenschen durch ihre Körpergröße von Natur aus überragte. Mit ihrer hellen Haut, ihrem kinnlangen blond gelockten Haar und den graugrünen Augen muss sie den Menschen in Bangladesch wie von einem anderen Stern erschienen sein. Mal umrahmte eine Brille das ungeschminkte Gesicht, mal blieb es durch Kontaktlinsen ohne sichtbare Veränderung. Obwohl sie in ihrem Äußeren der Natürlichkeit den Vorzug gab, spielte sie gerne mit auffallenden Accessoires. Mal waren es Tücher, mal war es die auffallende Bekleidung der Hände oder Füße – sie liebte schöne Schuhe –, die einen Gegensatz bildeten zu ihren Kostümen, Hosenanzügen, Röcken, Blusen und Blazern. Der westlichen Mode gab sie den Vorzug, aber gleichzeitig ließ sie diese häufig aus hochwertigen und angenehmen Materialien des Landes vor Ort fertigen.

Temperament- und humorvoll sei sie, dazu tolerant und mit scharfem Blick für menschliche Schwächen und die Pointe der Situation. Sie sei eine anregende Gesprächspartnerin, die ihre Meinung selbstbewusst, jedoch undogmatisch und ohne Rechthaberei vertrete. Dazu eine Frau, die nicht leicht zu beeinflussen und zu überzeugen wäre, sich dennoch gegenüber Gegenargumenten, die ihr einleuchteten, sofort zugänglich zeige. Sie zeige keinerlei Anlehnungsbedürfnis, sei unsentimental und spreche nicht über ihre persönlichen Angelegenheiten, ohne dabei verschlossen oder gar abweisend zu wirken. So die Einschätzung eines Vorgesetzten aus der Deutschen Botschaft.

Dhaka: eine wichtige Station in Lilli Pöttrichs Leben. Die

Intensität der Beziehungen zu den Menschen aus ihrem zweiten »Beruf« – zu Führungsoffizier und Instrukteur der HV A – nahm in dieser Zeit spürbar ab. Dennoch überstand die Verbindung zur HV A die räumliche und mentale Trennung. Informationen über die Kultur des Landes, über die Presse oder über das Rechts- und Konsularwesen interessierten die HV A jedoch nicht wirklich. Außerdem hatte die DDR eine eigene Vertretung im Land, zu der Lilli Pöttrich beruflich ganz normale Arbeitsbeziehungen pflegte. Eine seltsame Situation. Zu einem Angestellten der DDR-Vertretung hatte sie näheren Kontakt. Er fiel ihr besonders auf, weil er die Landessprache beherrschte und sich als ein Experte im Umgang mit der Presse und den Kulturschaffenden des Landes erwies. Als einer der wenigen wurde er nach der Wende von der Bundesregierung ins Auswärtige Amt übernommen. Von Lilli Pöttrich persönlich erfuhr er nie von ihren Beziehungen zur HV A. Ob er von anderer Seite von ihrer Doppelfunktion Kenntnis hatte, bleibt bis heute ein Geheimnis.

Wiederum waren es Informationen über Personen und Interna des Botschaftswesens in Dhaka, die Lilli Pöttrich an die HV A weitergab. Vereinbarungsgemäß fanden Treffen mit einem HV-A-Kontaktmann während ihres Aufenthaltes in Bangladesch von November 1986 bis November 1988 nur zweimal statt. Dazu reiste sie wie bereits erwähnt nach Bangkok, fotografierte in einem Hotelzimmer handschriftliche Notizen, die sie Hans Müller beziehungsweise einem Ersatzmann mit der Vorliebe für Baskenmützen übergab.

Im November 1988 hieß es Abschied nehmen von Bangladesch, dem Land, dessen Sprache sie mittlerweile sprach und dessen Menschen sie sehr schätzte. Nach zwei Jahren stand nun eine routinemäßige Versetzung an. In diesem Teil der Welt hatte Lilli Pöttrich die Bundesrepublik Deutschland aufs Beste repräsentiert.

Im Vorfeld ihres kommenden Einsatzes war ein Treffen mit

ihren DDR-Geheimdienstlern geplant. Während ihres Urlaubs im Sommer 1988 war Florenz der Ort ihrer Wahl. Und die Herren kamen. Als Treffpunkt war die Vecchio-Brücke vereinbart. Auf Umwegen, quer durch die Stadt per Bus und Bahn, gelangte Lilli Pöttrich zu einem der drei Bögen in der Mitte der Brücke. Sie wartete nach ihrem »Freizeichen«, bis sie angesprochen wurde. Bei diesem Treffen lernte sie einen neuen Mitarbeiter kennen, »Lothar«, der nun neben Frank Richter als Führungsoffizier agieren und für sie da sein sollte.

Auch zu Lothar Giese entwickelte sich rasch eine freundschaftliche Beziehung. Er war nur wenige Monate älter als sie, groß und blond und kräftig gebaut. Das juristische Diplom hatte er an der Humboldt-Universität in Berlin abgeschlossen und erwies sich als ein Kenner und Liebhaber der Architektur, Geschichte und Musik. Seit 1982 gehörte er als Hauptamtlicher Mitarbeiter zur HV A.

Die Gruppe der Männer aus der DDR – Frank Richter, Lothar Giese und Hans Müller – war getrennt über Drittländer eingereist. Alle freuten sich darüber, wieder in Italien zu sein. Als hätte es die zwei Jahre »Pause« nicht gegeben, fanden sie schnell wieder in ihren vertrauten Ton. Sie tauschten persönliche und politische Neuigkeiten aus und diskutierten darüber. Im Mittelpunkt der Gespräche standen die nächsten Ziele und beruflichen Stationen von Lilli Pöttrich. Sie weiter zu motivieren und ideologisch, intellektuell und emotional zu binden – trotz aller Entwicklungen innerhalb der DDR und des Sozialismus im Allgemeinen – blieb eine entscheidende Aufgabe der HV-A-Mitarbeiter. Schließlich wollten sie endlich ergiebige Früchte ernten, die weiterverwertbar waren. Sie arbeiteten Prioritäten der anstehenden Versetzung heraus und wie Lilli diese im Auswärtigen Amt beeinflussen konnte. Eine größere Botschaft, zum Beispiel in Washington oder Paris, schien ideal. Wenn dazu noch Aufgaben mit den Schwerpunkten rund um Ost-West-Fragen zu erfüllen wären – hätte man einen Volltreffer gelandet.

Natürlich versuchte Lilli Pöttrich bei der Versetzung alle ihr zur Verfügung stehenden Einflussmöglichkeiten auszuschöpfen. Sie schaffte es, die Verantwortlichen in der Bonner Zentrale davon zu überzeugen, dass nicht Moskau, wie eigentlich vorgesehen, sondern Paris der für sie passende nächste Posten wäre.

*

Lilli Pöttrich zog nun tatsächlich nach Paris. Im Faubourg St. Antoine fand sie eine Bleibe. In diesem ehemaligen Handwerkerviertel lebten für gewöhnlich keine Botschaftsangehörigen. Die ansässige Bevölkerung besaß in ihrer Mischung zwischen mehr oder weniger wohlhabenden Menschen, gebildeten und weniger gebildeten sowie einem bunten Gemisch verschiedenster Kulturen einen besonderen Reiz. In renovierten Ladenlokalen hatten sich Galerien niedergelassen, die die Gegend mit dem Hauch eines Künstlerviertels versahen. Auch die mit Teppichboden ausgelegte und sauber geweißte Wohnung Lilli Pöttrichs war eine ehemalige Werkstatt in einem Hinterhof. Das Metallgestänge, das die Decke trug, hatte man stehen lassen und lediglich grau lackiert. Ungewöhnlich waren noch andere Details dieser Wohnung: die eigentlichen Fenster befanden sich in der Decke, ein milchiges Industrieglas ließ den Himmel immer verschwommen erscheinen. Nur ein kleineres Fenster öffnete sich zum Hof. Außerdem bestand die Wohnung aus einem einzigen großen Raum. Keinerlei Trenn- oder Schutzwände waren eingezogen, zum Beispiel für Bad oder Toilette. Dafür verdeckte dekorativ ein Paravent diesen intimen Bereich. Lilli Pöttrich hatte sich sofort in diese Wohnung verliebt, auch wenn der Kontrast zu ihrem ehemaligen Haus in Bangladesch kaum größer sein konnte.

Das Botschaftsgebäude, in dem sie arbeitete, lag nicht allzu weit von ihrer Unterkunft entfernt, gegenüber dem Petit Palais in der Avenue Franklin D. Roosevelt. Trotzdem nahm sie regelmäßig ihr Auto – sie hatte sich nach der Rückkehr aus Bangladesch einen BMW gekauft, der mit einem eigens konzipierten Faltdach ausgestattet war.

Es war Dezember 1988, als Lilli Pöttrich ihren Dienst in Paris antrat, von der unerwarteten Wende, die wenige Monate später Wirklichkeit werden sollte, war zu diesem Zeitpunkt noch nichts zu spüren. Die junge Botschaftsangehörige freute sich, diese Stelle bekommen zu haben. Es gehörte eine Portion Glück dazu, dass ausgerechnet zum Zeitpunkt ihrer anstehenden Versetzung dieser Aufgabenbereich vakant war. Ihr war bewusst, dass die künftige Arbeit für die HV A ertragreich sein konnte. Sie stürzte sich mit Eifer auf die neue Herausforderung.

Lilli Pöttrich wurde Stellvertretende Leiterin des COCOM-Referats. COCOM stand für »Coordinating Committee on Multilateral Export Controls« (Koordinationsausschuss für multilaterale Ausfuhrkontrollen), das Ende der vierziger Jahre im Kalten Krieg von Washington aus ins Leben gerufen wurde. COCOM sollte darüber wachen, dass der technologische Vorsprung der westlichen Industriestaaten vor den Ostblockländern und anderen kommunistisch geführten Staaten erhalten blieb und aus sicherheitspolitischen Gründen bestimmte Produkte dem Ostblock nicht zur Verfügung gestellt werden sollten. Mitglieder waren die westlichen Industriestaaten – mit Ausnahme der neutralen Staaten –, die auf langen Listen im Einzelnen erarbeiten ließen, welche Güter nicht oder nur mit Ausnahmegenehmigungen in den Ostblock ausgeführt werden durften. Auf keinen Fall zum Export freigegeben waren alle militärischen Ausrüstungen und solche, die zur Nutzung der Kernenergie erforderlich waren, aber auch sogenannte Dual-Use-Güter, die sowohl militärisch wie zivil eingesetzt werden konnten. Wichtig waren damals vor allem Telekommunikation, Computer und Werkzeugmaschinen. Mit diesem Bereich beschäftigte sich Lilli Pöttrich hauptsächlich. Diese Industrie-güter spielten deshalb eine wichtige Rolle, da sie einerseits für die zivile Entwicklung in den Ostblockstaaten dringend benö-tigt wurden und andererseits die westlichen Mitgliedstaaten aus wirtschaftlichen Gründen sehr daran interessiert waren, Warenexporte durchführen zu dürfen. In COCOM-Sitzungen, die regelmäßig ganztägig von montags bis donnerstags ge-meinsam mit den sechzehn Delegierten der Mitgliedstaaten stattfanden, wurde oftmals hart verhandelt, welche Güter zum Export freigegeben werden konnten und welche auf der Ver-botsliste verblieben. Ziel der deutschen Vertretung im Aus-schuss war es – und gelegentlich übernahm Lilli Pöttrich diese Funktion als Stellvertreterin ihres Chefs –, ihre im Vergleich zu den Amerikanern oft großzügigere Sicht der Kontrollbedürf-nisse und nicht zuletzt auch die wirtschaftlichen Interessen der beteiligten deutschen Firmen durchzusetzen. Darüber hin-aus mussten die Listen ständig angepasst und auf den neues-ten Stand der technologischen Entwicklung gebracht werden. Denn Waren weiterhin einer Exportbeschränkung zu unter-werfen, obwohl die Sowjetunion oder die DDR sie mittlerweile selbst hätten herstellen können, machte keinen Sinn. Außer-dem entschied man in COCOM-Sitzungen über Ausnahmean-träge, die sowohl von deutscher Seite als auch von den übrigen Teilnehmerländern gestellt worden waren. Das Sitzungsende bedeutete für Lilli Pöttrich nicht das Ende ihres Arbeitsta-ges. Sie formulierte die Abschlussberichte der Sitzungen und schickte sie an das Auswärtige Amt und das Wirtschaftsmi-nisterium in verschlüsselter Form per Fernschreiben.

Doch damit nicht genug. Für sie als Vertreterin des CO-COM-Leiters hieß es noch, an Unterausschüssen zum Beispiel für Haushaltsfragen oder an Arbeitsgruppen teilzunehmen, die teilweise parallel zum Plenum von COCOM tagten. Das Tagesgeschäft des Referats war noch zu bewältigen, was jede Menge Schreibtischarbeit bedeutete. Vom Bundesministerium für Wirtschaft (BMWi) vorbereitete deutsche Ausnahmeanträge waren zu erstellen und zur Genehmigung dem COCOM vorzulegen sowie die weiteren Schritte des Verfahrens zu kontrollieren und zu verfolgen. Ebenso hieß es, Ausnahmeanträge der übrigen Mitgliedstaaten zu überprüfen und eingehende Dokumente zu sichten, bevor sie an die beteiligten Ministerien weitergeleitet wurden. Lilli Pöttrich hatte schließlich noch Beschwerden anderer Delegationen über die in COCOM-Zielländern entdeckten Waren deutscher Herkunft nach Bonn weiterzugeben und darauf zu achten, dass die Angelegenheit geklärt wurde.

Ein weiteres Aufgabengebiet, das für die spätere Urteilsfindung im Prozess gegen Lilli Pöttrich von Bedeutung wurde, betraf die sogenannten »STEM«-Experten-Treffen. STEM bedeutete »Security and Technical Experts Meeting«, ein Unterausschuss für spezielle Verteidigungsfragen. Die Zielrichtung von STEM ging über die von COCOM hinaus, da Militärexperten möglichst vollständig bereits während der Entwicklungsphasen erfassen wollten, welche militärischen Produkte künftig auf den Markt kommen würden. An den eigentlichen Sitzungen, die durchschnittlich alle zwei Monate stattfanden, nahm Lilli Pöttrich nicht teil. Allerdings gingen über ihren Schreibtisch alle STEM-betreffenden Unterlagen, die als »geheim« eingestuft waren. Dazu gehörten vorbereitete Expertisen mit ihren detaillierten technischen Beschreibungen und Erörterungen, die oftmals an die hundert Seiten umfassten. Sie erfuhr vom Inhalt der Besprechungen in ausführlichen Berichten der STEM-Sitzungen, die zwischen zwanzig und dreißig Seiten stark waren. Die STEM-Unterlagen wurden an das COCOM-Referat als Verschlusssache weitergegeben. Der Empfang der Dokumente war dem STEM-Sekretariat unverzüglich mitzuteilen. Lilli Pöttrich schloss die Papiere in einen Panzerschrank, wenn sie nicht direkt bearbeitet werden konnten. Im Ermittlungsverfahren gegen sie wurde später zwar bestätigt, dass die Papiere keine Staatsgeheimnisse im materiellen Sinn enthielten, aber die Vorsichtsmaßnahmen waren von besonderer Qualität.

Auch die übrigen im Referat ein- und ausgehenden Dokumente – im Jahr waren es schätzungsweise achtundzwanzigtausend – wurden in verschlossenen Behältern transportiert. Der Empfang musste von den Mitarbeitern quittiert werden. Die COCOM-Unterlagen waren als »Vertraulich« beziehungsweise »Verschlusssache – Nur für den Dienstgebrauch« eingestuft. Diese Tatsache war der Grund dafür, warum die Menschen der COCOM-Abteilung der Deutschen Botschaft in Paris hinter abgeschlossenen Glastüren agierten. Jeder Botschaftsangehörige oder Besucher des COCOM-Referats musste warten, bis von der Sekretärin oder einem Sachbearbeiter die Tür geöffnet wurde. Natürlich erst, nachdem das Anliegen und die Personalien des Gastes geklärt waren.

COCOM – ein geheimnisumwitterter Arbeitsplatz, auch, weil die Organisation nach außen offiziell nicht existierte. Intern war zwar bekannt, dass ein solches Referat existierte, aber es blieb auch für Botschaftsangehörige undurchsichtig.

Der Arbeitsumfang war beträchtlich. Oftmals war Lilli Pöttrich nach dem offiziellen Dienstschluss noch in ihrem »Glashaus« und arbeitete allein in aller Ruhe die Dinge ab. Und sie las und ordnete die hier bearbeiteten Inhalte auch aus dem Blickwinkel ihrer zweiten »Karriere«, die nunmehr auf einen Höhepunkt zuzulaufen schien.

Genaue Weisungen, worauf sie zu achten habe, erhielt Lilli Pöttrich nicht aus Ostberlin. Ob man dort nicht wollte, dass sie den aktuellen Informationsbedarf erfährt, oder ob man sich schlichtweg auf ihr gutes Gespür und ihre Sachkenntnis verließ, muss offen bleiben. Ihr war klar, dass der Geheimdienst der DDR daran interessiert sein musste, neue Tendenzen bei der Listenkürzung und in kommerziell wichtigen Kontrollbereichen zu erfahren sowie über einzelne Exportvorhaben den Stand der Entwicklung zu kennen. Einen Informationsvorsprung zu haben war in mancherlei Hinsicht von großer Bedeutung für das MfS. Schon aus wirtschaftlicher Sicht war es für die DDR wichtig, frühzeitig über Änderungen in den COCOM-Restriktionen informiert zu sein. Das ermöglichte der DDR-Führung, sich unter Umständen mit den betreffenden Waren noch rechtzeitig ohne Behinderungen einzudecken. Aber auch Informationen über Streichungen aus den CO-COM-Listen interessierten den Ostblock aus wirtschaftlichen Gründen. Was zur Streichung anstand, musste nicht mehr mit erheblichem finanziellen Aufwand illegal beschafft werden, sondern konnte nach der »Freigabe« offiziell zum Normalpreis bezogen werden.

Lilli Pöttrich hielt die Augen offen und entschied nach ihrem Ermessen, was für den DDR-Geheimdienst von Interesse sein könnte. Sie war überzeugt davon, dass es nicht richtig war, dem Osten technologische Entwicklungen vorzuenthalten. Auch die DDR und andere Ostblockstaaten sollten ihrer Meinung nach die Möglichkeit haben, von den Entwicklungen und dem Wissen westlicher Staaten zu profitieren. Damit wäre aus ihrer Sicht eine Voraussetzung geschaffen, die Wirtschaft im Ostblock anzukurbeln und unabhängiger zu machen. Andererseits schmerzte es sie auch, zu sehen, dass der Osten scheinbar nicht in der Lage war, diese Dinge selbst herzustellen.

Sie verfasste aus politischer Überzeugung handschriftliche Zusammenfassungen aus dem COCOM-Referat und schrieb wieder Personencharakterisierungen aus ihrem direkten Umfeld. Nur selten kopierte sie Originale aus den COCOM-Dokumenten und nahm sie mit nach Hause. Niemals hatte sie Unterlagen größeren Umfangs in ihrer Wohnung, besonders solche mit technischen Details. Das war ihr dann doch zu gefährlich. Vor jedem Treffen schrieb sie das Wichtigste auf, fotografierte die Blätter in ihrer Wohnung und übergab die Filme den bekannten Mittelsmännern, die sie nach Ostberlin schafften. Sorgfältig achtete sie darauf, die Notizen anschließend zu vernichten.

Lilli Pöttrich betont rückblickend, dass sie in Paris zwar die Botschaftsangehörige bei der westdeutschen COCOM-Delegation war, aber als DDR-Bürgerin und SED-Mitglied gehandelt habe. Im Laufe der Zeit empfand Lilli Pöttrich die Doppelrolle der Diplomatin und Agentin in Paris jedoch zunehmend als Belastung. Durch COCOM und die geheimnisumwitterte Position des Referats, die Sicherheitsbestimmungen und ständigen Kontrollen, sah sie sich immer wieder in potentieller Gefahr. Sie spürte Angst. Vor allem nachts sah sie sich mit diesem Teil ihres Ichs konfrontiert. Diese bodenständige, offene und selbstbewusste Frau erlebte eine neue Grenzsituation. In manchen schwierigen Momenten erinnerte sie sich der ermutigenden Worte der Männer aus der Ostberliner Geheimdienstzentrale und fühlte durch sie wieder Sicherheit. Die Vorstellung, im schlimmsten Falle zumindest noch in die DDR überwechseln zu können und dort eine neue Heimat, eine neue Existenz zu finden, beruhigte sie für eine Weile. Bestätigt wurde das Gefühl des Geborgenseins vor allem durch die vorbehaltlose Anerkennung ihrer Leistungen, die ihr Ralf Devaux entgegenbrachte. Aber auch der Gedanke, dass die anderen Männer um sie herum alles für ihre Sicherheit taten, tröstete sie in schwierigen Momenten.

Aber es waren nicht allein die Risiken und Gefahren ihres Arbeitsumfeldes, ihre Doppelrolle und die erhöhten Sicherheitsüberprüfungen, die Lilli Pöttrich mehr beschäftigten als ihr lieb war. Seitdem sie wieder in Europa, in Paris, war, erlebte sie Veränderungen auf der politischen Bühne hautnah mit. Es waren Entwicklungen im Gange, denen sie mit gemischten Gefühlen begegnete.

*

Klaus von Raussendorffs nächste Versetzung enttäuschte erneut. Im April 1986 zog er wieder nach Paris, um als Vertreter der Bundesrepublik bei der UNESCO zu agieren.

IM »Brede« alias Klaus von Raussendorff bediente seine Auftraggeber weiterhin auf die bewährte Art und Weise. Auf präparierten Dokumentenfilmen, die zwischenzeitlich die Minox-Filme ersetzten, fotografierte er, was er als brauchbar für den DDR-Geheimdienst einschätzte. Auch weiterhin erhielt er dafür seinen Agentenlohn.

Die Aufgaben in Paris bestanden schwerpunktmäßig in der Bearbeitung von Finanz- und Personalfragen, ferner in der Vorbereitung und Durchführung der UNESCO-Generalkonferenzen, der Exekutivratssitzungen und vieler Regierungs- und Expertentagungen. Hinzu kamen die Vertretung der deutschen Interessen bei Grundsatzfragen gegenüber Generaldirektor und Sekretariat der UNESCO und der Kontakt zu den Vertretungen der übrigen Mitgliedstaaten. Außerdem war er Vorsitzender der sogenannten Geneva-Group, in der die Industriestaaten der UNESCO die finanzpolitischen Fragen abstimmten.

In den Jahren 1986 bis 1989 gab Klaus von Raussendorff vorwiegend die vom Auswärtigen Amt herausgegebene Informationsschrift »Blauer Dienst« an das MfS weiter. Nach wie vor – auch wenn sich die in SIRA vermerkte Anzahl der Informationen drastisch veränderte – waren diese bei der HV A hoch willkommen und wurden entsprechend ihrem nachrichtendienstlichen Wert mit »I« und »II« eingeschätzt. Zwei in SIRA, Teildatenbank 14, gespeicherte Informationen fallen dabei besonders auf. In einem Fall handelte es sich um Informationen über das Personal in Paris und im zweiten Fall um einen Bericht über einen BND-Mitarbeiter in der Pariser Botschaft. Die Eingabe in der Teildatenbank 14 lässt darauf schließen, dass es sich um Personeninformationen zu erkannten und vermuteten Mitarbeitern westlicher Geheimdienste handelte. Die entsprechende Brisanz spiegelte sich auch in der Einschätzung der Wertigkeit wider. In den letzten Jahren des DDR-Geheimdienstes gelangten vermutlich nicht mehr alle vorliegenden und von IM »Brede« beschafften Informationen in die Auswertungsabteilung und somit auch nicht in die SIRA-Dateien.

Ab April 1988 übernahm wieder einmal ein neuer, zudem junger Mitarbeiter in der MfS-Zentrale die Führung des Westagenten IM »Brede«. Der Mann hieß Axel Thiede und folgte Siegfried Kern, der jetzt an der Spitze des Referats stand.

*

Einer Versetzung nach Sri Lanka widersprach Hagen Blau nicht, obwohl er lieber nach Jakarta, Bangkok, Delhi oder ins Wirtschaftsreferat zurück nach Tokio gegangen wäre. Das Angebot, wieder als Politischer Referent nach Tokio und damit auf demselben Posten wie zehn Jahre zuvor zu landen, lehnte er allerdings ab. Außerdem verstand er nicht, wieso ihm die Personalabteilung eine Gehaltsbeförderung nach A16 verweigerte. Als Grund nannte man ihm die aktenkundige Alkoholproblematik. Die allerdings hielt Hagen Blau für nicht gravierend. Vielmehr sah er darin einen Vorwand, hinter dem sich nach seiner Ansicht eine völlig andere Wahrheit verberge – die Reaktion eines Alkoholikers, der über keine realistische Selbsteinschätzung mehr verfügte?

Auch in persönlichen Gesprächen mit seinem Vorgesetzten in Colombo, der das Alkoholproblem direkt ansprach, reagierte Blau meist ausweichend bis abwehrend. Denn auch während der Dienstzeit im Büro nahm er regelmäßig größere Mengen Alkohol zu sich – ohne dies als größere Belastung zu empfinden. Seine Abwehrmechanismen funktionierten. Der Selbsterhaltungstrieb rechtfertigte den Selbstbetrug. In seiner Einschätzung bestätigt wurde Hagen Blau dadurch, dass er nach wie vor gute Arbeit leistete, sich mit aller Hingabe für die Aufgaben der deutschen Entwicklungshilfe einsetzte und dafür positive und dankbare Reaktionen erhielt. Gerade die Tatsache, dass er sein Arbeitspensum mit dem vermuteten Alkoholpegel noch schaffen konnte, erstaunte seine Vorgesetzten und Kollegen immer wieder.

Vielmehr äußerte sich auf andere Weise, was systematisch seinen Körper zerstörte. Sein Verhalten war unkontrollierbar geworden. Oftmals reagierte er nicht situationsgerecht, fühlte sich schnell bei vermeintlicher Kritik persönlich angegriffen und wehrte sich mit einem Gegenangriff: Mit Aggressivität und auffallender Überheblichkeit. Dadurch schaffte er sich Distanz zu seiner Umwelt. In Diskussionen verlor er sich leicht in ständigen Wiederholungen seiner Argumente. Er beharrte auf seiner Position, sodass ein konstruktiver Austausch in solchen Situationen kaum möglich war. Hier zeigte sich eine übertriebene Ichbezogenheit als Ausdruck eines bedrohten Selbst. Im krassen Widerspruch zu diesem auffälligen Verhalten standen sein Auftreten und seine Umgangsformen, wenn er nicht getrunken hatte. Dann zeigte sich wieder der Mann, den die Welt und der die Welt freundlich betrachtete.

Die Sorge des Botschafters um Hagen Blau war auch aus einem anderen Grunde nicht unbegründet. Schließlich ging es um seinen direkten Vertreter in der Botschaft, der mit vielfältigen Aufgaben betraut war und als Vertreter der Bundesrepublik auftrat. Das Aufgabenspektrum umfasste neben der ständigen Vertretung des Botschafters auch die Leitung des Wirtschaftsdienstes sowie die Funktion des Sicherheitsbeauftragten. Im Mittelpunkt standen Wirtschaftsfragen, die Kapital- und Entwicklungshilfeprojekte betrafen. Dazu war der Kontakt mit ansässigen oder anreisenden Vertretern der deutschen Wirtschaft zu pflegen sowie Investoren zu beraten. Außerdem musste mit inländischen Ministerien und Behörden verhandelt werden. Er verfasste Berichte für die Bonner Zentrale über Planungen und Gesetzesvorhaben sowie über die wirtschaftliche und politische Entwicklung des Landes.

In Abwesenheitszeiten des Botschafters wegen Heimaturlaub oder Dienstreisen war Hagen Blau derjenige, der praktisch über alle wesentlichen Fragen laufend unterrichtet war und wurde. Zum Zwecke einer sinnvollen und würdigen Vertretung hatte es sich der Botschafter angewöhnt, Hagen Blau zum Beispiel nach wichtigen Gesprächen im Außenministerium oder mit anderen Kabinettsmitgliedern mündlich oder schriftlich durch Berichte, Vermerke und Durchschriften ausgehender Berichte auf dem neuesten Stand zu halten.

Konkret bedeutete dies, dass ihm Informationen über die politische Entwicklung in Sri Lanka und dem indischen Subkontinent sowie über die Reaktionen der Bundesrepublik auf Ereignisse und Veränderungen in dieser Region vorlagen. Berichte und Fernschreiben über die Lage in China, Japan und anderen ostasiatischen Ländern konnte er einsehen. Vertrauliche Vermerke über die wahre Haltung der srilankischen Regierung zu dem sowjetischen Vorschlag, den Indischen Ozean zu einem »Meer des Friedens« machen zu wollen, landeten auf seinem Tisch. Ferner Dokumente über Probleme einer von der Deutschen Welle errichteten Relaisstation. Nur äußerst selten gab es in der Botschaft in Colombo Unterlagen, die als geheim eingestuft waren. Zum Teil wurden sie nur zum Schutz inländischer Gesprächspartner als solche gehandhabt. Die übrigen VS-Sachen betrafen fast ausschließlich technische Fragen einer Krisenplanung für Sri Lanka, zum Beispiel Überlegungen zu eventuellen Evakuierungsmaßnahmen der Deutschen im Land während etwaiger Unruhen.

Hagen Blau war gerne in Colombo. Zudem war es der erste offizielle Auslandsaufenthalt mit seiner neuen Frau, die dort ihre Erfahrungen als Gattin eines Botschaftsangehörigen und den damit verbundenen repräsentativen Pflichten sammeln konnte.

Das Ministerium für Staatssicherheit hingegen war enttäuscht über diesen Einsatzort. Hagen Blau hatte seine Versetzung nach Sri Lanka damit begründet, dass es wichtig sei, auch in einem Entwicklungsland Erfahrungen zu sammeln. Den Oberen in Ostberlin blieb nichts anderes übrig, als die Situation so zu akzeptieren, wie sie war.

Anfangs traf sich der Vertreter des deutschen Botschafters alle sechs Monate, später alle neun Monate, mit seinem MfS-Instrukteur »Volker« in verschiedenen Hotels in Colombo. An den geraden Monaten war dies das Hotel Galle Face und an den ungeraden das Hotel Taj Samudra. Hagen Blau erhielt wieder eine neue Kleinstbildkamera zusammen mit zehn Filmen, um Wesentliches für den Ostberliner Bedarf festhalten zu können. Allerdings stellte sich das feuchte Klima als zerstörerisch heraus. Einmal waren belichtete Filme völlig unbrauchbar geworden und konnten nicht entwickelt werden. In regelmäßigem Austausch erhielt er nunmehr Filme in Plastikfolie, die er erst öffnete, kurz bevor das nächste Treffen stattfinden sollte.

In Colombo nahm Hagen Blau erstmalig eine größere Summe Geld an: fünftausend Dollar hatte der Reisende aus der DDR mitgebracht und wollte diese Scheine partout nicht wieder mit zurück nehmen. Dieses Mal lehnte Hagen Blau nicht ab. Zum einen wollte er »Volker« nicht verärgern und zum anderen handelte es sich hier um eine wirklich beeindruckende Summe. Er steckte das Geld ein und ließ es zum Schutz vor Diebstahl in seiner Wohnung hinter Büchern verschwinden.

Im September 1987 stand Hagen Blau den Ostberliner Agentenführern wieder einmal persönlich gegenüber. Er war dazu extra nach Ostberlin gereist. Werner Großmann, der in der Zwischenzeit die Leitung der HV A übernommen hatte, gehörte ebenso wie einige andere MfS-Mitarbeiter, unter ihnen auch Werner Roitzsch, zu dieser illustren Runde. Ausgiebig diskutierten sie über die Verhältnisse in der DDR. Hagen

Blau geriet dabei richtig in Fahrt. Heftige Kritik und Zweifel musste sich der Chef der DDR-Auslandsspionage anhören. Sehr detailliert wollte Hagen Blau wissen, wie es mit dem Leben und der Entwicklung der Menschen in der DDR aussehe. Er stellte Fragen, wie die Führung der DDR das Vertrauen der Bevölkerung gewinnen und erhalten wolle. Denn vermehrt war ihm Kritik zu Ohren gekommen, die er nun auf ihren Wahrheitsgehalt hin überprüfen wollte. Die Anwesenden bemühten sich, Erklärungen und Rechtfertigungen zu finden. Sie hielten ihm entgegen, dass er »verzerrte Vorstellungen« und ein völlig falsches Bild von den realen Umständen habe. Großmann erwähnte am Beispiel der SPD-SED-Gespräche, dass es in der Bundesrepublik realistische Kräfte gebe, die gesprächs- und verhandlungsbereit seien und die Realität in der DDR günstiger als er sehen würden. Am Ende empfahl ihm Großmann, doch einmal mit den Genossen von der SPD zu sprechen, da sie seine falsche Sicht der Dinge sicher korrigieren könnten. Ausdrücklich wies Hagen Blau darauf hin, dass er nicht für eine Sache arbeiten wolle, hinter der er nicht mehr stehen könne. Daraufhin gestand der HV-A-Leiter ein, welche Fehler in der Planung und Einschätzung durch die Führung in der Vergangenheit gemacht worden seien. Aber diese seien inzwischen erkannt und ausgeräumt worden. Hagen Blau sagte zu, die weiteren Entwicklungen erst einmal abwarten zu wollen. Allerdings sei er nicht sehr hoffnungsvoll. Werner Großmann appellierte an Gemeinsamkeiten und eine damit verbundene Verpflichtung. Provokativ fragte er den Agenten, sie doch wohl jetzt nicht im Stich lassen zu wollen? Gleichzeitig meinte der Geheimdienst-Chef, bis zur nächsten Versetzung im Auswärtigen Amt habe sich die Lage in der DDR grundsätzlich verändert. Wie Recht er damit behielt, sicher anders als von ihm erwartet, wissen wir heute.

Hagen Blau erleichterte es, in Colombo weit weg vom DDR-Geheimdienst zu sein. Er schätzte die Früchte seiner Arbeit für das MfS als nicht sehr ergiebig ein und hoffte deshalb, dass das Interesse an ihm allmählich nachlassen würde. Gleichzeitig machten sich Angstfantasien breit. Er befürchtete, offenkundiger mangelnder Nutzen könnte ihn zur Marionette anderer Interessen machen. Die Flucht, der innere und äußere Rückzug – ein altbekanntes Verhaltensmuster bei Beziehungsproblemen –, blieb für Hagen Blau der Weg, mit diesen Schwierigkeiten umzugehen.

Doch das Ministerium für Staatssicherheit blieb weiterhin fordernd. Sein Instrukteur kam bis ans andere Ende der Welt oder traf Hagen Blau auf Zwischenstationen wie zum Beispiel im Mai 1988 in Zürich. Dort wollte »Volker« unbedingt erfahren, wie die weitere berufliche Verwendung geplant sei. Man wurde auf Ostberliner Seite etwas ungeduldig. In seiner Hoffnung, das Interesse an ihm ginge langsam verloren, hatte sich Hagen Blau gründlich geirrt.

20. Zuspitzung

Seit Michail Gorbatschow 1985 zum Generalsekretär der KPDSU gewählt worden war, veränderte sich das Verhältnis zwischen Ost und West spürbar. Dieser Mann tat etwas völlig Neues: er bewegte sich auf die Westmächte zu, suchte deren Kontakt. Seine Vision war, mit Offenheit (Glasnost) und durch wirtschaftliche und politische Umgestaltung (Perestroika) die Sowjetunion, Staat und Gesellschaft, maßvoll liberalisieren und demokratisieren zu können. Durch politisch-wirtschaftliche Reformen wollte er die enormen ökonomischen Probleme in der Sowjetunion in den Griff bekommen. Die DDR-Machthaber verfolgten die Politik Gorbatschows mit Misstrauen. Vor allem seinen Bemühungen, die Beziehungen zur Bundesrepublik und zu den USA neu zu gestalten, standen sie äußerst kritisch gegenüber. Der DDR-Staatsratsvorsitzende Erich Honecker sah sich auf dem Gipfel seiner Macht, nachdem er im September 1987 in der Bundesrepublik zu einem Arbeitsbesuch und wenige Monate später, im Januar 1988, als offizieller Staatsgast in Paris begrüßt worden war. Die Reformpolitik Gorbatschows hingegen kam Honecker und seiner Regierung wie eine Bedrohung vor. Der sowjetische Machthaber hatte im Laufe des Jahres 1987 sowjetisch-amerikanische Abrüstungsverhandlungen geführt, die der Anfang vom Ende des bisherigen atomaren Abschreckungssystems der Sowjetunion bedeuteten. Ebenfalls 1987 wurde beschlossen, das militärische Übergewicht der Sowjetunion an konventionellen Waffen in Europa abzubauen. Jetzt galt ein »defensives Gleichgewicht« zwischen NATO und Warschauer Pakt als ausreichend. Im Juni 1988 erfuhren die Warschauer-Pakt-Staaten Einzelheiten der neuen Militärdoktrin. Ende 1988 sprach Gorbatschow in New York vor den Vereinten Nationen von einer einseitigen Reduzierung der sowjetischen Trup-

pen sowie von Abrüstungsmaßnahmen innerhalb des Warschauer Paktes bis 1990. Ein weiteres Ziel verkündete er in
New York, nämlich die »Freiheit der Wahl«, die für kapitalistische wie auch für sozialistische Systeme Gültigkeit haben
sollten.

Der große Bruder Sowjetunion schien sich nicht mehr allzu sehr für die DDR zu interessieren. Fast trotzig widersetzte
sich erstmals nach jahrzehntelanger totaler Abhängigkeit von
Moskau die DDR-Führungsriege der Reformbegeisterung
Gorbatschows. Honecker betonte immer wieder, dass die
DDR keinerlei Reformen bedürfe. Wirtschafts- und sozialpoli-
tisch sei man den anderen sozialistischen Ländern voraus und
darüber hinaus ausgesprochen großzügig bei Reisegenehmi-
gungen, und die Wohnungsfrage habe gelöst werden können.
Damit ignorierte Honecker vehement die Zeichen der Zeit, die
sich innerhalb der Bevölkerung der DDR schon seit einiger
Zeit bemerkbar machten. In der DDR häuften sich die Anzeichen einer Wirtschaftskrise mit ernsten Versorgungslücken.
Der starre Kurs der Reformverweigerung der SED-Führung
verstärkte die Unzufriedenheit in der Bevölkerung. Aus dem
Gefühl der Ausweglosigkeit und Frustration heraus entschlossen sich immer mehr Menschen dazu, das Land lieber zu verlassen.

Mitte 1989 wurde klar, dass die Sowjetunion ihren Bünd-
nispartnern im Warschauer Pakt ihren eigenen Weg auch
wirklich zugestand. Polen und Ungarn waren die Vorreiter, die
dortige kommunistische Einparteienherrschaft zu beenden. Im
Juni 1989 wurde Michail Gorbatschow bei einem Staats-
besuch in Bonn von der Bevölkerung mit großem Jubel empfangen. In einer »Gemeinsamen Erklärung« erkannten beide
Regierungen das Selbstbestimmungsrecht aller Völker und die
Freiheit der Wahl des politischen und sozialen Systems ausdrücklich an. In der DDR wuchs die Zahl der Ausreisewilligen
ständig. Immer mehr DDR-Bürger nutzten den Weg über an-

dere sozialistische Länder in die Freiheit. Sie versammelten sich in bundesdeutschen Botschaften in Budapest, aber auch in Prag, Warschau und Ostberlin, um ihre Ausreise zu erzwingen.

*

Die Verbindung zur HV A blieb auch in dieser schwierigen Zeit erhalten. Hagen Blau verschwand nicht in der Versenkung – vorerst. Werner Großmann wollte den Topagenten baldmöglichst wieder sehen. Wien wurde als günstiger Treffpunkt ausgewählt. Im August 1989 weilte die Führungsmannschaft aus Ostberlin tatsächlich an diesem Ort – trotz aller Gefahren und Risiken in diesen turbulenten Wochen. Doch wer erschien nicht wie vereinbart? Hagen Blau hatte sich – ohne das MfS rechtzeitig darüber zu informieren – in den Schwarzwald zurückgezogen, um sein Alkoholproblem zu lösen. Kurz zuvor hatte er einen Zusammenbruch erlitten, nachdem er allein und ohne therapeutische und medizinische Hilfe versucht hatte, den Alkohol abzusetzen. Akute Entzugserscheinungen waren die Folge. Wie die Männer vom MfS erst später erfuhren, hielt sich Hagen Blau im August kurzzeitig sehr wohl in Wien auf. Allerdings nicht, um mit ihnen zusammenzutreffen, sondern um ein Wochenende mit seiner Exfrau und dem jüngsten Sohn zu verbringen. Klammheimlich und unbemerkt machte er sich auf. Die Kontaktmöglichkeiten, eine handschriftlich vorgeschriebene Postkarte mit Deckadresse, die er zuvor für den Fall der Fälle erhalten und spätestens vier Wochen vor dem verabredeten Termin hätte absenden sollen, nutzte er nicht.

Das Nichterscheinen am vereinbarten Treffpunkt im Café am Schwarzenbergplatz in Wien und die Erklärung, sprachen eine deutliche Sprache. Seine Ablösung vom DDR-Geheimdienst hatte begonnen. Noch konnte er sich jedoch nicht offen gegen die Erwartungen des MfS stellen. Hier führte noch immer das Prinzip des geringsten Widerstands Regie, nicht die bewusste Entscheidung. Noch immer waren Abtauchen und Verschwinden die bevorzugten Mittel, Probleme zu lösen.

Aber die Zeit in der Klinik, die Zeit für sich selbst, tat Hagen Blau gut. Hoffnungsvoll kehrte er im September 1989 an seinen Dienstort Colombo zurück. Er fühlte sich stabilisiert und entschlossen, in Zukunft mit Abstinenz der Alkoholabhängigkeit zu begegnen.

In der Zusammenarbeit mit dem DDR-Geheimdienst änderte sich zunächst nichts. Der Schatten aus Ostberlin tauchte in Form seines Instrukteurs wieder auf. Kurz vorher hatte Hagen Blau noch zwei Filme belichtet, die Berichte aus verschiedenen Botschaften, Erlasse des Auswärtigen Amtes und Kopien von Aufzeichnungen und Vermerken über Indien, China und die Sowjetunion sowie zur Lage in Sri Lanka enthielten. Die Filme übergab er »Volker« und mündlich berichtete er ihm alles, was ihm interessant erschien.

Die in SIRA vermerkten Inhalte zeigen ein ähnliches Bild. Allerdings ist davon auszugehen, dass auch bei Hagen Blau, ebenso wie im Fall Klaus von Raussendorffs und Lilli Pöttrichs, die letzten Verratsmaterialien nicht mehr in SIRA eingespeichert wurden. Lediglich aus dem Jahre 1987 wurden Inhalte einiger Dokumente aus dem Arbeitsgebiet Hagen Blaus in das Datensystem der HV A aufgenommen. Dabei handelt es sich um sieben Eintragungen, die vorwiegend mit der Einschätzung »wichtig« und mit der Note »II« eingestuft wurden und Sri Lanka zum Thema hatten. Unter anderem bezogen sich die Inhalte auf die militärische Zusammenarbeit der Bundesrepublik mit Sri Lanka, Beziehungen Indiens und Pakistans zu Sri Lanka, den Tamilenkonflikt und das Flüchtlingsproblem, die Haltung westeuropäischer Botschaften in Sri Lanka, die Menschenrechtsproblematik Sri Lankas in der UNO, die Südostasienreise des DDR-Außenministers Fischer sowie die multilateral abgestimmte Exportpolitik westlicher Industriestaaten auf dem Gebiet der Trägertechnologie.

Dafür akzeptierte Hagen Blau noch einmal fünftausend Dollar, die er später zu der gleichen bereits hinter Büchern versteckten Summe legte.

Innerlich sah Hagen Blau dieses Geld bereits als eine Art »Abschiedsgeschenk«. Obwohl die Realisierung dieser Wunschvorstellung in nächste Nähe zu rücken schien, warf den Diplomaten das in Colombo mit »Volker« erlebte Gespräch noch einmal zurück. Denn das Sprachrohr der Führungsmannschaft des DDR-Geheimdienstes, der Instrukteur, sah die Welt völlig anders. Trotz der offensichtlichen und nicht mehr aufzuhaltenden Entwicklungen – die Mauer war geöffnet, über die Auflösung des Ministeriums für Staatssicherheit wurde bereits heftig diskutiert und die Aktenschredder liefen heiß – vertraten die Ostberliner Männer weiterhin die Meinung, dass sich in der DDR die Lage bald wieder normalisieren würde. »Volker« schien bei Neuwahlen sogar an einen Wahlsieg der SED zu glauben.

Hagen Blau war zutiefst verunsichert. Seine Hoffnung, die politischen Ereignisse würden ihn aus seiner Verstrickung mit dem MfS wie von selbst lösen können, wurde dadurch einer erneuten Prüfung unterzogen. Obwohl er selbst völlig anderer Meinung über den Stand der Dinge und die weitere politische Entwicklung zwischen Ost und West war, konnte er keine wirkliche Distanz zu den Einschätzungen der anderen Seite entwickeln. Er hatte Angst. »Volker« beruhigte ihn auf seine Weise: Er könne unbesorgt sein, das MfS setze in jedem Fall seine Arbeit fort, seine Akte sei in Sicherheit, die Genossen würden schweigen.

Dann schwieg auch Hagen Blau. Es hatte keinen Zweck mehr, etwas zu sagen, zu widersprechen. Der Rest des Besuches war Routine. Die Kamera mit den noch vorhandenen restlichen Filmen gab er an »Volker« zurück. Der nächste

Trefftermin wurde verabredet. Er sollte am 5. Mai 1990 in Köln am Barbarossaplatz stattfinden.

Aber in seinem Kopf arbeitete es weiter. Sein Entschluss stand fest: die Zusammenarbeit beenden, den Kontakt abbrechen, einfach aufhören. Nur wie? Er dachte an die letzte Entscheidung des Gesundheitsdienstes im Auswärtigen Amt hinsichtlich seiner nächsten Verwendung. Er sollte so bald wie möglich Colombo verlassen und wieder in ein deutschsprachiges Land, möglichst in die Zentrale, zurückkehren. Dieser Vorschlag hatte auch und vor allem mit seiner Alkoholabhängigkeit und der beabsichtigten Entzugstherapie zu tun. Mit Händen und Füßen wehrte sich Hagen Blau gegen die Vorstellungen seines Arbeitgebers. Mehrfach hatte er bereits schriftlich dagegen protestiert, zuletzt im März 1990 noch einmal persönlich. Auf keinen Fall wollte er nach Bonn zurück. Die vorgebrachten Argumente seiner Verwendung in Bonn überzeugten ihn nicht.

Einerseits fürchtete Hagen Blau, durch die Entscheidung in der Bonner Zentrale auf ein Abstellgleis zu geraten, andererseits sah er sich durch die Nähe wieder vermehrt und hilflos den Zugriffen des Ministeriums für Staatssicherheit ausgesetzt. Viel lieber wollte er weiter im Ausland tätig sein, egal wo. Es änderte nichts. Im Planungsstab des Auswärtigen Amtes in Bonn sollte ab Anfang April 1990 sein nächster Platz sein.

Die Befürchtung, abgeschoben zu sein und mit einer wenig anspruchsvollen Aufgabe zu tun zu haben, erwies sich als unbegründet. Dennoch öffnete sich ein Abgrund vor ihm, nachdem ihm die Bedeutung der neuen Aufgabe richtig klar wurde: im Planungsstab des Auswärtigen Amtes wurden ihm bestimmte Aufgaben, die vor allem sicherheitsrelevante Bereiche betrafen, zugewiesen. Die alten Befürchtungen stiegen wieder in ihm auf. Würde das MfS oder deren Nachfolgeorganisation aus diesem Grunde wieder Kontakt zu ihm aufnehmen wollen und erneute Forderungen stellen? Ungebunden und ohne in ein derartiges Doppelleben involviert zu sein, hätte er die Aufgabe sehr gern übernommen und sich voll und ganz für sie eingesetzt. Doch was sollte er tun? In schlaflosen Nächten beschäftigte ihn die ständige Frage, wie er aus diesem Dilemma herauskommen könne. Ideen, eine erneute Versetzung innerhalb des Hauses so bald wie möglich voranzutreiben oder gar eine ganz andere Beschäftigung zu suchen, gingen ihm durch den Kopf. Aber auch immer wieder das verzweifelte Gefühl: »Sie lassen mich nicht aus ihren Fängen.« Eines wusste er ganz sicher: die neu aufgebaute private Existenz wollte er auf keinen Fall aufs Spiel setzen. Fatalerweise griff Hagen Blau in dieser Situation Mitte April 1990 wieder nach der Flasche – und das nach zehn Monaten völliger Abstinenz.

*

Im Sommer 1989 traf sich der gesamte MfS-Mitarbeiterstab um Klaus von Raussendorff in Ostberlin zu einer Krisensitzung. Die HV-A-Spitze hielt dies aufgrund der politischen Lage in beiden deutschen Staaten und den Veränderungswünschen von IM »Brede« für dringend erforderlich. Der DDR-Geheimdienst wollte ihn wieder auf die richtige Spur bekommen und moralisch aufrichten. Neben Klaus von Raussendorff und Paul Draeger waren der neue Führungsoffizier Axel Thiede und sein Vorgänger Siegfried Kern anwesend, ebenso Bernhard Schorm und Ralf Devaux. Devaux war es auch, der Klaus von Raussendorff in der militärischen Hierarchie des MfS noch einmal beförderte: nun wurde der Offizier im besonderen Einsatz (OibE) zum Oberstleutnant ernannt. Gleichzeitig erhielt er von Axel Thiede wieder einmal Geld. Diesmal zweitausend DM. Am Ende der Gespräche blieb eigentlich alles wie zuvor. Der Agent wich zwar nicht von seinen Auffassungen ab, eine neue Grundlage der Zusammenarbeit entwickeln zu wollen, erklärte sich aber gleichzeitig zu weiteren Lieferungen bereit.

Anfang Oktober 1989 – wir erinnern uns an die Ereignisse in der DDR, die sich überschlugen und Verwirrung und Chaos innerhalb des MfS und der HV A brachten – traf sich das altbewährte Team »Klaus« und »Paul« wieder in Köln. Ob noch Verratsmaterial übergeben wurde, ist ungeklärt. Gewiss ist nur, dass erneut Agentenlohn gezahlt wurde. Am 20. November 1989 fand ein erneutes Treffen in Essen statt. Paul Draeger teilte IM »Brede« im Auftrag der Führungsmannschaft der HV A in Ostberlin mit, dass man zwar noch den Kontakt zu ihm halten wolle, aber auf weitere Informationslieferungen verzichte. Trotzdem erhielt er noch einmal viertausendfünfhundert DM als Lohn, den er auch bereitwillig in Empfang nahm. Bei der Gelegenheit äußerte Klaus von Raussendorff die Idee, noch einmal mit der Führung der HV A über seine Vorstellungen eines offenen politischen Meinungsaustauschs zu sprechen. Deshalb schlug er ein weiteres Treffen für 1990 vor. Die politische Entwicklung nahm jedoch eine andere Richtung. Zu einem erneuten Treffen kam es nicht mehr.

Ähnlich erging es Ludwig Pauli 1989. Im Oktober oder November des Jahres verbrachte er einige Tage in Ostberlin. Mit Bernhard Schorm, seinem Wegbegleiter und Motivator seit fast dreißig Jahren, mit »Hans«, dem getreuen Kollegen und praktischen Helfer, und »Siegfried«, seinem offiziellen Führungsoffizier ab 1987 in der MfS-Zentrale in Berlin, traf sich »Adler« in Berlin-Schöneiche. Jenem angenehmen Ort, von dem Lilli Pöttrich Genaueres zu berichten wusste. Hier wurde ihm mitgeteilt, dass er keine operativen Tätigkeiten mehr ausführen, dass er die Arbeit ruhen lassen und Deckadresse und Telefonnummern und alles andere in seinem Besitz befindliche Verräterische vernichten sollte. Bis auf weiteres habe er lediglich auf Zeichen an einem verabredeten Treffpunkt in Bonn und auf Funkmitteilungen zu achten. Bernhard

Schorm versicherte Ludwig Pauli noch einmal, dass er in keiner Gefahr wäre. Schließlich würden sie dafür sorgen, dass alles Material vernichtet und alle Spuren verwischt würden.

Ludwig Pauli vernichtete alles – außer einer verschlüsselten Telefonnummer aus Ostberlin, die er im Notfall anrufen wollte. Er ging auch zu bestimmten Zeiten – wie verabredet – zu einer bestimmten Blumenhandlung in Bonn und starrte auf eine Mauer, in der es angeblich im Falle eines Treffens ein Kreidezeichen gegeben hätte. Doch es gab keines. Er hatte auch gar keine genaue Vorstellung davon, wie es hätte aussehen sollen. Dafür erhielt Ludwig Pauli eines Tages einen Funkspruch, dass die Arbeit endgültig eingestellt wäre.

*

Inmitten der sich überschlagenden Ereignisse im Sommer 1989 machten sich Lilli Pöttrichs Führungsoffizier Frank Richter und sein Chef Ralf Devaux nach Innsbruck auf, um »Angelika« zu treffen. Die politische Lage war natürlich das zentrale Thema. Sie spekulierten über die Hintergründe und Auswirkungen und entwickelten Zukunftsbilder. Am Ende blieb die Zuversicht: Alles würde gut werden. Allzu große Sorgen um die Zukunft hatte sich in der vertrauten Runde niemand machen wollen. Sie schauten nach vorne, bestärkten Lilli Pöttrich noch einmal darin, nicht allein zu sein und ermutigten sie, den ganzen Ereignissen gelassen entgegenzusehen. Schließlich hatte sie die Männer der HV A, das Ministerium für Staatssicherheit, die Deutsche Demokratische Republik hinter sich. Nochmals wurden Sicherheitsvorkehrungen besprochen und was sie im schlimmsten Falle zu tun habe.

Bereits kurze Zeit nach dem Treffen in Innsbruck sah Lilli Pöttrich die Vertreter des DDR-Geheimdienstes wieder. Zu einem Arbeitstreffen mit ihren Führungsoffizieren Frank Richter und Lothar Giese fuhren sie nach Sevilla, wieder auf

Vorschlag Lilli Pöttrichs. Für die Männer aus Ostberlin war es auch diesmal sehr mühsam und gefährlich, in den Westen zu reisen. Sie nahmen eine Reiseroute mit mehreren Zwischenstopps in verschiedenen Städten. Beide reisten getrennt, um keinen Verdacht zu erregen.

Ein wichtiger Grund dieses Zusammentreffens war, Lilli Pöttrich über Veränderungen vor allem im Verbindungswesen zu informieren. Beide Seiten – IM »Angelika« und das MfS – gingen davon aus, in Zukunft jede Menge Material übergeben beziehungsweise übernehmen zu können. Die Aufgaben im COCOM-Referat versprachen in dieser Hinsicht einiges. Deshalb sollte zusätzlich zu Hans Müller eine weitere Instrukteursverbindung eingerichtet werden. Lilli Pöttrich lernte aus diesem Grund in Sevilla das Ehepaar Walter und Claudia K. aus Köln kennen. Sie verbrachten gemeinsam drei Tage in Sevilla. Ausführlich wurden Pläne geschmiedet, wie in Zukunft die Verbindung zwecks Übergabe von Materialien zu halten wäre. Für Walter und Claudia K. war es als Bürger der Bundesrepublik wesentlich leichter, nach Frankreich und speziell nach Paris zu reisen. Dadurch konnten sie kurzfristig und häufiger in Kontakt zu Lilli treten und interessante Informationen für das MfS in Empfang nehmen. Vereinfachend kam hinzu, dass Lilli Pöttrich ihre handschriftlichen Berichte oder kopierten Dokumente nicht mehr abfotografieren musste, sondern dies in Zukunft von Walter und Claudia K. erledigt werden sollte. Alle rechneten damit, dass in den nächsten Monaten und Jahren einiges interessantes Material von Paris nach Ostberlin wandern würde. Frank Richter war mittlerweile zum Referatsleiter der Abteilung I aufgestiegen und hatte neue Aufgaben in der Geheimdienstzentrale übernommen. Deshalb war »Lothar« wieder involviert, der nun die tägliche Arbeit rund um den IM- Vorgang »Angelika« leiten sollte und alle Vereinbarungen und Einzelheiten der neuen Verbindung kennen musste. Walter und Claudia K. sollten im Wechsel mit

Hans Müller, dem vertrauten Instrukteur, den Kontakt halten. Die häufigen und aufwändigen Reisen in den Westen konnte Hans Müller nicht mehr allein bewältigen.

Walter und Claudia K. waren ebenfalls seit Jahren als Inoffizielle Mitarbeiter für das MfS tätig. Sie nun mit IM »Angelika« bekannt zu machen, war ein ungewöhnlicher Vorgang, wenn man die – natürlich auch vergeblichen – Bemühungen innerhalb des MfS betrachtet, möglichst alles vor jedem geheim zu halten. Im Falle IM »Angelika« sowie IM »Bison« und IM »Laika«, so lauten die Decknamen von Walter und Claudia K., waren die involvierten Mitarbeiter der HV A nahezu identisch. Lilli Pöttrich und Walter und Claudia K. waren fast zeitgleich in den siebziger Jahren von Mitarbeitern der HV A unter Vorspiegelung falscher Tatsachen angesprochen und später angeworben worden. Ihre Motive zur geheimdienstlichen Zusammenarbeit unterschieden sich kaum. Sie erhielten die gleiche geheimdienstliche Ausbildung und begegneten denselben Menschen der HV A. Bisher wussten sie nichts voneinander. Wären sie einander nie begegnet, hätte die Geschichte sie am Ende möglicherweise nicht bestraft.

»Bison« alias Dr. Walter K. war, wie Lilli Pöttrich, Jurist und in eigener Rechtsanwaltspraxis tätig. Er wurde 1975 vom MfS für die geheimdienstliche Tätigkeit angeworben, nachdem er von einem Mitarbeiter des Instituts für Imperialismusforschung angesprochen und nach Ostberlin eingeladen worden war. Zusammen mit seiner ebenfalls interessierten Ehefrau traf er sich mit dem Hauptamtlichen MfS-Mitarbeiter Dieter Waehnert und »Rudi« im Presse-Café in Ostberlin. »Rudi« kümmerte sich in dieser Zeit auch erfolgreich um IM »Angelika« alias Lilli Pöttrich. Nach weiteren Treffen offenbarte Dieter Waehnert schließlich im Frühjahr 1976 seine HV A-Zugehörigkeit. Er war nur wenig älter als Walter K. und als operativer Mitarbeiter für die Abteilung I tätig. Schriftlich erklärten sich die beiden jungen Leute bereit, in Zukunft nachrichtendienstlich für die HV A tätig zu werden. Walter K. war der Ansicht, dass der DDR durch seine Mithilfe zu mehr innerer und äußerer Stabilität verholfen werden könne und langfristig auch die Bevölkerung größere Freiheiten genießen würde. Claudia K. alias IM »Laika« wollte auf friedlichem Wege helfen, eine bessere Welt zu gestalten, außerdem trieb sie Neugier und Abenteuerlust in die nachrichtendienstliche Schulung und spätere Tätigkeit.

Walter K. studierte während der Zeit um 1968 in Mainz Jura. Er engagierte sich in der Studentenbewegung am linken Rand der SPD und sympathisierte insbesondere mit der DKP. Während des Studiums lernte er seine spätere Ehefrau kennen. Ab 1975 wechselte Walter K. zusammen mit seiner Frau nach Berlin, wo er an der Technischen Universität 1980 das Studium beendete. Claudia K. machte in Berlin das Abitur nach und brachte das erste von drei Kindern zur Welt. Eine anschließende wissenschaftliche Mitarbeit an der TU in Berlin beendete Walter K. mit der Promotion. Seine Bereitschaft, für den DDR-Geheimdienst tätig zu werden, basierte auf Frustration und Hoffnung. Frustration empfand er angeblich aufgrund der Entwicklungen innerhalb der Studentenbewegung sowie nicht vorhandener Alternativen in der parteipolitischen Landschaft. Deshalb hielt es »Bison« für dringend notwendig, die Attraktivität der DDR zu erhöhen. Erst dann könnte die DDR als politisches Element wirkungsvoll auf die Innenpolitik der Bundesrepublik Einfluss nehmen. Beiden Systemen, der DDR und der BRD, stand Walter K. grundsätzlich skeptisch gegenüber. Indem er sich zur Zusammenarbeit mit dem MfS bereit erklärte, hoffte er, einen Beitrag für Verbesserungen auf beiden Seiten Deutschlands leisten zu können. Auf der Seite der DDR setzte er auf mehr geistige Freiheit, eine Verringerung der Repressionen sowie auf eine bessere Versorgung. Nichts als eine politische Illusion.

Die Eheleute K. erhielten – ebenso wie Lilli Pöttrich – eine nachrichtendienstliche Ausbildung: das hieß Zahlen und Morsezeichen erkennen, Kurzwellenfunksprüche entschlüsseln, das Chiffrieren und Dechiffrieren, Geheimschreibmittel benutzen und das Abfotografieren von Dokumenten. Die unterschiedlichsten Container wurden vom MfS zum Transport oder zur Aufbewahrung wichtiger Materialien zur Verfügung gestellt. Besonders intensiv gestalteten die Ausbilder des DDR-Geheimdienstes die »Sicherheitsausbildung«. Dazu gehörte, möglichen Observationen gegenüber aufmerksam zu sein, konspirative Durchsuchungen oder Schnüffeleien Dritter zu erkennen sowie sich vor Abwehrmaßnahmen gegnerischer Geheimdienste zu schützen.

Von Beginn an kristallisierte sich ein ganz spezieller Aufgabenkomplex für »Bison« und »Laika« heraus, den beide gern und mit Eifer erledigten und ihnen von den HV-A-Männern hohe Anerkennung einbrachte. So alltäglich und profan ihre Tätigkeit von außen betrachtet anmutet, für die Geschehnisse innerhalb geheimdienstlicher Aufgaben hatte es eine immense Bedeutung. Walter und Claudia K. waren diejenigen, die die gen Westen reisenden ostdeutschen Männer und Frauen äußerlich so ausstatteten und berieten, dass sie nicht durch ihre Kleidung, Accessoires und die Art ihres Reisegepäcks auffielen. Dazu gehörten Schreibmaterialien, Stadtpläne, Kosmetikartikel, sämtliche Bekleidung von der Unterwäsche und Socken, über Hemden, Krawatten bis hin zu den passenden Anzügen, Mänteln und Taschen. Sie richteten konspirative Wohnungen ein und sorgten für das eine oder andere sehenswerte und typische Detail, das die letzten Zweifler überzeugen konnte. Aber auch Souvenirs, die für konspirative Reisen in den Westen nötig waren, besorgten die beiden eifrigen IM. Hier war Kreativität gefragt und die zeigten Walter und Claudia K. sehr gern. Oft erhielten sie Lob für ihren Geschmack, ihre Ideen und ihr Problembewusstsein, ihre Weitsichtigkeit und ihr Organisationstalent. Sie kauften ein, richteten ein, bereiteten alles für ein gutes Gelingen vor. So manches Mal wird Claudia K. eine besondere Seite ihres Könnens den Männern der HV A gezeigt haben, denn sie verwöhnte ihre Gäste leidenschaftlich gern mit außergewöhnlichen Gerichten. Dieses Talent bildete die Basis ihrer Geschäftsidee des »undercover cooking«, mit dem sie sich nach der Wende im Kölner Raum einen Namen machte.

Walter K. ermittelte und überprüfte darüber hinaus noch Adressen, die eine neue Fundgrube für die HV A sein könnten. Entgegen den Erfahrungen, die die HV A mit »Angelika« machte, entwickelte sich die nachrichtendienstliche Perspektive für »Bison« und »Laika« nicht so günstig wie ursprünglich erwartet. Die Eheleute hatten wenig interessante Informationen zu bieten. Schließlich wurde in der HV A entschieden, »Bison« und »Laika« als Residenten für Lilli Pöttrich einzusetzen. Ein Resident, ebenfalls Inoffizieller Mitarbeiter der HV A und Leiter einer sogenannten Residentur, hatte seinen Wohnsitz in der Nähe einer oder mehrerer »Quellen« im Operationsgebiet. Die HV A arbeitete mit einem ganzen Netzwerk von Residenturen, die als eine sichere und zuverlässige Verbindungsform zwischen HV A und IM galten. Natürlich musste sich ein Resident durch hohe politische Zuverlässigkeit, bewiesene Treue und Ergebenheit gegenüber der Partei auszeichnen, darüber hinaus in der Menschenführung erfahren sein und operativ-handwerkliche Kenntnisse besitzen. Der Resident erhielt seine konkreten Aufträge durch seinen Führungsoffizier, die er dann selbstständig und verantwortlich durchzuführen hatte. Der Entscheidung, Walter K. als Resident für Lilli Pöttrich einzusetzen, war die Tatsache vorausgegangen, dass er gegenüber seinen Führungsleuten vermehrt Zweifel am Sinn seines Tuns geäußert und um sinnvollere Aufgaben gebeten hatte. Claudia K. erhielt die Aufgabe der helfenden Hand an seiner Seite.

Frank Richter, Lothar Giese, Ralf Devaux, Hans Müller,

IM »Bison« und IM »Laika« – sie alle kreisten um IM »Angelika« und stellten den Hintergrund und die Sicherheit dar, die Zukunft weiterhin hoffnungsvoll zu sehen. Die Geschehnisse an den Grenzen der DDR oder anderer sozialistischer Länder warfen sie (noch) nicht aus der Bahn.

In der DDR steuerten die Entwicklungen auf den uns heute bekannten Höhepunkt zu. Viele Menschen verließen das Land, die anderen taten sich zusammen und stellten nun ihrerseits Forderungen an die Regierung. An die Massen von Botschaftsflüchtlingen in Budapest, Prag und Warschau erinnern wir uns alle. Nachdem die ungarische Regierung die Grenzen geöffnet hatte, fuhren im September 1989 über sechstausend Flüchtlinge in Trabis, Wartburgs und Bussen an die Grenze nach Österreich und flüchteten dann nach Bayern. Innerhalb von drei Tagen reisten fünfzehntausend DDR-Bürger über Ungarn und Österreich in die Bundesrepublik. Bis Ende Oktober waren es schon über fünfzigtausend. Die Ausreisewellen bewirkten in der DDR, dass sich immer mehr Menschen trauten, sich an Massenprotesten in zahlreichen Städten zu beteiligen. Die Möglichkeit der Flucht und Ausreise wurde jetzt zu einem Druckmittel gegenüber der Parteiführung, von der Reformen gefordert wurden. Politische Organisationen fanden immer mehr Zulauf. Freie Wahlen, die Anerkennung der Menschenrechte und die Abschaffung des Machtmonopols der Kommunisten waren ihre Forderungen. Vergeblich waren die Versuche der Staatssicherheit, die Wortführer einzuschüchtern oder durch den Einsatz von Inoffiziellen Mitarbeitern die weitere Entwicklung zu beeinflussen. Die landesweiten Demonstrationen hörten nicht mehr auf. Als am 9. Oktober 1989 siebzigtausend Menschen friedlich durch Leipzig zogen, griffen die Sicherheitskräfte nicht ein. Eine Woche später, bei der nächsten Leipziger Montagsdemonstration am 16. Oktober, wurde der Einsatz von Schusswaffen gänzlich und generell untersagt. Einhundertfünfzigtausend Demonstranten kamen an diesem

Tag. Obwohl Erich Honecker zum Rücktritt gezwungen wurde und Egon Krenz an dessen Stelle trat, war die Bevölkerung der DDR von den vagen Versprechungen und Erneuerungsbekundungen der Staatsführung wenig beeindruckt. Die SED hatte ihre Glaubwürdigkeit endgültig verloren. Regelmäßig gingen Hunderttausende auf die Straßen. Am 4. November 1989 kamen fast eine Million Menschen auf dem Ostberliner Alexanderplatz zusammen, die gegen die Stasi und für politische Reformen, Reisefreiheit und Demokratie eintraten. Die Demonstranten spendeten Rednern wie Christa Wolf oder Stephan Heym tosenden Beifall und buhten Vertreter des alten Regimes, unter ihnen Exspionagechef Markus Wolf, aus vollem Herzen aus.

Der 9. November 1989. Die Ereignisse überschlugen sich. Am Abend war die Mauer offen. Lilli Pöttrich erlebte den Tag im Haus ihres damaligen Chefs, dem Leiter des COCOM-Referats in der Deutschen Botschaft in Paris. Sie war einer Einladung in sein Landhaus in Südfrankreich gefolgt, wo ein Wochenende mit Ausflügen, Besichtigungen romanischer Kirchen der Gegend, gutem Essen und Gesprächen stattfinden sollte. Nach dem Abendessen an diesem Tag sah Lilli Pöttrich im Fernsehen plötzlich die Bilder, die die Welt bewegten. Menschen aus Ost und West lagen sich jubelnd und weinend in den Armen. Lillis Gefühlswelt geriet völlig durcheinander. Unsicherheit und Angst auf der einen Seite und Hoffnung auf der anderen. Welche Konsequenzen diese Entwicklung für sie persönlich und ihre Arbeit für das MfS haben würde, konnte sie nicht einschätzen. Diese Unsicherheit machte ihr Angst. Gleichzeitig bot der Ruf nach Reformen, nach Meinungs- und Reisefreiheit Anlass zur Hoffnung, dass sich in der DDR nun einiges zum Besseren wenden würde.

In den folgenden Tagen und Wochen strömten Millionen DDR-Bürger nach Westberlin und in die Bundesrepublik. Am 13. November 1989 wurde Hans Modrow von der Volkskammer auf Vorschlag der SED zum neuen Ministerpräsidenten der DDR gewählt. Er schlug eine Vertragsgemeinschaft beider deutscher Staaten vor.

Das Ministerium für Staatssicherheit wurde de facto aufgelöst, zu schlecht war sein Ruf in der Bevölkerung. Dafür wurde das Amt für Nationale Sicherheit (AfNS) aus der Taufe gehoben. Der Mitarbeiterbestand der Geheimdienstler wurde reduziert, Ziele und Aufgaben neu definiert und der Akten- und Karteibestand minimiert. Es wurde befürchtet, dass aufgebrachte Bürgerrechtler in das Gebäude eindringen sowie Agenten anderer Geheimdienste gezielt nach Informationen suchen würden.

Im Dezember 1989 trat das Politbüro mit Egon Krenz und das Zentralkomitee der SED unter dem Druck der eigenen Mitgliederbasis und anhaltender Massendemonstrationen zurück. Das Amt des Vorsitzenden des Staatsrates und des Nationalen Verteidigungsrates legte Krenz nieder. Honecker und andere Spitzenpolitiker wurden aus der SED ausgeschlossen. Anfang Dezember wollten Bürgerkomitees die MfS-Bezirksverwaltungen auflösen, nachdem fast alle Kreisdienststellen bereits besetzt waren. Auch im AfNS verstärkte sich der Druck, die alte Führungselite zu entfernen. Weitere Entlassungen folgten. Am 7. Dezember 1989 konstituierte sich der Zentrale Runde Tisch in Ostberlin, der sich als Kontrollinstanz der Regierung verstand. An ihm saßen Vertreter der SED, der Blockparteien, der Massenorganisationen und der Oppositionsgruppen. Die Vertreter des Runden Tisches forderten die Regierung auf, alle Dienststellen des AfNS durch das Innenministerium zu kontrollieren und die Vernichtung von Material und Dokumenten zu verhindern.

Bis Ende des Monats waren fast alle ehemaligen Abteilungsleiter und zahlreiche Mitarbeiter des ehemaligen MfS entlassen. Parallel wurde abgerüstet. Die Vernichtung der umfangreichen HV-A-Akten lief weiter auf Hochtouren. Werner

Großmann beschrieb die Vernichtungsarbeit der Akten sehr anschaulich in seinem Buch »Bonn im Blick«. Demnach reichte die einzige Verkollerungsanlage in der HV A nicht aus, die Berge Papier zu verarbeiten. Deshalb wurden auch die vorhandenen Büroreißwölfe eingesetzt, die rund um die Uhr liefen und dabei zuweilen vor Überhitzung aussetzten. Kurzerhand verschwanden die Kleingeräte dann in einem Kühlschrank, um nach einer Erholungspause wieder mit Papier voll gestopft zu werden. Das, was die Reißwölfe ausspuckten, lauter kleine Papierstreifen, verschwand in Säcken. Sogar ein Befehl des neuen Leiters des Amtes, Generalleutnant Wolfgang Schwanitz, die Vernichtung zu beenden, ignorierte die restliche Mannschaft und schredderte unbeirrt weiter. Ehemalige Führungsoffiziere waren dabei besonders motiviert, da sie sich durch die persönlichen Beziehungen zu ihren Inoffiziellen Mitarbeitern für deren Schutz einsetzen wollten. Teilweise wurden die papiernen Dokumente zu Hause in Öfen, Kaminen oder auf Datschengrundstücken im offenen Feuer verbrannt. Jahrzehntelange Kleinstarbeit wurde noch einmal zu einem letzten Stück harter Arbeit für Mensch und Maschine.

Ebenfalls im Dezember 1989 traf sich Lilli Pöttrich mit Walter K. in einem Café in Paris. Er war allein angereist. Natürlich gab es ein beherrschendes Thema zwischen den beiden Spionen: wie sollte es nun weitergehen? Die eine oder andere Neuigkeit wurde ausgetauscht. Walter K. erinnerte Lilli Pöttrich noch einmal daran, wie sie sich im Falle einer etwaigen Strafverfolgung verhalten sollte. In besseren Zeiten war sie zu diesem Thema bereits von ihrem Führungsoffizier Frank Richter entsprechend aufgeklärt und instruiert worden.

Am 13. Januar 1990 wurde die Auflösung des Amtes für Nationale Sicherheit, vormals Ministerium für Staatssicherheit, vom Ministerrat der DDR beschlossen. Für den 15. Januar 1990 riefen Bürgerinitiativen und andere Organisationen zu einer Demonstration vor dem Hauptsitz des ehemaligen MfS in der Normannenstraße auf. Mit Nachdruck forderten sie die vollständige Auflösung des AfNS. Die Haupttore zum MfS-Gebäude wurden gewaltsam geöffnet und einige Demonstranten drangen in das Gebäude ein. Der Komplex, in dem die ehemalige Hauptverwaltung Aufklärung des Ministeriums für Staatssicherheit untergebracht war, blieb vorerst verschont. Lediglich dessen Eingänge wurden von Mitgliedern der Bürgerbewegung kontrolliert, um nur noch namentlich aufgeführten ehemaligen Mitarbeitern den Zutritt zum Gebäude zu gewähren. Denn nach wie vor nutzten die Männer vom MfS jede Stunde, um Akten ehemaliger »Kundschafter des Friedens« zu beseitigen.

Im selben Monat kamen Walter und Claudia K. wieder nach Paris. Sie trafen sich mit Lilli Pöttrich in einem Café am Fuße des Montparnasse, blieben allerdings nicht lange dort. Auf einem Spaziergang tauschten sie sich ungehört aus. IM »Angelika« erfuhr zu ihrer Beruhigung, dass ihre nachrichtendienstlichen Unterlagen im Wesentlichen vernichtet beziehungsweise in Wohnungen zuverlässiger Mitarbeiter der HV A untergebracht seien. Sie vereinbarten ein nächstes Treffen für Februar 1990 in Aachen.

Als Lilli Pöttrich in Aachen am verabredeten Treffpunkt erschien, sah sie Hans M. wieder, den sie gar nicht erwartet hatte. Nach Jahren der gemeinsamen Arbeit ein schöner und zugleich trauriger Moment. Denn die dunklen Wolken verdichteten sich immer weiter. Beiden war klar, dass es mit der DDR zu Ende ging. Sie sprachen über die bevorstehenden Wahlen, die ersten freien Wahlen in der DDR, die am 18. März 1990 stattfinden sollten. Selbst bei optimistischer Einschätzung der Chancen der PDS, der Nachfolgepartei der SED, war ihnen klar, dass es vorbei war. Zu tief saß bei den Menschen in der DDR der Wunsch nach Veränderung. Lilli Pöttrich zweifelte nicht daran, dass ihre ehemaligen Führungsoffiziere alles tun würden, um alle noch vorhandenen Hinweise auf ihre Agententätigkeit zu vernichten.

An ihrem Arbeitsplatz in Paris erlebte sie ebenfalls eine schwere Erschütterung. In der morgendlichen Botschaftsbesprechung erfuhr sie am 10. April 1990, dass ein Kollege, Klaus von Raussendorff, Ständiger Vertreter des Botschafters bei der UNESCO in Paris, wegen Verdachts auf Landesverrat verhaftet worden war. Sie kannte Klaus von Raussendorff persönlich. Beide waren sie Mitglieder im sogenannten SPD-Freundeskreis, einer Runde Gleichgesinnter, die sich in der Bonner Zentrale, aber auch in Paris etabliert hatte. Einmal, nach einer leidenschaftlichen Äußerung Lilli Pöttrichs zu den politischen Entwicklungen um sie herum und der Offenbarung, sich der Kohl-Politik zeitweilig näher gefühlt zu haben als der Politik der SPD, lud sie Klaus von Raussendorff zu einem Essen ein. Sie stellten fest, dass sie politisch in einigen Punkten gleicher Ansicht waren, ohne zu wissen, dass sich zwei Agenten des ostdeutschen Geheimdienstes gegenübersaßen.

Jetzt, nach der Verhaftung dieses Kollegen in doppelter Hinsicht, hieß es für Lilli Pöttrich erst einmal Ruhe zu bewahren. Ab sofort musste sie ständig damit rechnen, ebenfalls enttarnt zu werden. Die Angst vor einer Verhaftung saß ihr im Nacken. Eine vorübergehende Lösung dieser hochgradig belastenden Situation bot sich ihr im COCOM-Referat selbst, denn die politischen Ereignisse hatten unmittelbare Auswirkungen auf ihren Arbeitsbereich: Es gab viel zu tun, und so stürzte sie sich in die Arbeit. Mit Eifer und Kreativität machte sie sich daran, an Neuentwicklungen mitzuwirken und erlebte – Ironie des Schicksals – einen weiteren Höhepunkt ihrer Karriere im Auswärtigen Amt. Mit dem Untergang der DDR ging im Auswärtigen Amt ihr Stern auf. Sie war hochmotiviert und setzte alle ihr zur Verfügung stehenden physischen und psychischen Kräfte ein. Im Rückblick war es für Lilli Pöttrich, die Exagentin und Diplomatin in Paris, »eine verrückte Zeit«.

Ein geplantes Treffen mit Frank Richter, ihrem hochgeschätzten und freundschaftlich verbundenen Führungsoffizier, in Innsbruck fand nicht mehr statt. Frank Richter erschien nicht. Dass damit auch die letzten Beziehungen zur DDR nicht mehr existierten, machte sie traurig. Lilli Pöttrich war nun auf sich allein gestellt.

21. Ende und Neubeginn

Am 9. April 1990 wurde Klaus von Raussendorff in Bonn verhaftet. Gemäß dem Beschluss des Ermittlungsrichters am Bundesgerichtshof in Karlsruhe wurde er in Untersuchungshaft genommen.

Klaus von Raussendorff war nicht sonderlich überrascht, als er auf dem Bonner Hauptbahnhof von Beamten des Bundeskriminalamtes angesprochen und gebeten wurde, sie zur Klärung des gegen ihn erhobenen Tatvorwurfs zu begleiten. Oft genug hatte er den Fall der Fälle gedanklich bereits durchgespielt, sodass es nun galt, die Nerven zu behalten und die günstigste Strategie zu verfolgen.

Er entschied sich zu leugnen. Zu keiner Zeit habe er bewusst Kontakt zu Mitarbeitern des Ministeriums für Staatssicherheit und keinerlei verwandtschaftliche Beziehungen in die DDR gehabt. Er vermochte nicht nachzuvollziehen, worauf sich der Tatvorwurf einer geheimdienstlichen Tätigkeit für das ehemalige Ministerium für Staatssicherheit stützen konnte. Er vermutete, dass dies höchstens aus persönlichen oder politischen Interessen eines oder mehrerer Mitarbeiter des ehemaligen MfS geschehen sei, derartige Behauptungen gegen ihn aufzustellen. Auch in der Folgezeit leugnete Klaus von Raussendorff. Er formulierte fadenscheinige Erklärungen für die Existenz einer Nummernfolge in seinem Taschenkalender und sah keinen Zusammenhang zwischen ihm und zwei weiteren Fällen geheimdienstlicher Tätigkeit für das MfS. Dabei handelte es sich um Kollegen aus dem Auswärtigen Amt, die ebenfalls festgenommen worden waren und ihre Spionagetätigkeit gestanden hatten.

In der Hauptverhandlung räumte Klaus von Raussendorff schließlich seine Verratstätigkeit ein und ergänzte die bis dahin erbrachten Fahndungsergebnisse. So gab er zu, Unterlagen von besonderer Bedeutung, wie Aufzeichnungen und Gesprächs-vorschläge für die Sitzungen des Ministerrats der WEU so-wie politische Konzepte, weitergegeben zu haben. Außer-dem offenbarte er bislang noch unbekannte Details. Ansons-ten war die Bundesanwaltschaft in ihrer Urteilsfindung auf Zeugenaussagen aus dem unmittelbaren Arbeitsumfeld des Auswärtigen Amtes angewiesen, um die Themen- und Auf-gabenkomplexe Klaus von Raussendorffs im Auswärtigen Amt einschätzen zu können. Einige ehemalige Mitarbeiter des Ministeriums für Staatssicherheit, die den Angeklagten per-sönlich kennen gelernt hatten, konnten ermittelt und befragt werden. Dazu zählten die Aussagen des Instrukteurs Paul Draeger sowie der Führungsoffiziere Axel Thiede, Siegfried Kern und Werner Roitzsch. Um den Verratsumfang bewerten zu können, wurde darüber hinaus ein Sachverständiger des Bundesamtes für Verfassungsschutz befragt.

Die Ankläger und Richter in Düsseldorf konnten nur ahnen, wie groß der begangene Schaden tatsächlich war. Sie stützten ihr Urteil auf die Angaben von Beamten des Auswärtigen Am-tes. Vorgesetzte und Kollegen aus dem Bonner Auswärtigen Amt bezeugten lediglich die Themenkomplexe, mit denen IM »Brede« dienstlich zu tun hatte. Über das wirkliche Ausmaß des jahrelangen Verrats geben die SIRA-Dokumente Auskunft, die erst 1998, also sechs Jahre nach der Verurteilung von Raussendorffs, entschlüsselt werden konnten.

Als strafmildernd wertete das Gericht bei der Urteilsbegrün-dung die gute und hochgeschätzte Arbeit Klaus von Raussen-dorffs im Auswärtigen Amt, sein Geständnis, sein junges Alter und seine Unerfahrenheit zu Beginn der Verstrickung, seine angebliche Weigerung gegenüber dem MfS, Personendossiers und Charakteristiken weiterzugeben, und seinen Einsatz für einen offenen politischen Meinungsaustausch mit dem DDR-Geheimdienst. Dagegen sah das Gericht unter anderem die lange Zeit der Verratstätigkeit, die Menge weitergegebener

Informationen – mindestens einhundertdreißig belichtete Filme mit Fotografien von etwa siebentausend Seiten Unterlagen – sowie das entgegengenommene Entgelt von etwa einhunderttausend DM als urteilsverschärfend an. Klaus von Raussendorff sei für die Bundesrepublik ein gefährlicher Agent gewesen, der seinen Diensteid gebrochen und einen schweren Vertrauensbruch begangen hatte.

Das Urteil lautete schließlich auf sechs Jahre Freiheitsstrafe wegen geheimdienstlicher Agententätigkeit in einem besonders schweren Fall (§ 52 Abs. 2 StGB und § 99 Abs. 2 StGB) in Tateinheit mit Bestechlichkeit (§ 332 StGB). Am Ende hatte Klaus von Raussendorff ein Bußgeld in Höhe von einhunderttausend DM – also seinen gesamten Agentenlohn – sowie die Gerichtskosten zu zahlen. Er verlor seine Stellung als Beamter im höheren Dienst der Bundesrepublik Deutschland und die Möglichkeit, für drei Jahre öffentliche Ämter zu bekleiden, zu wählen oder gewählt zu werden. Nach mehr als zweieinhalb Jahren konnte Klaus von Raussendorff ab Dezember 1993 das Gefängnis zumindest tagsüber verlassen. Von einem befreundeten Professor für Soziologie an der Universität Trier erhielt er die Möglichkeit, dort zu arbeiten. Abends kehrte er wieder in seine Zelle zurück. Im April 1994 öffneten sich die Gefängnistore schließlich ganz. Als wissenschaftlicher Mitarbeiter blieb er bis 1999 an der Universität Trier.

Nach seiner Haftzeit gehörte Klaus von Raussendorff zu den Gründungsmitgliedern der 1995 ins Leben gerufenen Initiativgruppe »Kundschafter des Friedens fordern Recht«, die sich aus verurteilten ehemaligen Westspionen zusammensetzte. Hagen Blau gehörte ebenfalls zu ihnen. Die Gruppe vertrat die Ansicht, dass die von der Bundesanwaltschaft erfolgten Verurteilungen gegen allgemeine Rechtsgrundsätze sowie gegen Normen des internationalen Rechts verstoßen hätten. Aus diesem Grunde forderten sie:

- die Aufhebung ihrer Urteile und deren Rechtsfolgen,
- Entschädigung für die Verfahrens- und Anwaltskosten, für Verdienstausfall, Verlust von Rentenansprüchen und für erlittene Haftzeiten und Haftschäden sowie
- die Freilassung noch inhaftierter Westagenten.

Sie sind mit keiner dieser Forderungen vor Gericht durchgekommen.

Klaus von Raussendorff präsentiert sich heute auf einer eigenen Seite im Internet. Dort gibt er kommunistische und antiamerikanische Kommentare und Ansichten preis, zum Beispiel zu Kuba, zu Palästina, Jugoslawien und der Lage im Irak.

Offen bleibt, wie es ihm wirklich erging, was er wirklich empfand, was ihm wirklich zu schaffen machte. Darüber spricht Klaus von Raussendorff – auch nach einer persönlich erlebten Katastrophe – nicht. Er wirkt nicht wie jemand, der etwas verloren hat, der einen Fehler beging oder sich irrte. Damit wäre für ihn das Eingeständnis einer persönlichen Niederlage verbunden. Das hätte bedeutet, sich den Schmerzen eines Verlustes zu stellen und daraus zu lernen. Stattdessen lebt er die ihm bekannte Rolle des prinzipientreuen Kämpfers weiter: er hält an seinen Werten fest, an seinen Vorstellungen davon, wie die Welt sich um ihn herum zu bewegen hat und wie er sie verändern kann.

*

Am 18. April 1990 hatte Hagen Blau noch immer keine Lösung für sein inneres Dilemma gefunden. Sie kam dann von außen in Form der Beamten des Bundeskriminalamtes aus Meckenheim. Der ersten Vernehmung zum Tatvorwurf der Spionage folgte die Überführung nach Karlsruhe zur richterlichen Vernehmung des Bundesanwaltes. Eine Woche später, am 25. April 1990, beantragte der Vertreter der Bundesanwaltschaft den Erlass eines Haftbefehls und den Vollzug der Untersuchungshaft. Begründet wurde die Haftnotwendigkeit damit, dass es sich um eine Anklage wegen geheimdienstlicher Agententätigkeit in einem besonders schweren Fall handele und der Beschuldigte mit einer empfindlichen Freiheitsstrafe zu rechnen habe. Außerdem bestehe Fluchtgefahr aufgrund vielfältiger beruflicher und familiärer Kontakte ins Ausland.

Hagen Blau musste sich nun in einer Gefängniszelle einrichten. Es wurde ihm gestattet, ein eigenes Fernsehgerät und ein batteriebetriebenes Radiogerät zu erwerben und in seinem Haftraum zu benutzen. Ferner wurde ihm ermöglicht, die Zeitschriften *Die Zeit, Der Spiegel* und *Stern* sowie die Tageszeitung *Der Generalanzeiger* zu abonnieren. Er konnte auch Bücherwünsche äußern, die ihm nach Überprüfung durch das Bundeskriminalamt ausgehändigt wurden. Der tägliche Rundgang im Hof ermöglichte ein Mindestmaß an Bewegung. Gleichzeitig wurde eine Kommunikationssperre verhängt. Die Sorge um die Versorgung und Unterstützung seiner Frau, die sich in Bonn eine neue Bleibe suchen musste, beschäftigte ihn sehr. Gleichzeitig war er nicht sicher, ob sie die kommende schwere Zeit mit ihm gemeinsam durchstehen würde. Hier in der Haft fand er die Zeit, nicht zuletzt aufgrund der Vernehmungen, Antworten auf die Fragen nach dem »Warum« und »Wozu« seines Doppellebens zu suchen.

Er habe seinen Beruf nicht ausgeübt, um Spionage treiben zu können, sondern formal Spionage getrieben, um den geliebten Beruf erhalten zu können, resümierte Hagen Blau nach seiner Verhaftung. Dazu kamen die Erwartungen eines – seiner Meinung nach nicht abzuschüttelnden – Auftraggebers, die er nicht habe enttäuschen wollen. Gleichzeitig habe er aber aus Verantwortungsgefühl seinem Arbeitgeber gegenüber versucht, den Geheimnisverrat so klein wie möglich zu halten. Mit diesem Zwiespalt habe er zwei Herren gerecht werden wollen. Das konnte nicht gut gehen.

Geblieben waren nur gemischte Gefühle von Enttäuschung und Befriedigung, Erleichterung und Trauer.

Enttäuschung spürte Hagen Blau darüber, dass die Einigung Deutschlands und der Frieden in Europa nicht durch allmähliches Zusammenwachsen beider deutscher Staaten erfolgte, sondern durch den Zusammenbruch der DDR und deren Vereinigung mit der Bundesrepublik. Befriedigung erlebte er bei der Vorstellung, dass nun ein friedliches und kooperatives Zusammenleben der europäischen Völker möglich werden könnte. Erleichterung machte sich deshalb breit, weil das innere Zerrissensein beendet war. Aber auch das Gefühl der Trauer spürte Hagen Blau. Trauer darüber, dass er nun nicht mehr aktiv fortsetzen und gestalten konnte, wofür er sich jahrzehntelang – mit den falschen Mitteln wie er rückblickend erkannte – eingesetzt hatte: die Einigung beider deutscher Staaten. Ihn beschlich das traurige Gefühl, ein Relikt des Kalten Krieges und zum letzten Opfer der Nachkriegsgeschichte geworden zu sein. Doch er war bereit, die Konsequenzen zu tragen. Er bedauerte, seiner Familie Leid zugefügt zu haben, seinen Kindern und Enkelkindern und seiner Frau, und hoffte, dass sie nicht unter dem Stigma, einen Vater oder Ehemann als Landesverräter zu haben, leiden müssen.

Seine Familie, seine Kinder und seine Frau, sie alle wurden von der Verhaftung des Vaters und Ehemanns überrascht. Sie wussten und ahnten nichts von seinem Doppelleben. Enttäuscht waren Kollegen und Vorgesetzte aus dem Auswärtigen Amt. Gerade bei Hagen Blau und dessen Engagement hätten sie eine Spionagetätigkeit nicht für möglich gehalten.

Am 15. November 1990 wurde das Urteil verkündet. Hagen Blau erhielt, ebenso wie Klaus von Raussendorff, eine Freiheitsstrafe von sechs Jahren wegen geheimdienstlicher Agententätigkeit in Tateinheit mit Bestechlichkeit. Die Strafe wurde gemäß § 52 Abs. 2 StGB und § 99 Abs. 2 StGB als dem Gesetz mit der schwersten Strafandrohung festgesetzt. Gemäß § 99

Abs. 2 StGB handelte es sich um einen besonders schweren Fall. Für die Dauer von drei Jahren durfte er keine öffentlichen Ämter bekleiden und nicht an öffentlichen Wahlen teilnehmen oder selbst gewählt werden. Welche Erkenntnisse Hagen Blau im Einzelnen an das MfS weitergegeben hatte, ließ sich zum damaligen Zeitpunkt nicht exakt feststellen. Zu Ungunsten des Angeklagten wurden die Dauer der Verratstätigkeit – fast dreißig Jahre –, die häufigen Treffen im In- und Ausland – mehr als siebenundsiebzig – sowie die Fülle der mündlich oder auf Filmen abgelichteten Informationen gewertet – mehrere tausend Seiten schriftliche Unterlagen. Besonders schwer fiel ins Gewicht, dass Hagen Blau seine Vertrauensstellung innerhalb des Auswärtigen Amtes grob missbraucht und seinen Diensteid gebrochen hatte. Durch die regelmäßige und langjährige Weitergabe anvertrauter Erkenntnisse handelte es sich dem Gericht zufolge um einen schwerwiegenden Treue- und Vertrauensbruch. Durch die Annahme finanzieller Zuwendungen hatte er sich zugleich der Bestechlichkeit schuldig gemacht. Er war für die Bundesrepublik ein gefährlicher und für das MfS ein sehr wertvoller Agent.

Für den Angeklagten sprach, dass er nicht vorbestraft war, ein arbeitsames Leben geführt und mit besonderem Einsatz gute und geschätzte Arbeit geleistet hatte. Strafmildernd wirkte sich sein von Reue und Einsicht vorgetragenes Geständnis aus. Auf eine Rückgabe des bei ihm aufgefundenen und eingezogenen Geldbetrages in Höhe von insgesamt zwölftausend US-Dollar verzichtete Hagen Blau, das Gericht bewertete diesen Verzicht als urteilsgemäße Rückzahlung des Agentenlohns.

Nach vier Jahren endete für Hagen Blau das Leben hinter Gittern mit seiner vorzeitigen Entlassung. Kinder und Ehefrau hatten während dieser Zeit zu ihm gestanden. Verlassen fühlte er sich allerdings von den ehemaligen Offizieren des MfS. Werner Großmann berichtete in seinem bereits erwähnten Buch, dass Hagen Blau über das MfS enttäuscht gewesen sei, weil sich niemand nach seiner Inhaftierung und Verurteilung bei ihm oder seiner Ehefrau gemeldet habe. Innerlich hatte er sich also nicht von seinen früheren »Auftraggebern« gelöst. Seine Erwartung, die ehemaligen Verbündeten würden sich nun – in seiner schwersten Zeit – ihm gegenüber loyal zeigen, ihn nicht allein lassen, erfüllte sich nicht.

Heute lebt Hagen Blau zusammen mit seiner Frau in Tokio. Wir trafen ihn dort im Jahre 2003. Auf die Frage, wie er nun im Rückblick sein Tun bewerte, antwortete er uns:

»Ich hätte gerne meine politische Überzeugung auf andere Weise zum Ausdruck gebracht als durch die Tätigkeit als Kundschafter oder wie man sagt als Spion im Auswärtigen Amt. Ich hätte gern politisch aktiv gewirkt auf einer Bühne innerhalb Deutschlands. Das hat sich nicht ergeben. Aber um irgendetwas zu tun, etwas zu tun, wovon ich selbst überzeugt war, dass es nützlich war, den sogenannten Gegner davon zu informieren und zu beraten, was möglich ist und was nicht möglich ist und damit auch der Erhaltung des Friedens auf deutschem Boden zu dienen, das werde ich nicht bereuen, nicht bedauern. Ich bin bis zu einem gewissen Grade stolz darauf, ein kleines Rädchen in dieser deutsch-deutschen Auseinandersetzung gewesen zu sein.«

*

Am Morgen des 18. April 1990 änderte sich im Büro 116 des Auswärtigen Amtes in Bonn, Adenauerallee 83, das Leben des sechzigjährigen Oberamtsrats Ludwig Pauli komplett. Referatsleiter Gerbers in Begleitung von Oberstaatsanwalt Schulz von der Bundesanwaltschaft sowie ein Kriminalbeamter standen ihm gegenüber. Ludwig Pauli war entsetzt, als er hörte, was die Besucher ihm vorwarfen: Verdacht auf geheimdienstliche Agententätigkeit für die DDR. Vehement bestritt er jeden persönlichen Zusammenhang. Geschockt und entsetzt, keinen klaren Gedanken fassen zu können – das waren die ersten Reaktionen auf seine Entlarvung. Bei den anschließenden Vernehmungen des Ermittlungsrichters machte Ludwig Pauli erste Zugeständnisse, doch vor allem überzeugte dieser Mann durch Wissenslücken. Dass seinen Erinnerungen zuweilen etwas Spekulatives anhaftete, versuchte Pauli mit seinen vielen Auslandseinsätzen und der lange zurückliegenden Zeit zu erklären. Manches wäre deshalb unbeabsichtigt zeitlich verschoben oder verdreht, vergessen, verdrängt – und manches hinzugefügt.

Der Haftbefehl wurde erlassen, Wohnung und Büroräume durchsucht. Am 24. April 1990 fuhr ein Wagen Ludwig Pauli in die Justizvollzugsanstalt in der Düsseldorfer Ulmenstraße. Der Ermittlungsrichter des Bundesgerichtshofes in Karlsruhe sah die Gefahr einer möglichen Flucht ins Ausland. Paulis Beteuerungen, sich dem Verfahren nicht entziehen und auch nicht untertauchen zu wollen, halfen nichts. Erst zwei Monate später ermöglichte es ihm ein Haftverschonungsbeschluss, das Gefängnis in Düsseldorf wieder zu verlassen – zumindest vorübergehend.

Am 11. März 1992 – fast zwei Jahre später – verurteilte das Oberlandesgericht in Düsseldorf Ludwig Pauli zu einer Freiheitsstrafe von vier Jahren wegen geheimdienstlicher Agententätigkeit in einem besonders schweren Fall in Tateinheit mit Bestechlichkeit. Auch ihm wurde für die Dauer von drei Jahren die Fähigkeit, öffentliche Ämter zu bekleiden und Rechte aus öffentlichen Wahlen zu erlangen, sowie das Recht, in öffentlichen Angelegenheiten zu wählen oder zu stimmen, aberkannt. Einhunderttausend DM, die das Gericht zuvor beschlagnahmt hatte, wurden für verfallen erklärt. Obwohl es Pauli zu Beginn seiner Agententätigkeit abgelehnt hatte – außer Spesen und

Reisekosten – Geld vom DDR-Geheimdienst anzunehmen, hatte sich seine Meinung im Laufe der Zeit dazu geändert. Das Gericht ging nach den Aussagen seiner ehemaligen MfS-Führungsoffiziere davon aus, dass sich die Agenteneinnahmen Ludwig Paulis kontinuierlich erhöht hatten, sodass unter Einrechnung von Prämien für verliehene Orden und Medaillen mindestens die eingezogenen einhunderttausend DM zusammengekommen sein mussten. Ludwig Pauli selbst errechnete allerdings eine Summe in Höhe von lediglich sechsundvierzigtausend DM Agentenlohn, die er nicht für sich selbst, sondern für die Pflege seiner kranken Mutter verwendet hatte. Einen Monat vor seiner Verhaftung in Bonn war die Mutter in Berlin gestorben.

Zu Gunsten Ludwig Paulis wurde ein weitgehendes Geständnis berücksichtigt, dass er nicht vorbestraft und zum Zeitpunkt der Werbung noch ein junger Mann war. In politisch bewegten Zeiten habe sich dieser zur Mitarbeit beim DDR-Geheimdienst verleiten lassen, was durch seine ohnehin labile Persönlichkeit noch unterstützt worden wäre. Außerdem sprach für Pauli, dass er zunächst kein Geld angenommen und auch von sich aus nie eine Entlohnung seiner Dienste verlangt hatte. Das fortgeschrittene Alter Ludwig Paulis fand Berücksichtigung, sein angegriffener Gesundheitszustand, seine erhöhte Strafempfindlichkeit sowie die Tatsache, dass er seine berufliche Stellung verlieren würde.

Zu Ungunsten des Angeklagten bei der Urteilsfindung führte das Gericht folgende Umstände an: der lange Zeitraum, der Umfang der übermittelten Dokumente und erstatteten Berichte und die Bedeutung des Agenten für die HV A. Letzteres maß das Gericht an dem von der HV A betriebenen Aufwand zur Führung Ludwig Paulis. Nachteilig wurde auch der Vertrauensbruch, der Bruch seines Diensteides und der Umstand der Bestechlichkeit gesehen.

Die verhängte Gefängnisstrafe, der gesellschaftliche und

berufliche Absturz – Ludwig Pauli war tief getroffen. Physisch und psychisch krank, wollte er auf unser Nachfragen nicht mehr mit diesem Teil seiner Vergangenheit konfrontiert werden.

Ludwig Pauli fühlte sich als Opfer und Benachteiligter, wie so oft in seinem Leben. Erfahrungen aus Kindheit und Jugend prägten diese Lebenshaltung. Die Beziehung zu einem strengen und ehrgeizigen Vater zählte dazu, ebenso dessen gesellschaftlicher und beruflicher Absturz. Auch die Erfahrung, das Abitur nicht ablegen zu können, weil Nachkriegsumstände und finanzielle Sorgen der Familie es nicht ermöglichten, wirkten sich auf seine Persönlichkeit aus. Auch die Mutter war nicht in der Lage, ihn in der notwendigen Form zu unterstützen, um ihm ein selbstverantwortliches Leben zu ermöglichen. Die emotionale Beziehung zu ihr mag auch jeder partnerschaftlichen Bindung im Wege gestanden haben. Über unglücklich endende Frauenbeziehungen kam Ludwig Pauli nicht hinaus, gleichzeitig litt er darunter so sehr, dass sein Hilferuf bis nach Ostberlin schallte.

Er versuchte den Aufstieg über eine »mittlere«, später eine »gehobene« Laufbahn als Beamter. Er lebte bescheiden, sparte Geld und klagte gleichzeitig über Geldsorgen – trotz eines guten Beamtengehaltes und Auslandszuschlägen und, wie wir heute wissen, den regelmäßigen Bezügen aus Ostberlin. Eigentlich hätte Ludwig Pauli in gewisser Weise stolz sein können, denn sowohl die Beamten- als auch die Agentenlaufbahn lief erfolgreich. Trotzdem blieb ein Gefühl der Minderwertigkeit tief in ihm sitzen, sowohl als Mann als auch als Beamter in seinem Beruf. Unzufriedenheit, Neid, Frustrationen – sie fanden ihren Ausdruck in physischen und psychischen Symptomen, in Erschöpfungs- und Erregungszuständen sowie geringer Belastbarkeit.

Seine Empfänglichkeit für die Werbung des MfS, um den Ideen des Sozialismus zu dienen, gibt nicht ausreichend Grund für seine anschließende langjährige Agententätigkeit. Diese wird vielmehr durch die Beziehungen zu den Menschen des Geheimdienstes unterstützt, speziell zu Bernhard Schorm. Durch ihn und seine MfS-Kollegen erlebte Pauli etwas Neues. In den Augen Schorms oder in denen von »Hans«, dem Instrukteur und erfahrenen Pädagogen, erkannte Pauli erstmalig auch den anerkennenden, den stützenden, den verständnisvollen Blick, den er so sehr vermisste. Hier sah er die Chance, wirklich Bedeutungsvolles leisten zu können, für den Frieden der Welt, aber gleichzeitig auch für sich selbst. Pauli, der sich lieber verkroch und in sich selbst zurückzog, der es schwer hatte, auf Menschen zuzugehen, erlebte hier, dass Menschen auf ihn zukamen. Ihnen konnte er sein Leid klagen, sie hörten ihm zu, sie nahmen ihn ernst und boten Unterstützung an. Ein ganzes Heer stand ihm zur Seite. Überhaupt sorgte der DDR-Geheimdienst gut für seine Agenten im Westen – so auch für Ludwig Pauli. Zuweilen mussten sie ihn zusätzlich motivieren und Druck ausüben, wenn es zum Beispiel um die Erfüllung konkreter Aufträge ging. Dann stellten sie Forderungen und überwachten deren Erfüllung – das kannte Pauli nur zu gut von seinem Vater und fand keinen Weg, sich dagegen zu wehren. Unter diesen Bedingungen musste und konnte Ludwig Pauli nicht zu einer eigenständigen und selbstbestimmten Persönlichkeit werden. Die Form und den Grad von Versorgung, wie das MfS sie ihm bot, hatte er niemals zuvor erfahren.

Ein weiterer Vorteil dieser Beziehung war die Eindeutigkeit der Erwartungen: Informationen und Treue. Auch wenn ihm Letzteres zuweilen schwer fiel, weil er Angst bekam und das Schiff sinken sah, er blieb dem Geheimdienst ein treuer Agent. Gefangen in den moralischen Verpflichtungen und der Unfähigkeit, sich selbst aus den Verstrickungen zu lösen, führte Pauli ein Leben, das der Familientradition folgte. Dazu zählten Werte wie Fleiß, Bescheidenheit und Sparsamkeit, aber auch beruflicher Aufstieg und Anerkennung. So – und das ist das

Fatale an der Entwicklung Ludwig Paulis – wiederholte sich in seiner Person auf eine gewisse Weise die Geschichte seines Vaters. Dieser war ebenfalls tief gestürzt, geächtet und stand gesellschaftlich plötzlich vor dem Nichts. Ihm ist Pauli auch darin treu geblieben.

*

Nach außen ging das Leben für Lilli Pöttrich seinen gewohnten Gang. Im September 1990 folgte wieder dienstintern eine Versetzung. Sie gab die Wohnung im Faubourg St. Antoine auf, in der sie so manche emotionale Achterbahnfahrt durchlebt und so manchen beruflichen Höhenflug erlebt hatte, und kehrte zurück nach Bonn in die Zentrale des Auswärtigen Amtes. Dort wurde sie mit einer Aufgabe betraut, die im Nachhinein fast schon skurril anmutet: Sie hatte drei Monate im Referat 401 Verträge zur technischen Zusammenarbeit mit der DDR zu sichten und ein Konzept für die wirtschaftliche Abwicklung zu entwerfen. Unmittelbar war sie an den Vorbereitungen der Vereinigung beider deutscher Staaten beteiligt. Mit ganzem Eifer setzte sie sich dafür ein.

Ab Januar 1991 war sie im Referat 425/420 auch für Exportkontrollfragen zuständig und auch in Bonn wurde sie als COCOM-Expertin eingesetzt. Gleichzeitig war sie in ihrer Funktion als Länderreferentin und Juristin mit guten Wirtschaftskenntnissen gefragt, als mit Bulgarien, Rumänien und Albanien Grundlagenverträge ausgehandelt wurden. Zu dieser Zeit nahm die bundesdeutsche Regierung zu Albanien wieder wirtschaftliche Beziehungen auf, nachdem die Ereignisse um die albanischen Flüchtlinge an der italienischen Küste zu Zurückhaltung und Distanzierung geführt hatten. Zweimal reiste sie durch das Land und machte sich vor Ort ein eigenes Bild von den Menschen und Zuständen des Landes. Freundlichkeit und Herzlichkeit empfingen sie.

Im Januar 1992 erhielt sie die Beförderung zur Vortragenden Legationsrätin. Die steil nach oben verlaufende Karriere der achtunddreißigjährigen Ausnahmediplomatin, die sich mit Engagement, Ideenreichtum, Einsatzbereitschaft und Sachkompetenz auch Respekt und Anerkennung erarbeitet hatte, hatte damit ihren vorläufigen Höhepunkt erreicht.

Ein Kollege aus dem Bonner SPD-Freundeskreis gab Lilli Pöttrich in der Folgezeit einen interessanten Tipp: Die SPD suchte eine Mitarbeiterin oder einen Mitarbeiter des Auswärtigen Amtes, um vor der Ratifizierung der Maastrichter Verträge diese aus SPD-Sicht prüfen zu lassen. Diese Unterstützung durch einen »externen« Mitarbeiter war nichts Außergewöhnliches, da das Auswärtige Amt regelmäßig Mitarbeiter beurlaubte, die während dieser Zeit in den Fraktionen arbeiten und den Parlamentsbetrieb aus nächster Nähe kennenlernen konnten. Lilli Pöttrich bewarb sich auf die Stelle, führte ein Gespräch mit Heidemarie Wieczorek-Zeul, die die Arbeitsgemeinschaft Europapolitik leitete, und wurde prompt engagiert. Fachlich hatte sie sich bereits während des Studiums besonders mit dem Europarecht beschäftigt und auch zwischenmenschlich stimmte alles. Da diese Aufgabe auch ihrer Karriere nicht schaden konnte, sagte sie schnell zu.

Ein Jahr lang, von April 1992 bis April 1993, war sie nun Referentin der Arbeitsgruppe EG in der SPD-Bundestagsfraktion in Bonn. Die Maastrichter Verträge standen im Mittelpunkt ihrer Arbeit, die Inhalte des Vertrages und die entsprechenden parlamentarischen Vorlagen. Am Ende verfasste sie einen Bericht, den sie durch eigene Kommentare und die anderer Experten ergänzte. Sie durchforstete das Grundgesetz für eine Verfassungskommission, bearbeitete Fragen zu Kampfeinsätzen der EG, bereitete Sitzungen und Reden für Vertreter der SPD-Fraktion vor – wieder leistete die Beamtin ganze Arbeit. Nach einem Jahr war die Ratifizierung erfolgt und ihre Aufgabe abgeschlossen.

Zurück im Auswärtigen Amt wurde ihr im Mai 1993 mitgeteilt, dass man sie in Rumänien als Generalkonsulin erwarte.
Das bedeutete für Lilli Pöttrich, wieder aus der Schusslinie
zu kommen, einer Enttarnung und möglichen unangenehmen
Fragen nach ihrer Vergangenheit zu entgehen. Die Angst vor
der Entdeckung war ihr ständiger Begleiter. Dankbar nahm sie
deshalb die neue Aufgabe an. In Rumänien konnte sie allerdings nicht sofort beginnen, da das Konsulatsgebäude noch
nicht renoviert und eingerichtet war. Eine ehemals prächtige
Villa aus den zwanziger oder dreißiger Jahren, von einem deutschen Fabrikanten erbaut und zuletzt von Nicolae Ceauşescu
bewohnt, sollte als neuer Sitz dienen. Besonders günstig traf
es sich da, dass zur selben Zeit die Stellvertreterstelle des Leiters der Botschaft im kasachischen Almaty für sechs Monate
vakant war. Der eigentliche Stelleninhaber hatte in Somalia zu
tun. Also übernahm Lilli Pöttrich kurzerhand dessen Job in
Kasachstan.

Wieder eine Herausforderung besonderer Art, in diesem
Land an dieser Stelle eine Leitende Funktion – die ihr nach
ihrem Dienstrang noch gar nicht zustand – zu übernehmen.
Die Botschaft war in einem ehemaligen Heimatmuseum untergebracht, alles schien behelfsmäßig und improvisiert, es gab
kein richtiges Eingangstor, das die Botschaftsangehörigen hätten verschließen oder bewachen können. Überhaupt war die
Frage der Sicherheit an diesem Ort besonders prekär. Man
fühlte sich wie auf einem Pulverfass. Als »reines Glück« be-
zeichnete sie es rückblickend, dass ihr und den übrigen Mitarbeitern nichts passiert sei. Die Vermutung, dass die ganze
Botschaft verwanzt war, ließ sie zeitweilig zu Papierzetteln
greifen, mit deren Hilfe sie sich handschriftlich mit Mitarbeitern oder Gästen verständigte.

Obwohl sie zu den ortsansässigen Kräften der Botschaft ein
gutes Verhältnis hatte, irritierte sie doch der raue Umgangston
untereinander. Außerdem gab es kaum etwas, das für Ab-

wechslung gesorgt hätte. Keine Bars oder Clubs, kein einheimisches Lokal, in das man hätte gehen können, kein Theater, keine Oper. Als Stellvertreterin des Leiters hatte sie auf die Sicherheit des Botschaftspersonals zu achten. Dabei trieb sie die Sorge um, dass Geheimdienste ihre Netze in Form von jungen hübschen Kasachinnen über die bundesdeutsche Botschaft warfen, mit denen sich gelangweilte und frustrierte Mitarbeiter zuweilen einließen.

Noch etwas beunruhigte Lilli Pöttrich zunehmend. Während eines Türkei-Urlaubs im Herbst 1993 kehrte schlagartig die beinahe verdrängte Vergangenheit in ihr Bewusstsein zurück. Dort las sie in der Zeitung, dass es in der nicht allzu fernen Heimat erneut zu Enttarnungen vermutlicher oder tatsächlicher ehemaliger Inoffizieller Mitarbeiter des Ministeriums gekommen war. Dabei hatte sie schon geglaubt, dass der Kelch an ihr vorübergegangen sei. Schließlich war mehr als zwei Jahre lang, nach einer Welle von Verhaftungen ehemaliger Agenten im Jahr 1991, eine gewisse Ruhe eingekehrt. Die Befürchtung, die nächste sein zu können, rückte nun wieder näher.

Im Oktober 1993 war für ihren Start im rumänischen Sibin, dem früheren Hermannstadt, alles vorbereitet. Nach dem Türkei-Urlaub begab sie sich direkt dorthin, obwohl sie eigentlich noch eine Einweisungsreise nach Bonn, eine Art Vorstellungsreise als Generalkonsulin, zu absolvieren hatte. Sie hatte ein Haus in Sibin gefunden, einen Bungalow mit fünf Zimmern, unterschrieb den Mietvertrag jedoch noch nicht und stellte auch noch keine Leute ein. Sie wollte abwarten. Auf was, wusste sie selber nicht genau. Seltsame Dinge ereigneten sich in ihrem beruflichen Alltag, das spürte sie, Dinge, die sie nicht zuordnen konnte oder die einfach ungewöhnlich waren. Irgendwann entschied sie, ihre Reise nach Bonn nicht länger hinauszögern zu wollen. Mit einer kleinen Fluggesellschaft flog sie nach Stuttgart, um auf direktem Weg ihre Eltern zu besuchen.

Auf diese Weise entging sie einem möglichen Zugriff der Polizei auf dem Köln-Bonner Flughafen. Unbedingt wollte sie ihre Eltern sehen. Sie blieb das ganze Wochenende bei ihnen. Sie suchte den Kontakt, die Nähe und die Vertrautheit. All das half Lilli Pöttrich für den Moment, bevor sie den ungewissen Gang nach Bonn antrat.

Mit dem Leihwagen fuhr sie ins Auswärtige Amt. Schon vor ihrer Ankunft, aber vor allem nach ihrem Eintreffen in der Behörde, beschlich sie ein stetig wachsendes merkwürdiges Gefühl. Allzu häufig wurde sie gefragt, bei wem sie in Bonn wohnen würde. Die Stimmung ihr gegenüber war gedämpft, Zurückhaltung und Vorsicht empfingen sie. Sie selbst reagierte nervös und übervorsichtig, schon ein fragender Blick auf den Fluren oder das Geräusch einer Polizeisirene in der Ferne ließ sie innerlich zusammenschrecken. Doch alles ging gut. Erleichtert verließ sie Bonn, um eine Art Rundreise zu verschiedenen Instituten in der Bundesrepublik zu machen, die sich mit Rumänien beschäftigten. Während eines Besuchs in Stuttgart erhielt sie eine Mitteilung, dass sie nach Bonn in die Personalabteilung kommen sollte.

Was dann passierte, ist uns bereits bekannt. Ohne Martinshorn, ganz leise kamen die Männer vom Bundeskriminalamt aus Meckenheim, um sie abzuholen. Sie erklärte sich schnell bereit, zum Tatvorwurf des Landesverrats auszusagen. Hatte sie doch den Eindruck, dass es keinen Sinn mehr hatte etwas zu bestreiten oder zu verschweigen, was später auf andere Weise doch ans Licht kommen würde. Zu gut erinnerte sie sich an die Zeitungsberichte über die Gerichtsverfahren gegen andere MfS-Spione.

An diesem ersten Abend nach ihrer Enttarnung schlief sie im Landesbehördenhaus in Bonn in einer Art Ausnüchterungszelle. Zuvor hatte sie mit ihren Eltern telefoniert. Sie verstanden nichts, hatten nichts vom Doppelleben ihrer Tochter geahnt und waren entsprechend fassungslos. Die nächsten

Tage waren von Gesprächen mit der Ermittlungsrichterin beim Bundesgerichtshof in Karlsruhe ausgefüllt.

Bereits am folgendem Tag, dem 2. Dezember 1993, war ein Haftbefehl gegen sie erlassen worden und am gleichen Tag außer Vollzug gesetzt. Zweimal wöchentlich hatte sich Lilli bei einer zuständigen Polizeidienststelle zu melden. Ihren bundesdeutschen Pass musste sie abgeben. Vorläufig war sie auf freiem Fuß. Sie übernachtete in einem Hotel, holte am nächsten Morgen ihr Gepäck aus dem Schließfach im Bonner Hauptbahnhof und fuhr zu ihrer Schwester. Nach drei Tagen erst traute sie sich, zu ihren Eltern nach Wiesbaden zu fahren. Ihr Vater hatte Jahre zuvor einen Schlaganfall erlitten. Eine halbseitige Lähmung und Sprachschwierigkeiten waren die Folge. Fragen zum Geschehen stellte er nicht und über das neue Bild seiner Tochter konnte und wollte er nicht sprechen. Sie waren fassungslos, dass ihre Lilli, auf die sie stolz waren, jahrelang von ihnen unbemerkt für die Stasi gearbeitet hatte. Ihre Welt schien aus den Fugen zu geraten. Die Frage, ob sie ihre Tochter jemals richtig gekannt haben, hinterließ nur Schmerz und Enttäuschung. Aber auch Sorge um die Zukunft ihres Kindes ließ die Eltern nicht ruhen. Wie würde es weitergehen? Welche Strafe würde sie bekommen? Und was käme danach?

Lilli Pöttrich blieb nicht untätig. Bis die nächsten richterlichen Entscheidungen gefällt werden konnten, lief das Verfahren und die Zeit weiter. Sie widmete sich den praktischen Dingen des Lebens und packte an, was zu regeln war. Sie meldete sich regelmäßig bei der Polizei, suchte sich eine Wohnung und ließ ihre Möbel kommen, die eine Speditionsfirma eigentlich nach Rumänien transportieren sollte. In Köln und Düsseldorf fand sie in Rechtsanwaltskanzleien als freie Mitarbeiterin eine zusätzliche Erwerbsquelle und Gelegenheit sich abzulenken.

Am 6. August 1994 klagte der Generalbundesanwalt beim Bundesgerichtshof in Karlsruhe Lilli Pöttrich an, für den Geheimdienst einer fremden Macht eine geheimdienstliche Tätigkeit gegen die Bundesrepublik Deutschland ausgeübt zu haben. Im April 1995 fand die Hauptverhandlung in Düsseldorf vor dem Oberlandesgericht statt. Fernsehen und Presse standen in den ersten Stunden des 26. April 1995 bereit, um über ihren Fall zu berichten. Dann verschwanden die Medienvertreter so schnell wie sie gekommen waren. Der Fall schien klar und versprach keine größeren Überraschungen.

Am 28. April fällten die Richter ihr Urteil. Zwei Jahre Freiheitsstrafe auf Bewährung wegen geheimdienstlicher Agententätigkeit in einem besonders schweren Fall. Gestützt wurde das Urteil auf Paragraph 99 Abs. 1 Nr. 1, Abs. 2 Satz 1 und 2 Nr. 1, Paragraph 56 Abs. 2, Paragraph 45 Abs. 2 und 5, Paragraph 101, 73 Abs. 1, 73a des Strafgesetzbuches. Begründet wurde die Entscheidung damit, dass Lilli Pöttrich als Angehörige des Auswärtigen Amtes in verantwortlicher Stellung Dienstgeheimnisse weitergegeben und damit ihre Position ausgenutzt und missbraucht habe. Weiterhin fiel zu ihren Ungunsten ins Gewicht, dass sie über vierzehn Jahre lang für den DDR-Geheimdienst gearbeitet und mehr als sechzig Treffen im In- und Ausland wahrgenommen habe. Darüber hinaus ging das Gericht von einer Fülle von gelieferten Informationen, insbesondere einer großen Anzahl von Personendossiers aus, die sich strafverschärfend auswirkten. Erschwerend wurde auch gewertet, dass sie von vornherein bereit war, ihren Diensteid zu brechen und durch Verrat das Vertrauen ihrer Kollegen und Vorgesetzten missbraucht habe.

Für die Dauer von zwei Jahren wurden ihr die bürgerlichen Rechte aberkannt, sie durfte nicht wählen und nicht gewählt werden, keine öffentlichen Ämter bekleiden und auch nicht an der Aufstellung von Kandidaten für Wahlen mitwirken. Darüber hinaus hatte sie die Kosten des Verfahrens zu tragen und einen Betrag in Höhe von dreizehntausend DM zu zahlen.

Strafmildernd wirkte sich im Urteil aus, dass sie bei Beginn der nachrichtendienstlichen Verstrickung mit ihren einund-

zwanzig Jahren noch sehr jung war und in der Folge ein geordnetes, arbeitsames und politisch engagiertes Leben geführt
habe. Das Gericht ging davon aus, dass sie zwar insgesamt
während eines Jahres als stellvertretende deutsche COCOM-
Delegierte in Paris gewichtiges Material weitergegeben habe.
Ferner fielen die Veränderungen der politischen Verhältnisse,
der Untergang der DDR und ihrer Geheimdienste, bei der Urteilsfindung positiv ins Gewicht. Ganz entscheidend für das
Strafmaß und die Aussetzung auf Bewährung wurde gewertet,
dass Lilli Pöttrich ein sofortiges und umfassendes Geständnis
abgelegt habe und auch Tatumstände, die sonst nicht hätten
nachgewiesen werden können, genannt habe. Ferner wirkte
sich auf die Entscheidung des Gerichts die zusätzliche indirekte
Bestrafung aus, wozu der Verlust der sehr geschätzten Stellung
im Auswärtigen Amt und die Aberkennung der bürgerlichen
Rechte für zwei Jahre zählten sowie die Tatsache, vorläufig
keine Zulassung zur Rechtsanwältin erlangen zu können.

Lilli Pöttrich akzeptierte das Gerichtsurteil. Sie war erleichtert über die professionelle und faire Form der Verhandlungen.
Die Hauptsache war, dass sie nicht ins Gefängnis musste. Im
Sommer 1995 stand sie da: ohne Einkommen und Job, ohne
Anspruch auf Arbeitslosengeld oder Ähnliches, ohne die Möglichkeit, in ihrem Beruf arbeiten zu können und ohne nennens-
werte finanzielle Reserven.

Ein glückliches Ende? Es sei vorbei und schwer zu sagen, ob
ihr Verhalten richtig oder falsch gewesen sei, sagt Lilli Pöttrich
rückblickend. Sie sei von der Richtigkeit dessen, was sie tat,
überzeugt gewesen. Auch wenn ihr im Laufe der Zeit Zweifel
gekommen seien, habe sie keine Möglichkeit eines Ausstiegs
erkennen können. Bei allen Überlegungen sei ihr ein Ende der
Geheimdienstarbeit immer als Verrat ihren MfS-Leuten gegenüber vorgekommen. Deshalb hielt sie sich an ihre Verpflichtungserklärung – aber nicht an ihren Diensteid.

Die Folgen der Verurteilung trafen Lilli Pöttrich zunächst

härter als erwartet. Seit der Verhaftung war ihr klar, dass sie nur noch als Rechtsanwältin, und nie mehr im Staatsdienst, ihr Geld verdienen konnte. Also versuchte sie, den Berufswunsch, den sie als junge Abiturientin hatte, in die Tat umzusetzen. Doch Bewerbungen blieben fruchtlos und nur mühsam gelang es ihr, in einer Anwaltspraxis als freie Mitarbeiterin tätig zu werden. Anstellungen bei Zeitarbeitsfirmen und die Arbeit in der Rechtsanwaltskanzlei ermöglichten ihr zunächst, den Lebensunterhalt zu sichern. Erst fünfeinhalb Jahre nach der Verurteilung und insgesamt sieben Jahre nach der Verhaftung erhielt sie die offizielle Zulassung als Rechtsanwältin von der Rechtsanwaltskammer. Rückblickend waren die Monate und Jahre ohne feste Anstellung für Lilli Pöttrich die schlimmste Erfahrung in dieser Zeit. Mittlerweile ist sie Fachanwältin für Sozialrecht und in einer eigenen Kanzlei tätig.

Die Bilanz ihres beruflichen Werdegangs enthält neben dem kontinuierlichen Aufstieg auch den tiefen Sturz. Die speziellen Anreize, Anregungen, Herausforderungen und Entscheidungsbefugnisse, die sie während ihrer Karriere im Auswärtigen Amt erleben konnte, gehörten der Vergangenheit an. Ebenso verlor sie eine hoch geachtete gesellschaftliche Stellung, die mit finanziellen und existenziellen Sicherheiten verbunden war.

Erreicht hatte sie diesen Aufstieg, neben ihren persönlichen Fähigkeiten und Stärken, durch den Anstoß, die Unterstützung, Rückendeckung und Anerkennung des Ministeriums für Staatssicherheit. Ohne die Männer des Geheimdienstes wäre sie nie im Leben auf die Idee gekommen, sich um eine Stelle im Staatsdienst zu bemühen, wie Lilli Pöttrich offen zugibt. Die Methoden des MfS, die Führung und Betreuung, fielen bei ihr auf fruchtbaren Boden. Erfolgreich wurde sie auf einen für sie in jungen Jahren unvorstellbaren Weg gebracht. In fast idealtypischer Form wurde hier ein junger Mensch in seinen Fähigkeiten gefördert und unterstützt, konkrete und klare Ziele definiert und auf seinem Weg kontinuierlich begleitet. Erfahrungen und Wissen gaben die MfS-Männer bereitwillig weiter, Fallstricke deckten sie rechtzeitig auf und zur Lösung von Problemen standen sie bereit. Dabei blieb Lilli Pöttrich mit ihren Vorlieben und ihren Interessen, ihren Stärken und Schwächen immer im Mittelpunkt. Mentorengleich wiesen die Denker und Lenker des MfS der jungen Frau den Weg. Sie fühlte sich als Mensch direkt angesprochen, respektiert und anerkannt. Einigen der operativen Mitarbeiter, mit denen sie im Verlauf ihrer Agenten-Karriere zu tun hatte, fühlte sie sich in Freundschaft verbunden. Sie boten ihr Verlässlichkeit und Schutz. Eigentlich ein wirklicher Glücksfall – wären da nicht die ureigenen Interessen der Geheimdienstler gewesen, deren Verhalten als erfolgreiches systematisches Beeinflussen bis hin zur Manipulation enttarnt werden kann. In dieser Deutlichkeit kann und will Lilli Pöttrich das Geschehene nicht interpretieren. Es fällt sicher schwer, sich als kritisch und eigenständig denkender Mensch im Rückblick in solchem Maße formbar und beeinflussbar zu sehen. Doch wie anders ist erklärbar, dass ihr kritisches Denkvermögen zu den Entwicklungen in der DDR zuweilen aussetzte und sie aufkommende Zweifel leicht beruhigen konnte? Sie agierte bewusst als Agentin und nahm persönliche Risiken in Kauf, um für soziale, wirtschaftliche und gesellschaftliche Veränderungen zu kämpfen.

Sie habe sich als junge Frau in der Bundesrepublik stets »fremd« gefühlt und die DDR als eine mögliche neue Heimat gesehen. Das Leben in der DDR – trotz aller Einschränkungen hinsichtlich Komfort, Luxus und persönlicher Freiheit – schien ihr zumindest ideologisch reizvoll genug, den Schritt einer Trennung von Familie und Freunden zu wagen. Gegenüber dem Staat und dem Land, in dem sie geboren und sozialisiert wurde, »fremdelte« sie. Der Mangel an Vertrauen in die Gesellschaft und die darin lebenden Menschen, der Mangel an der Sicherheit einer Beziehung – fühlte sie sich deshalb in der Bundesrepublik nicht daheim?

Lilli Pöttrich versuchte schon im Schulalter, sich für eine gute Sache einzusetzen und gegen bestehende Missstände zu kämpfen. Inwieweit sich die Heranwachsende mit ihren Eltern auseinander setzte, Fragen stellte, eigene Positionen offen kundtat, vertrat und vertreten durfte – inwieweit ihre Eltern dazu bereit waren, auch zu Hause eine rebellische Tochter zu lieben und zu verstehen, muss offen bleiben. Was wir jedoch wissen ist, dass sie ihre Lust und Energie auf das Ziel richtete, verbessern und verändern zu wollen. Da kamen kommunistische beziehungsweise sozialistische Grundhaltungen, da kamen die Männer aus Ostberlin gerade recht.

Lilli Pöttrich zahlte einen hohen Preis. Sie verzichtete in ihrem privaten Leben auf entwicklungsfähige und unabhängige Liebesbeziehungen. Ihre wechselnden Beziehungen krankten daran, dass sie nicht wirklich offen sein konnte. Sie bewahrte ihre Geheimnisse, um ihr nahe stehende Menschen zu schützen. Niemanden wollte sie in etwas hineinziehen, es hätte ihn doch nur belastet oder gar kompromittiert. Daran glaubte sie. Eine vertrauensvolle, offene und ehrliche Beziehung zu führen, war mit ihrem Agentenleben nicht möglich. Sie blieb allein und ihren Freunden aus der Ostberliner MfS-Zentrale treu. In besonders schwierigen Momenten des Alleinseins fand sie Trost in dem Gedanken, dass es im anderen Teil Deutschlands Menschen gab, die an sie dachten. Die Offiziere des DDR-Geheimdienstes.

22. Unter fremder Flagge

Fast alle potentiellen Mitarbeiter der Hauptverwaltung Aufklärung (HV A) des Ministeriums für Staatssicherheit wurden von ihren Anwerbern zunächst getäuscht. Die Angeworbenen wussten zu Anfang nicht, wer sie tatsächlich in die Hauptstadt der DDR lockte und was man mit ihnen vorhatte. Bei den Werbegesprächen ließen die Männer des DDR-Geheimdienstes ihre wahre Identität niemals erkennen, gaben ihre Auftraggeber und deren Zielsetzung niemals preis. Im internen Sprachgebrauch nannten die Ostberliner Geheimdienstler dieses Vorgehen »Anwerben unter Fremder Flagge«. Diese Methode zur Zusammenarbeit mit dem MfS basierte auf der Vorgabe falscher Tatsachen. Dabei wurden Beziehungspartner angegeben, die dem eigenen Geheimdienst gegenüber entgegengesetzte politische und ideologische Positionen vertraten. Das konnte ein westlicher Geheimdienst sein, ein westlicher Konzern, eine politische Gruppierung oder Partei oder auch ein Forschungsinstitut. Der Aufbau einer »Fremden Flagge« wurde auf die jeweilige Zielperson zugeschnitten. Die Varianten waren dabei sehr vielseitig.

Bei der Fremdsprachensekretärin des Bonner Auswärtigen Amts, Helge Berger, kam auch noch die so genannte »Romeo-Variante« hinzu. Das MfS schleuste einen IM der HV A unter dem falschen Namen »Peter Krause« in die Bundesrepublik ein, der sich in Cafés und Restaurants in Bonn nach jungen Frauen umsah. Nach einigen Fehlschlägen kam er bei der vierundzwanzigjährigen Helge Berger an und fand in ihr eine interessierte Zuhörerin. »Peter Krause«, der in Wahrheit Volker Gusche hieß, gab nach mehreren Treffen an, vor kurzem aus Südafrika zurückgekehrt zu sein und nun etwas schreiben zu wollen. Es verging nur eine kurze Zeit und Helge Berger verliebte sich in den attraktiven Mann mit den weltweiten

Kontakten und internationalen Erfahrungen. Sie suchte nach einer noch nicht ganz verarbeiteten zerbrochenen Liebe neue Sicherheit und Geborgenheit, die sie in »Peter Krause« zu finden glaubte. Sie erzählte ihrem Vater von der neuen Liebe und schwärmte geradezu vom neuen Glück. Doch der wurde misstrauisch und setzte einen Privatdetektiv auf »Peter Krause« an. Dieser förderte einige Ungereimtheiten zutage, mit denen er von Helge Berger konfrontiert wurde. Der clevere Ostberliner Agent reagierte so, wie es in den Lehrbüchern der HV A nachzulesen ist. Er wendete die Methode der »falschen Flagge« an und rückte nunmehr mit der ganzen »Wahrheit« heraus. Er sei Angehöriger des britischen Geheimdienstes SIS (Secret Intelligence Service), für den er in der Bundesrepublik arbeite. Sinngemäß meinte er, nach den Erfahrungen der jüngsten Geschichte sei man im Ausland Deutschland gegenüber skeptisch und lasse daher die Bundesrepublik und ihre Politik durch Geheimagenten überwachen. Außerdem deutete er an, seine Tätigkeit sei eine Art Vermächtnis gegenüber seinen Eltern, die im Dritten Reich sehr gelitten hätten. Unumwunden forderte er Helge Berger auf, seine Tätigkeit für den britischen Geheimdienst zu akzeptieren und sich ebenfalls zur Mitarbeit zu entschließen. Ohne zu zögern, erklärte sich die junge Frau dazu bereit. Sie wollte sich von dem geliebten Mann auf keinen Fall trennen. So unterzeichnete sie sogar eine Erklärung, wonach sie sich verpflichtete, für den britischen Geheimdienst zu arbeiten und hierüber Stillschweigen zu bewahren. Außerdem versprach sie, alle weiteren Kontakte zu »Peter Krause« vor jedermann geheim zu halten.

Helge Berger, die ab 1966 bei der HV A in Ostberlin zunächst unter dem Decknamen »Nova« und später unter »Komtess« geführt wurde, lieferte aus ihrem jeweiligen Arbeitsbereich im Auswärtigen Amt Informationen in Berichtsform und übergab auch dienstliche Unterlagen in großen Mengen an »Peter Krause«.

Ende 1966 erfolgte Bergers Versetzung an die deutsche Handelsvertretung in Warschau. Wegen ihres Fleißes, ihrer Hilfsbereitschaft und ihrer Belastbarkeit wurde sie allgemein geschätzt. Aber nicht nur deshalb geriet sie in das Blickfeld des deutschen Botschafters Heinrich Böx, der die Handelsvertretung der Bundesrepublik in Warschau leitete. Eine deutsche Botschaft in der polnischen Hauptstadt gab es zu diesem Zeitpunkt noch nicht. Der sechsunddreißig Jahre ältere Diplomat bot Helge Berger eine Stelle als Chefsekretärin an, unter der Bedingung, dass sie seine Bettgefährtin werde. So landete sie im Vorzimmer und in den Fängen des Botschafters. Gewissensbisse schien Helge Berger nicht zu haben: Sie mochte weiterhin ihren Verlobten »Peter Krause« vom britischen Geheimdienst, der ihr eine wunderbare Zukunft versprach und ihr nach Warschau folgte, und leistete mit seinem Wissen und Einverständnis ihre Liebesdienste für den deutschen Spitzendiplomaten Böx.

Der Verratsumfang von Helge Berger alias IM »Nova« alias »Komtess« war riesengroß. Damals wurden die Verhandlungen über die deutsch-polnischen Verträge geführt. Verraten wurden die gesamten deutschen Verhandlungspositionen, zu denen Helge Berger in Warschau Zugang hatte. HV-A-Chef Markus Wolf meinte einmal voller Stolz: »Sie brachte mehr als Guillaume«. Erkenntnisse über den jeweiligen Stand der gesamten Ost-Verträge verdankte der DDR-Geheimdienst und damit vermutlich auch der polnische Geheimdienst jener Bonner Sekretärin, die aus Liebe und vermeintlicher Geborgenheit die Bundesrepublik verriet.

Die enge persönliche Verbindung von Helge Berger zu ihrem Chef Heinrich Böx und das ihr von ihm entgegengebrachte besondere Vertrauen führten dazu, dass der Botschafter sie nicht nur über das für eine gute dienstliche Zusammenarbeit Notwendige informierte, sondern mit ihr des Öfteren freimütig auch über solche Fragen und Probleme sprach, die sonst selbst vor einer zuverlässigen Sekretärin geheim gehalten werden. So erklärte er ihr etwa politische Zusammenhänge und hielt sich auch mit persönlichen Wertungen sowie Äußerungen über Mitarbeiter oder Gesprächspartner außerhalb der Handelsvertretung nicht zurück. Alles, was die Spionin auf diese Weise erfuhr, berichtete sie »Peter Krause«. Daneben gab Helge Berger während ihrer Tätigkeit für den deutschen Botschafter Böx alle wesentlichen Unterlagen, die sie beschaffen konnte, an den gerissenen Ostberliner weiter.

Die Protokolle der deutsch-polnischen Kontaktgespräche und Vorbereitungen, die mit dem Ziel eines späteren Vertragsabschlusses sowie der Aufnahme diplomatischer Beziehungen seit dem Jahr 1968 stattfanden und beiderseits vertraulich behandelt wurden, gab Berger ebenfalls an ihren Instrukteur Volker Gusche weiter, der sich einen neuen Decknamen zugelegt hatte. In diesem Zusammenhang erfuhr der DDR-Geheimdienst beispielsweise, dass es dem deutschen Botschafter erstmals gelungen war, Kontakte zum polnischen Außenministerium anzuknüpfen, das im Gegensatz zum Außenhandelsministerium für Gespräche mit der deutschen Handelsvertretung in Warschau an sich nicht zuständig war. Auch in der Folgezeit berichtete Berger über weitere solcher Gespräche zwischen dem Botschafter und dem stellvertretenden polnischen Außenminister, die der Anbahnung von offiziellen zweiseitigen Verhandlungen zwischen der Bundesrepublik Deutschland und Polen zur Normalisierung der beiderseitigen Beziehungen dienen sollten. Außerdem gab Helge Berger an das Auswärtige Amt gerichtete Fernschreiben über Informationen weiter, die Heinrich Böx bei vertraulichen Gesprächen mit Botschaftern sozialistischer Staaten und polnischen Journalisten sowie Parteifunktionären oder aus anderen Quellen erhalten hatte. Dabei handelte es sich beispielsweise um zwei als VS-Vertraulich eingestufte Fernschreiben, die zwei Gespräche zwischen Heinrich Böx und dem damaligen rumänischen Botschafter in Polen, Petrescu, zum Inhalt hatten.

Die Kenntnis dieser Fernschreiben versetzte die DDR in die Lage, auf Rumänien bezüglich seines Verhältnisses zur Bundesrepublik Deutschland Druck auszuüben und so unter Umständen eine Verschlechterung oder sogar einen Abbruch der rumänisch-deutschen Beziehungen herbeizuführen. Außerdem bestand die Gefahr, dass der rumänische Botschafter wegen seiner recht freimütigen Äußerungen auf Betreiben der DDR oder der Sowjetunion zur Verantwortung gezogen wurde und damit möglicherweise als wertvolle Informationsquelle für den deutschen Botschafter ausfiel. Diese Folge konnte auch dadurch eintreten, dass der rumänische Botschafter der deutschen Seite in Zukunft von sich aus keine Informationen mehr übermittelte, wenn er mit deren vertraulicher Behandlung nicht mehr rechnen konnte.

In einem weiteren von Helge Berger an ihre Auftraggeber übermittelten Fernschreiben berichtete Heinrich Böx von einem – als abhörsicher bezeichneten – Gespräch mit dem Kandidaten im Zentralkomitee der Polnischen Vereinigten Arbeiterpartei (PVAP), Mieczyslaw Rakowski, der zugleich Chefredakteur der einflussreichen Zeitschrift »Polityka« war und 1988 sogar polnischer Ministerpräsident wurde. Danach äußerte sich Rakowski zu den deutsch-polnischen Beziehungen und erläuterte die Haltung des Parteichefs Wladislaw Gomulka zu dieser Frage und zu dem von Polen gemachten Vertragsangebot.

Durch die Preisgabe dieses Fernschreibens an das MfS bestand die Gefahr, dass die deutsche Handelsvertretung einen aufgeschlossenen und gut informierten Gesprächspartner in der polnischen Parteispitze verlor. Denn mit der Kenntnis seines Inhalts hatte die DDR Ansatzpunkte, um – gegebenenfalls mit Hilfe der Sowjetunion – sowohl den Gesprächspartner Rakowski selbst als möglicherweise auch andere Vertreter derselben unorthodoxen politischen Richtung in den Führungsgremien der PVAP einzuschüchtern. Weiterhin war bei einer Verwertung der erhaltenen Information durch die DDR damit zu rechnen, dass Rakowski von sich aus keine derartigen Gespräche mit deutschen Vertretern mehr führen würde, wenn er sich auf die Wahrung der – von ihm sogar besonders gewünschten – Vertraulichkeit nicht verlassen konnte.

Helge Berger verriet bei den schwierigen deutsch-polnischen Vertragsverhandlungen alles, was sie bekommen konnte: Verhandlungsinhalte, insbesondere die umstrittenen Fragen sowie die beiderseitigen Standpunkte, die von der deutschen Seite angestrebten Verhandlungsziele und damit zugleich deren Marschrichtung und Taktik. Zu den an den DDR-Geheimdienst übergebenen Materialien und schriftlichen Unterlagen gehörten unter anderem

- der von der Bundesregierung erarbeitete Entwurf einer gemeinsamen Gewaltverzichtserklärung,
- ein deutscher Vertragsentwurf,
- die vollständigen deutschen Protokolle über die Verhandlungsrunden neben den meisten der zugehörigen Anlagen,
- verschiedene zur Vorbereitung der Verhandlungen bestimmte Arbeitspapiere und Sprechzettel,
- Entwürfe zu vorbereiteten Stellungnahmen der deutschen Delegation.

Ende September 1970 wurde IM »Komtess« wieder in die Bonner Zentrale des Auswärtigen Amtes versetzt. Auch von hier aus arbeitete die Spionin aus Liebe für den angeblichen britischen Geheimdienst weiter. SIRA-Unterlagen belegen eine eifrige Spionagetätigkeit.

Anfang 1976 geriet sie in Verdacht und wurde vom Verfassungsschutz observiert, schließlich Mitte Mai 1976 festgenommen. Ihr Verlobter Volker Gusche setzte sich nach Ostberlin ab. Er wurde nie zur Rechenschaft gezogen.

Helge Berger wurde im November 1977 vom Düsseldorfer Landgericht »wegen geheimdienstlicher Agententätigkeit in einem besonders schweren Fall in Tateinheit mit Verletzung des Dienstgeheimnisses und mit Bestechlichkeit« zu fünf Jahren Freiheitsstrafe verurteilt. Nach Verbüßung von zwei Drittel der Strafe wurde sie auf Bewährung entlassen.

Laut den SIRA-Datenbanken zählte sie zu den außerordentlich fleißigen Agentinnen. Im Zeitraum von 1966 bis 1976 hielt die Auswertungsabteilung der HV A vierhundertachtunddreißig Eingänge für archivwürdig. Darunter befinden sich allein zweihunderteins Dokumente von höchster Brisanz.

Auch die von den USA 2003 der Bundesrepublik Deutschland übergebenen »Rosenholz«-Dokumente belegen eindeutig die Identität von Helge Berger, alias »Nova« und »Komtess«. Die 1941 geborene und in äußerst behüteten Verhältnissen aufgewachsene Pfälzerin, die schon aus katholischer Überzeugung die SED-Diktatur in der DDR ablehnte, lebt heute unter neuem Namen in einem wunderschönen Dorf in der Pfalz. Sie verriet jahrelang die Bundesrepublik und fügte ihr großen politischen Schaden zu. Sie als Spionin aus Liebe oder als Opfer der deutsch-deutschen Teilung zu stilisieren, wäre völlig unangemessen. Spätestens in Warschau muss sie gewusst, zumindest geahnt haben, dass ihre »heiße Ware« für den DDR-Geheimdienst bestimmt war. Dass die führenden Köpfe in der Ostberliner Geheimdienstzentrale, die Führungsoffiziere Werner Roitzsch (1966 bis 1973) und Uwe Bade (1973 bis 1976), aber ebenso die HV-A-Chefs Markus Wolf und dessen damaliger Vertreter Werner Großmann, mit ihrer Anwerbung und ihrer Einsatzfähigkeit ein selten gelungenes Meisterstück ablieferten, verkünden sie bis zum heutigen Tag. Darauf klopfen sich die damaligen Agentenführer, heute im Rentenalter, immer noch gerne voller Stolz auf ihre Schultern.

*

Ebenfalls unter »Fremder Flagge« gelang den Ostberliner Geheimdienstlern die Anwerbung des späteren Amtsinspektors im Auswärtigen Amt Herbert Kemper für die HV A des Markus Wolf. Die »Offiziere im besonderen Einsatz« (OibE) Fritz Telch und Harald Lantzsch trafen Herbert Kemper 1968 in einer Prager Bar und gaben sich als Angestellte der Firma ITT aus. Sie seien weltweit als Geschäftsreisende unterwegs, erzählten sie dem damaligen Mitarbeiter der deutschen Handelsvertretung in der tschechoslowakischen Hauptstadt. Die Anwerbung hatte vollen Erfolg. Nach den sogenannten Rosenholz-Unterlagen wurde Kemper ab 1969 unter dem Decknamen »Harry« registriert und spionierte von diesem Zeitpunkt an für die HV A in Ostberlin. Seit seiner Anwerbung bis zum Ende des Jahres 1989 lieferte er fortlaufend Berichte und andere Unterlagen mit vornehmlich wirtschaftspolitischem Inhalt, zu denen er im Registraturbereich der deutschen Handelsvertretung in Prag, der Botschaften Daressalam/Tansania (1972 bis 1976), Accra/Ghana (1973 bis 1979), des Fernmeldereferats der Zentrale des Auswärtigen Amtes in Bonn (1979 bis 1984) und der Deutschen Botschaft in Stockholm (1984/1985) Zugang hatte. Von Januar bis November 1986 arbeitete Kemper in der Registratur der deutschen KVAE-Delegation in Stockholm, eine Fundgrube für politisch äußerst sensible Dokumente. Von November 1986 bis April 1987 war Kemper alias »Harry« in der Registratur der deutschen Delegation bei den KSZE-Verhandlungen in Wien tätig. Auch diese Position brachte dem DDR-Geheimdienst unerwartet hoch brisantes Verratsmaterial, das in seiner Bedeutung gar nicht hoch genug bewertet werden kann. Von Mai 1987 bis August 1989 war »Harry« wieder in der Registratur der Deutschen Botschaft in Stockholm eingesetzt. Seine letzte Station im Auswärtigen Amt war für den Amtsinspektor Herbert Kemper ab September 1989 die Ständige Vertretung der Bundesrepublik bei der NATO in Brüssel.

Ein wichtiges Motiv für Kempers Agententätigkeit war der Agentenlohn. Nach unseren Recherchen kassierte kaum ein HV A-Spion für seine unermüdliche Verratstätigkeit soviel Geld, wie der 1990 vom Dienst suspendierte Amtsinspektor Herbert Kemper. Die genaue Summe konnte noch nicht exakt ermittelt werden. Jahrelang übergaben ihm seine Instrukteure oder Führungsoffiziere bei ihren vierteljährlich stattfindenden Treffen umgerechnet monatlich zwischen funfhundert und eintausend DM. Bereits am 3. April 1967 hatte Kemper als Anwärter für den mittleren Beamtendienst im Auswärtigen Amt folgende Erklärung unterzeichnet:

> »Ich habe die besondere Ermahnung zur Geheimhaltung des Auswärtigen Amtes vom 23.8.1954 zur Kenntnis genommen. Die dienststrafrechtlichen und strafrechtlichen Folgen der Verletzung meiner Dienstpflichten in Bezug auf die Geheimhaltung dienstlicher Vorgänge und das Verbot der Geschenkannahme sind mir bekannt.«

Während Herbert Kemper vom Landgericht Münster 1995 – aus welchen Gründen auch immer – lediglich wegen Bestechlichkeit in vier Fällen zu einer Freiheitsstrafe von einem Jahr und acht Monaten zur Bewährung verurteilt wurde, blieben seine Instrukteure und Führungsoffiziere Günter Amelung, Eckhard Daehne, Erwin Mattauch, Siegfried Kern und Axel Thiede straffrei. Als sich Herbert Kemper am 6. Dezember 1989 letztmals mit seinem Instrukteur Harald Lantzsch traf und die letzten beiden Dokumentenfilme ablieferte, kassierte er noch einmal Bargeld in Höhe von zweitausend DM. Diese Materialien konnten von der HV-A-Auswertungsabteilung schon längst nicht mehr verarbeitet werden. Die SIRA-Unterlagen verzeichnen von 1972 bis 1987 exakt vierhundertzweiundsechzig Eintragungen, davon dreihundertneununddreißig Dokumente und sechsundneunzig Berichte, die alle unter die beiden höchsten Vertraulichkeitsstufen fielen. Davon gingen mehr als 95 % direkt nach Moskau an den KGB.

Die »Rosenholz«-Dateien förderten auch zutage, dass Herbert Kempers Ehefrau unter dem Decknamen »Hanna« als so genannter Sicherheits-IM geführt wurde. Ruth Kemper muss über die geheimdienstlichen Aktivitäten ihres Mannes umfassend informiert gewesen sein. Und nicht nur das: Sie half ihm bei seinen unzähligen konspirativen Begegnungen mit dem Instrukteur der HV A und den Reisen zu konspirativen Treffs, sodass niemand etwas von seinen tatsächlichen Handlungsweisen erfuhr. Eigene Berichte lieferte sie nicht.

23. Täuschungen

Am 18. Februar 1998 verurteilte das Oberlandesgericht den Diplom-Politologen Mario Bauer und die Wirtschaftskorrespondentin Christine Bauer wegen geheimdienstlicher Agententätigkeit zu einer Freiheitsstrafe von zwei beziehungsweise neun Monaten. Die Vollstreckung der Strafen wurde zur Bewährung ausgesetzt.

Der Beginn seiner Agentenkarriere war für den 1954 in Frankfurt am Main geborenen Mario Bauer ein Verwandtschaftsbesuch in der DDR. Er und seine damalige Freundin wurden von zwei ihnen unbekannten Männern in Leipzig angesprochen, die sich als Mitarbeiter des Rundfunks der DDR vorstellten, tatsächlich aber Angehörige der HV A waren. Nach weiteren Kontakten zum Westberliner Studenten Bauer, kam es im Juli 1978 zur tatsächlichen Anbahnung eines Agentenverhältnisses. »Manfred« alias Manfred Leggewig gab sich als Mitarbeiter der HV A zu erkennen und bat Mario Bauer neben der Quittierung mehrerer Geldbeträge um Unterzeichnung einer Erklärung. Darin war Bauer bereit, Informationen über Gruppen in Westberlin zu sammeln, die gegen die DDR gerichtet waren. Wichtigster Punkt dieser Verpflichtungserklärung war das Versprechen, über alles Stillschweigen zu bewahren. Mario Bauer unterzeichnete das Papier mit dem von Leggewig, dem künftigen Führungsoffizier, vorgegebenen Decknamen »Jürgen«.

Während seines Studiums in Berlin bis zu seinem Examen führte die HV A den jungen Mann aus Frankfurt als sogenannten »Perspektivagenten«. Bauer traf sich regelmäßig in Ostberlin mit »Manfred« und berichtete über sein studentisches Umfeld und auch über die Aktivitäten des Arbeitskreises »Atomwaffenfreies Europa«, dem er seit langem angehörte. Der Politologiestudent beschaffte Literatur und überprüfte für die HV-A-Adressen in Berlin. Ab Anfang der achtziger Jahre bekam der HV-A-Hoffnungsträger ein monatliches Entgelt in Höhe von zunächst einhundert DM, später einhundertfünfzig DM. Von 1982 bis zum Ende der DDR 1989 folgte auf Manfred Leggewig der Führungsoffizier Wolfgang Hoppe.

Im September 1984 gelang es dem jungen Politologen, als wissenschaftlicher Mitarbeiter in die Bürogemeinschaft der SPD-Bundestagsabgeordneten Heide Simonis, Norbert Gansel und Horst Jungmann einzusteigen. Von der HV A begrüßt, aber nicht geplant und lanciert, entwickelte sich IM »Jürgen« alias Mario Bauer zu einer wertvollen Bonner Quelle. Jetzt wurde der Westagent in Ostberlin nachrichtendienstlich geschult und ausgebildet und mit allem technischen Know-how ausgestattet. Er erlernte den einseitigen Agentenfunk und den Umgang mit einer Spiegelreflexkamera für die Dokumentenfotografie. In den Jahren von Herbst 1985 bis Ende 1989 lieferte IM »Jürgen« aus seinem Arbeitsbereich im Deutschen Bundestag vier- bis fünfmal jährlich Verratsmaterial. Dabei handelte es sich jeweils um zwei bis sechs Filme zu je sechsunddreißig Aufnahmen. Vor allem die Unterlagen des SPD-Bundestagsabgeordneten Horst Jungmann, der unter anderem ordentliches Mitglied des Verteidigungsausschusses war, interessierten den Bonner Spitzel und seine Ostberliner Auftraggeber.

Aus den erst 1998 entschlüsselten SIRA-Unterlagen geht hervor, dass die HV-A-Auswertung einhundertsechsunddreißig brisante Dossiers von 1986 bis 1987 festhielt. Was danach von Mario Bauer noch geliefert wurde, konnte wegen der gesamten Materialfülle innerhalb der HV A nicht mehr ausgewertet werden. Das Verratsmaterial Bauers war überwiegend als »Vertraulich – nur für den Dienstgebrauch« (VS-NfD) eingestuft und behandelte unter anderem folgende Themen:

- NATO-Doppelbeschluss,
- Abrüstungsverhandlungen in Genf und Wien,
- Einsatz von NATO-Streitkräften außerhalb des Bündnisgebietes,
- NATO-Sicherheitspolitik,
- Streitkräfteentwicklungsfragen,
- Strukturveränderungen der Bundeswehr und Beschaffungsprogramme für die Bundeswehr.

Im Sommer 1986 kam es während eines Urlaubs in Tunesien zu einem Zusammentreffen des Ehepaars Mario und Christine Bauer mit dem Führungsoffizier Wolfgang Hoppe, dem Instrukteur »Rudi« und Generalmajor Heinrich Tauchert. Den HV-A-Männern gelang es tatsächlich, Christine Bauer für eine Mitarbeit zu gewinnen. Sie erklärte sich zu einer nachrichtendienstlichen Tätigkeit bereit, aus ihrem Arbeitsbereich im Textverarbeitungssystem des Auswärtigen Amts Unterlagen zu liefern. Christine Bauer wurde der Deckname »Jasmina« zugewiesen, und Wolfgang Hoppe wurde auch ihr Führungsoffizier. In den beiden folgenden Jahren, in denen die Auswertungsabteilung auch ihre Arbeit bewertete, wurden neunzehn Berichte und Dokumente aus dem Auswärtigen Amt registriert.

Während sich Mario Bauer aus politischen und finanziellen Motiven für seine Verratstätigkeit entschlossen hatte, handelte Christine Bauer vermutlich aus Liebe zu ihrem Ehemann.

Neben den Bewährungsstrafen legte das Oberlandesgericht in Münster die Zahlung von dreißigtausend DM fest. Wieviel Agentenlohn das MfS für beide Spitzel tatsächlich zahlte, lässt sich noch nicht rekonstruieren. Dokumentiert ist allerdings, dass Mario Bauer 1984 von der HV A mit einer Verdienstmedaille in Bronze, beide 1987 mit dem gleichen Orden in Silber ausgezeichnet wurden.

*

Von Mitte 1970 bis Anfang 1990 war Hans-Georg Schrader, geboren 1926, Hauptamtlicher Inoffizieller Mitarbeiter (HIM) der Abteilung I der Hauptverwaltung Aufklärung des MfS. Die vornehmlichste Aufgabe des ehemaligen Lehrers und Dozenten bestand in der Kontaktierung und Werbung von Bundesbürgern, insbesondere von Studenten, für den DDR-Geheimdienst. Unter dem falschen Namen Dr. Martin Ott gab er vor, Mitarbeiter des Ostausschusses des Deutschen Industrie- und Handelstages zu sein. Unter dem Vorwand, eine freie Mitarbeit an Studenten zu vergeben, baute er 1972 den Kontakt zu Karl-Heinz Rode auf, der wirtschaftswissenschaftliche Themen aufbereitete und sie für jeweils fünfzig DM Vergütung auch lieferte. Rode war damals in Marburg als Dozent beim Fortbildungswerk des DGB beschäftigt. Mitte 1975 gelang es Schrader, zwischen Rode und ihm in Ostberlin ein Treffen zu arrangieren, an dem auch zwei MfS-Offiziere teilnahmen. Dabei versuchten die Geheimdienstleute, Rode für eine geheimdienstliche Agententätigkeit anzuwerben. Der studierte Volkswirt erkannte gleich den nachrichtendienstlichen Hintergrund und lehnte eine Zusammenarbeit mit dem MfS ab. Allerdings erklärte er sich bereit, weiterhin mit Hans-Georg Schrader zusammenzukommen.

Im April 1976 trat Rode in den auswärtigen Dienst der Bundesrepublik Deutschland ein. Trotz der Sicherheitsbelehrungen im Auswärtigen Amt brach Rode die Verbindung zu Schrader nicht ab. Vielmehr traf er sich mit ihm in unregelmäßigen Abständen bis zum Ende der DDR 1989.

Der junge Diplomat arbeitete bis 1980 und von 1986 bis 1989 in der Bonner Zentrale des Auswärtigen Amtes. Dazwischen war er beim Generalkonsulat in Sao Paulo und an der Deutschen Botschaft in Mexiko-Stadt als Mitarbeiter des jeweiligen Wirtschaftsreferenten eingesetzt. Auch in diesen Städten traf Rode mehrfach seinen Ostberliner Kontaktmann Schrader.

Ab Mitte 1989 arbeitete Rode als Pressereferent der Deutschen Botschaft in Madrid. Auch hier bekam er Besuch von Dr. Martin Ott, der in Wahrheit Hans-Georg Schrader hieß.

Heute wissen wir, dass Karl-Heinz Rode in der so genannten »Rosenholz«-Datei unter dem Decknamen »Maro« als Inoffizieller Mitarbeiter geführt wurde. Nach SIRA-Angaben führten insgesamt vier Führungsoffiziere seine Akte: Gerd Müller (1974 bis 1981), Siegfried Franke (1981 bis 1984), Willfried Gromes (1984 bis 1988) und Horst Martin bis zum Ende der DDR. Lediglich acht Eintragungen verzeichnet die SIRA-Teildatenbank 12.

Die Nachrichtenquelle Rode war wenig ergiebig. Ihre Ergebnisse standen in keinem Verhältnis zu den Kosten. Doch die Hoffnung der Ostberliner Drahtzieher blieb, das Arbeitspensum verbessern zu können. Rode lehnte eine Geldannahme ausdrücklich ab.

Während der Karlsruher Generalbundesanwalt eine geheimdienstliche Agententätigkeit klar erkannt zu haben glaubte, beschloss das Düsseldorfer Landgericht in seinem Urteil 1994, das Verfahren einzustellen. Rode wurde auferlegt, einen Geldbetrag von zwanzigtausend DM an die Staatskasse zu zahlen.

*

Lediglich zehntausend DM musste der damalige Vortragende Legationsrat Erster Klasse Reiner Müller 1995 nach einem Urteil des gleichen Düsseldorfer Gerichts an den Staat zahlen. Auch sein Verfahren wurde – zum Unverständnis mancher Karlsruher Ankläger – eingestellt.

Der 1953 geborene Diplomat des Auswärtigen Amtes war als Student 1974 von dem als Werber für das MfS tätigen Direktor des Kölner Instituts für Publizistik Heinz Stuckmann mit zwei Offizieren des DDR-Geheimdienstes in Ostberlin

»zusammengeführt« worden. Die Männer der HV A gaben vor, von Regierungsstellen der DDR mit der offiziellen Betreuung von Journalisten aus der Bundesrepublik beauftragt zu sein. Einer von ihnen war Thomas Jungmann, der in Wahrheit Thomas Junge hieß und sich später als Führungsoffizier von Reiner Müller entpuppte.

Das wusste Müller spätestens seit 1976, als ihm von den Ostberliner Geheimdienstlern für einen Besuch in der DDR ein DDR-Falschausweis auf den Namen »Rolf Sieger« ausgestellt wurde, für den er sein Passfoto mitgebracht hatte und das mit dem Falschnamen unterschrieb.

Als Müller 1980 seinen Dienst im Auswärtigen Amt begann, verstärkte die HV A alle Bemühungen, aus dem so genannten Perspektiv-IM einen quellensprudelnden Topspion zu machen. Es kam zu regelmäßigen konspirativen Treffen mit dem Instrukteur Rolf R. So in Ostberlin und Split. 1983 und 1984 arbeitete Reiner Müller in den Kultur- und Pressereferaten des Generalkonsulats in Rio de Janeiro. Dort besuchte ihn sein Instrukteur R. Auch als er Regionalreferent für Kap Verde und Guinea-Bissau an der Deutschen Botschaft in Dakar von 1985 bis 1988 war, reisten die Führungsoffiziere Manfred Müller und Thomas Junge sowie der Instrukteur R. ihm nach. Das letzte Treffen zwischen Reiner Müller und seinem Instrukteur R. fand im Frühjahr 1989 in Bonn statt. Zu diesem Zeitpunkt arbeitete Müller in dem quellenmäßig hoch brisanten Pressereferat des Auswärtigen Amtes.

Nach den Unterlagen der Birthler-Behörde wurde Reiner Müller im MfS als IM »Siggi« geführt. Die »Rosenholz«-Dateien sind komplett vorhanden, während in der SIRA-Teildatenbank keinerlei Berichte oder Dokumente verzeichnet sind.

*

Nachzutragen bleibt noch, dass Heinz Stuckmann, seinerzeit geschäftsführender Direktor der Kölner Journalistenschule »Institut für Publizistik e.V., Reiner Müller dem MfS als potenziellen IM empfohlen hatte. 1996 wurde er vom Oberlandesgericht in Düsseldorf wegen geheimdienstlicher Agententätigkeit zu einer Freiheitsstrafe von einem Jahr auf Bewährung verurteilt.

Von 1977 bis zum Ende der DDR 1989 hatte sich Stuckmann, der im MfS als IM »Dietrich« geführt wurde, gegenüber der HV A bereit erklärt, Studenten der von ihm geleiteten Kölner Journalistenschule zu benennen, die ihm als potenzielle Mitarbeiter des MfS geeignet schienen und sie zum Zwecke der Anwerbung der HV A zuzuführen. Thomas Junge von der HV A war ebenso wie bei Reiner Müller Heinz Stuckmanns Führungsoffizier. Vom Letzteren bekam der DDR-Geheimdienst die vollständigen Listen derjenigen Personen, die an der »Kölner Schule« studierten oder dort als Lehrkraft tätig waren. Diese datengeschützten Personalien ergänzte IM »Dietrich« alias Heinz Stuckmann durch Informationen, die der IM im Rahmen der Aufnahmeprüfung und Ausbildung der Studenten oder auch durch gezieltes Befragen erhalten hatte.

Bei einer siebzehnjährigen Agententätigkeit und durchschnittlich zwei Treffen im Jahr soll Stuckmann mindestens einhundertsiebzigtausend DM vom DDR-Geheimdienst kassiert haben.

*

Ein Jahr nach dem Berliner Mauerbau arbeitete er bereits als Inoffizieller Mitarbeiter (IM) und später als HIM der HV A. Anfang 1964 wurde Herbert Schröter mit ausdrücklicher Genehmigung der HV-A-Spitze nach Paris zur Sprachenschule »Alliance Française« geschickt, um einerseits französische Sprachkenntnisse zu erwerben, aber vor allem, um nach nachrichtendienstlich geeigneten weiblichen Personen Ausschau zu halten. Schröters Wahl fiel auf die Fremdsprachensekretärin Gerda Ostenrieder, die zur selben Zeit einen Sprachlehrgang in diesem Institut belegt hatte und die sich nach kurzer Frist auch auf sein Werben hin zu einer Mitarbeit für das Ministerium für Staatssicherheit bereit erklärte. Nach einer eingehenden nachrichtendienstlichen Schulung bewarb sie sich auf Veranlassung ihres Führungsoffiziers aus Ostberlin im Herbst 1965 mit Erfolg beim Auswärtigen Amt in Bonn um eine Anstellung als Sekretärin. In der Folgezeit lieferte sie im Rahmen ihrer dienstlichen Verwendung im Auswärtigen Amt und in verschiedenen Auslandsvertretungen – vor allem aus Warschau – umfangreiches, ihr zugängliches Material. 1968 heiratete sie Herbert Schröter. Ihr Ehemann fungierte bis 1973 als Kurier und Instrukteur. Gerda Ostenrieder offenbarte sich 1973 den westdeutschen Behörden. Ihr geschiedener Ehemann setzte sich – von ihr gewarnt – in die DDR ab. Gerda Ostenrieder wurde im September 1977 vom Oberlandesgericht Düsseldorf zu einer Freiheitsstrafe von drei Jahren verurteilt.

Sämtliche Unterlagen der so genannten »Rosenholz«- und SIRA-Dokumente sind in der Birthler-Behörde einzusehen.

*

Kurz vor Drucklegung entdeckten Experten der Berliner Birthler-Behörde sieben weitere bisher unbekannte Inoffizielle Mitarbeiter, die nach den MfS-Unterlagen für die HV A im Bonner Auswärtigen Amt spionierten. Dazu zählte unter anderen IM »John«, dessen Identität bis zur Stunde noch nicht einwandfrei festgestellt werden konnte. Unstrittig ist, dass er von 1970 bis 1989 von vier Führungsoffizieren betreut wurde und bis 1987 insgesamt einhunderteinunddreißig Berichte und Dokumente lieferte, die von der HV-A-Auswertungsabteilung für wichtig angesehen wurden. Die meisten Spitzelberichte beziehen sich auf das so wichtige Thema der Bonner Afrikapolitik.

*

Ähnliches gilt für IM »Sascha«, dessen Identität bis heute noch nicht aufgeklärt werden konnte. »Sascha« wurde nach den unvollständigen »Rosenholz«-Dateien 1975 von der HV A registriert und von drei Führungsoffizieren bis 1989 »betreut«. Er muss ein äußerst fleißiger Spion im Auswärtigen Amt gewesen sein, der sich auch intensiv um das Innenleben der FDP kümmerte.

*

Nichts Näheres konnte die Birthler-Behörde zu IM »Schneider« zutage fördern. Seit 1963 bei der HV A registriert und von sieben Führungsoffizieren angeleitet, darunter erstmals von drei weiblichen »Hauptamtlichen Betreuerinnen«, wird man die Identität der vermuteten Spionin möglicherweise niemals mehr herausfinden, weil die Akten in diesem Fall sehr gründlich vernichtet wurden.

*

Gleiches gilt für IM »Feder«, 1976 von der HV A registriert. Die SIRA-Teildatenbanken belegen als Führungsoffizier Wolfgang Mende und insgesamt einundsiebzig Dokumente und Berichte aus dem weiten Feld der auswärtigen Beziehungen der Bundesrepublik zu Osteuropa und China.

*

Unaufgeklärt ist auch die Spionagetätigkeit von IM »Abraham« und IM »Arnim«. Beide registrierte die HV A 1983 und 1984. Von beiden liegt bis zur Stunde lediglich jeweils ein Blatt der Teildatenbank 21 vor, auf dem ein Mal vier und ein anderes Mal drei Führungsoffiziere verzeichnet sind.

24. Selbstanbieter

Im Dezember 1968 schrieb er einen Brief an den Soldatensender 935 der damaligen DDR und bot darin gegen Entgelt
seine Mitarbeit an. Nach einem Antwortschreiben suchte er
im Januar 1969 eine ihm angegebene Adresse in Ostberlin
auf. Dort traf der Unteroffizier der Bundesmarine Heinz Helmut Werner, Jahrgang 1944, seinen späteren Führungsoffizier
Roland Glaser. In mehreren Gesprächen wiederholte Werner sein Anliegen, gegen Lieferung von Informationen aus
der Bundeswehr finanzielle Zuwendungen zu erhalten. Seine
Gesprächspartner, die sich als Mitarbeiter des Militärischen
Nachrichtendienstes der DDR vorstellten, vereinbarten eine
nächste Zusammenkunft und gaben ihm zum Abschluss des
Gesprächs vierhundert DM.

Der Kontakt war geknüpft, und Werner wurde in den kommenden Monaten mit allen Techniken der Nachrichtenüber-
mittlung vertraut gemacht. Er erlernte die Dokumentenfotografie ebenso wie das Geheimschreibverfahren, bei dem mit-
tels eines präparierten Blattes ein unsichtbarer Text gefertigt
wird, der von dem Empfänger mit entsprechenden Chemika-
lien sichtbar gemacht werden kann. Werner wurde auch in den
so genannten A-3-Funk eingewiesen. Ihm wurden die einzu-
stellenden Empfangsfrequenzen und die Sendezeiten genannt.
Ferner lernte er, mit Hilfe von Schlüsseltabellen die aus Zah-
lengruppen und einer vorangestellten Rufnummer bestehenden, von der Zentrale des Nachrichtendienstes im Kurzwellenbereich gesendeten Funksprüche in Klartext umzusetzen.

Werner erhielt den Decknamen »Günter«. Innerhalb des
Militärischen Nachrichtendienstes der Nationalen Volksarmee (NVA) wurde er mit dem – ihm unbekannten – Decknamen »Cherry« geführt.

1969 wurde Werner nach Nürnberg versetzt. In der Folgezeit traf er sich bis Sommer 1974 regelmäßig etwa zehnmal pro Jahr in Nürnberg und Umgebung mit seinem Instrukteur des militärischen Geheimdienstes. Zu Beginn dieser Zeit wurden ihm nachrichtendienstliche Hilfsmittel übergeben. So erhielt er eine Minox-Kamera mit Stativ, die jeweils in sogenannten Containern untergebracht waren – einem Schuhputzkästchen und einem Rasierapparatetui. Weiter wurden ihm ein Radiogerät zum Empfang der A-3-Funksendungen übergeben sowie die dazu erforderlichen Schlüsseltabellen. Ferner erhielt er einen auf den Namen einer in Westberlin wohnenden Person lautenden Falschausweis, einen mit einem Geheimversteck ausgerüsteten Aktenkoffer, eine ebenfalls mit einem Container ausgestattete Reisetasche und schließlich einen präparierten Schreibblock für das Geheimschreibverfahren. Mit dieser optimalen Agentenausstattung unterschied er sich als IM des Militärischen Geheimdienstes in keiner Weise von den Spionen der Ostberliner HV A.

Grund für Werners Idee, durch eine geheimdienstliche Agententätigkeit Geld zu verdienen, waren finanzielle Schwierigkeiten, in die er wegen eines Unfalls mit einem geliehenen Wagen geraten war. Um den Schadensersatz in Höhe von viertausend DM leisten zu können, hatte er einen Kredit aufgenommen. Als er die Zins- und Tilgungsraten nicht mehr aufbringen konnte, wandte er sich an den Ostberliner Soldatensender.

IM »Cherry« alias Heinz Helmut Werner fotokopierte Verratsmaterial in seiner Dienststelle, transportierte die Kopien in dem Geheimfach des Aktenkoffers nach Hause, fotografierte sie dort mit der Minox-Kamera und übergab die belichteten Filme seinem Kurier. Die Fotokopien selbst bewahrte er im Fach der Reisetasche auf und verbrannte sie dann in der Heizungsanlage seines Hauses. Als Agentenlohn erhielt er bei seinen insgesamt achtundvierzig Treffs bis Sommer 1974 pro Treff vierhundert DM. In der Zeit von 1969 bis 1974 fanden neben den Kuriertreffs insgesamt fünf Führungstreffs in Ost-berlin statt. Sie dienten unter anderem dazu, Werner zu belobi-gen und eine freundschaftliche Beziehung zwischen ihm und seinem Führungsoffizier aufzubauen.

Nach Ablauf der Bundeswehr-Dienstzeit bewarb sich Wer-ner beim Auswärtigen Amt in Bonn und wurde ab Mitte 1974 Angestellter im Fernschreibdienst. Werners Tätigkeit in der Zentrale des Auswärtigen Amtes wurde unterbrochen durch Abordnungen an die Deutschen Botschaften in Paris, London, Budapest und Wien. Ende August 1987 dann die überraschen-de Versetzung Werners aufgrund seiner Bewerbung zur Stän-digen Vertretung der Bundesrepublik Deutschland bei der NATO in Brüssel. Dort blieb er bis zu seiner Enttarnung 1990.

Ob bei der Bundeswehr oder im Auswärtigen Amt und vor allem in der Registratur der Ständigen Vertretung bei der NATO – die Quelle Werner sprudelte außerordentlich kräftig.

Die Spitzenquelle Heinz Helmut Werner kassierte in den einundzwanzig Jahren seiner Agententätigkeit mindestens ein-hunderttachtzigtausend DM und wurde mit Orden der NVA überhäuft.

Das Düsseldorfer Oberlandesgericht verurteilte Werner 1991 wegen Landesverrats in Tateinheit mit Bestechlichkeit und Verletzung des Dienstgeheimnisses zu einer Freiheitsstrafe von neun Jahren. Für die Dauer von fünf Jahren wurde ihm das Recht, in öffentlichen Angelegenheiten zu wählen oder zu stimmen, aberkannt. An die Staatskasse musste Heinz Helmut Werner einhunderttachtzigtausend DM zahlen – soviel, wie ihm seine Agententätigkeit vermeintlich eingebracht hatte.

25. Konsequenzen

Am 9. November 1989 hatten sich die Menschen aus Ost und West ebenso freud- wie hoffnungsvoll aufeinander zu bewegt. Ab dem 6. Juli 1990 wurde in Ostberlin über den Einigungsvertrag (2. Staatsvertrag) zum Beitritt der DDR nach Artikel 23 Grundgesetz verhandelt. In einer Sondersitzung in der Nacht vom 23. auf den 24. August 1990 beschloss die Volkskammer mit zweihundertvierundneunzig von vierhundert Stimmen den Beitritt der DDR zum Geltungsbereich des Grundgesetzes der BRD zum 3. Oktober 1990. Ein Staat hatte sich damit friedlich und demokratisch selbst aufgelöst.

Am 20. September stimmten beide Parlamente dem rund neunhundert Seiten starken Einigungsvertrag zu: die Abgeordneten der Volkskammer mit zweihundertneunundneunzig von dreihundertachtzig Stimmen, die des Bundestags mit vierhundertzweiundvierzig von vierhundertzweiundneunzig Stimmen. Der Bundesrat verabschiedete den Einigungsvertrag einstimmig.

In der Einleitung heißt es im

»– Einigungsvertrag –:

Die Bundesrepublik Deutschland und die Deutsche Demokratische Republik –
ENTSCHLOSSEN, die Einheit Deutschlands in Frieden und Freiheit als gleichberechtigtes Glied der Völkergemeinschaft in freier Selbstbestimmung zu vollenden,
AUSGEHEND VON DEM WUNSCH der Menschen in beiden Teilen Deutschlands, gemeinsam in Frieden und Freiheit in einem rechtsstaatlich geordneten, demokratischen und sozialen Bundesstaat zu leben,
IN DANKBAREM RESPEKT vor denen, die auf fried-

liche Weise der Freiheit zum Durchbruch verholfen
haben, die an der Aufgabe der Herstellung der Einheit
Deutschlands unbeirrt festgehalten haben und sie voll-
enden,
IM BEWUSSTSEIN der Kontinuität deutscher Geschich-
te und eingedenk der sich aus unserer Vergangenheit
ergebenden besonderen Verantwortung für eine demo-
kratische Entwicklung in Deutschland, die der Achtung
der Menschenrechte und dem Frieden verpflichtet bleibt,
IN DEM BESTREBEN, durch die deutsche Einheit einen
Beitrag zur Einigung Europas und zum Aufbau einer
europäischen Friedensordnung zu leisten, in der Grenzen
nicht mehr trennen und die allen europäischen Völkern
ein vertrauensvolles Zusammenleben gewährleistet,
IN DEM BEWUSSTSEIN, dass die Unverletzlichkeit der
Grenzen und der territorialen Integrität und Souveränität
aller Staaten in Europa in ihren Grenzen eine grundlegen-
de Bedingung für den Frieden ist –
SIND UEBEREINGEKOMMEN, einen Vertrag über
die Herstellung der Einheit Deutschlands mit den nach-
folgenden Bestimmungen zu schließen. [...]«

Das Grundgesetz trat mit diesem Datum in den fünf neuen
Ländern Brandenburg, Mecklenburg-Vorpommern, Sachsen,
Sachsen-Anhalt und Thüringen sowie in Ostberlin in Kraft.

Die Eingliederung der DDR in das bestehende rechtsstaat-
liche System der Bundesrepublik stellte nicht nur die Menschen, sondern ebenso die Rechtsprechung vor neue Herausforderungen. Laufende Verfahren, sogenannte »Alttaten«, des
DDR-Regimes waren noch offen und mussten geklärt werden.
Die Gerichte hatten sich darüber hinaus mit Straftaten zu
befassen, die sich explizit mit DDR-Unrecht befassten. Dazu
gehörten unter anderem Gewalttaten an der deutsch-deutschen Grenze, Wahlfälschung, Verfahren gegen Richter und

Staatsanwälte der DDR wegen Rechtsbeugung, Denunziationen, Misshandlungen in Haftanstalten, Doping, Amtsmissbrauch und Korruption, Wirtschaftsstraftaten und Spionage. Auch solche Handlungen, die vor der Wende für das ehemalige Ministerium für Staatssicherheit zum Alltag gehörten und nicht strafrechtlich belangt wurden, zählten dazu – beispielsweise das Abhören von Telefonen, das Öffnen von Briefsendungen, die Entnahme von Geld oder Wertsachen aus Postsendungen, heimliches Betreten fremder Räume, Repressalien gegenüber Ausreiseantragstellern, Entführungen, Liquidierungen und Liquidierungsversuche und Preisgabe von Informationen aus beruflich begründeten Vertrauensverhältnissen.

Besonders die Aufarbeitung der Spionage gegen die Bundesrepublik stellte die Gerichte vor neue Fragen. Die Bundesregierung hatte bereits 1990 über eine weitgehende Amnestie für Spionagetätigkeiten im geteilten Deutschland diskutiert. Einem Gesetzentwurf dazu konnte der Bundesrat allerdings nicht zustimmen. Bundesregierung und Bundestag verzichteten daraufhin auf weitere Schritte, sodass die bestehenden Gesetze der alten Bundesrepublik die Rechtsgrundlage bildeten. Die Bundesanwaltschaft übernahm in Zusammenarbeit mit der Bundeskriminalpolizei die Aufgabe einer zentralen Erfassungsstelle der geheimdienstlichen Arbeit des ehemaligen Ministeriums für Staatssicherheit (MfS). Um Agenten des MfS, die als Bundesbürger gegen die Bundesrepublik Spionage betrieben hatten, überhaupt enttarnen und strafrechtlich relevante Sachverhalte vorlegen zu können, musste sich die Bundesanwaltschaft zuvor umfangreiches Wissen über die tatsächlichen Strukturen, die Aufgaben und Tätigkeiten des ehemaligen MfS verschaffen. Erst durch diese aufwändige, systematische »Aufklärungsarbeit« durch die Bundesanwaltschaft konnte die einzelne Tat, der einzelne Agent, dessen Führungsoffizier, Instrukteur und Kurier aufgedeckt und ein Ermittlungsverfahren wegen des Verdachts der Spionage gegen sie eingeleitet werden.

Zur Enttarnung ehemaliger Agenten dienten mehrere Quellen. Dazu zählten die Akten des MfS selbst, die außerhalb der Hauptverwaltung Aufklärung (HV A) noch weitgehend erhalten waren. Hauptsächlich die Akten der HV A waren in tage- und nächtelangen Schichten durch ehemalige Offiziere vernichtet worden. Lediglich in der Abteilung XV der Bezirksverwaltung Leipzig blieben in größerem Umfang komplette Akten erhalten, da Bürgerrechtler eine Vernichtung rechtzeitig verhindern konnten. Allerdings fand die Ermittlungsbehörde in anderen Diensteinheiten des MfS Akten und Hinweise, die Rückschlüsse auf Aktionen zuließen und Beweismittel darstellten. In der Hauptabteilung III, die die Treffs der Agenten mit der HV A überwachte und sicherte, fanden sich zum Beispiel detaillierte Hinweise zu Personen und Vorgängen. Ebenso dienten Aufzeichnungen in den Finanzabteilungen als Beleg, da der Devisenbedarf der Instrukteure und Führungsoffiziere für deren Reisen ins Ausland sowie die zugehörigen IM-Vorgänge sorgfältig verbucht waren.

Daneben gaben ehemalige Offiziere des MfS nach der Wende gegenüber der Bundesstaatsanwaltschaft ehemals geheimes Wissen weiter. Die ersten Ermittlungen gegen und späteren Verhaftungen von Klaus von Raussendorff, Hagen Blau und Ludwig Pauli konnten unter anderem aufgrund der Aussagen von ehemaligen hochrangigen Offizieren des MfS durchgeführt werden.

Unter der Leitung des Bundesamtes für Verfassungsschutz waren im Zeitraum von Oktober 1990 bis März 1993 ausgewählte MfS-Mitarbeiter in Berlin und in den neuen Bundesländern systematisch befragt worden, um über die Strukturen des MfS, dessen Zusammenarbeit mit dem sowjetischen Geheimdienst sowie über ehemals im Bundesgebiet tätige Agenten Hinweise zu erhalten. Trotz einer »Mauer des Schweigens« –

die sich vor allem bei der älteren Leitungs- und Führungsriege der HV A zeigte – führten Hunderte von Einzelbefragungen ehemaliger MfS-Mitarbeiter dazu, dass über tausend Hinweise auf Agenten aller Bereiche des MfS an den Generalbundesanwalt übergeben werden konnten. Darunter befanden sich auch dreihundert Hinweise auf ehemalige Agenten der HV A.

Von besonderer Bedeutung bei den Ermittlungsarbeiten waren die Daten der sogenannten Rosenholz-Datei. Die Leitung der HV A wollte Ende 1989 hoch brisantes Datenmaterial retten, das das »Herzstück« eines jeden Geheimdienstes darstellt, nämlich die Namen und Registrierunterlagen ihrer Agenten. Deshalb übergab sie, den Ermittlungen der Bundesanwaltschaft zufolge, die kompletten Datenträger nach der Wende dem sowjetischen Geheimdienst in Berlin-Karlshorst. Damit hatte sich der DDR-Geheimdienst der Möglichkeit einer eigenen und verantwortungsvollen Lösung des Problems ihrer ehemals hochgelobten »Kundschafter des Friedens« beraubt.

Im April 1993 tauchten jene von der HV A verfilmten Registrierunterlagen sensationell wieder auf. Nach der Wende waren sie auf mysteriösen Wegen zum amerikanischen Geheimdienst gelangt. Der Datenbestand der »Rosenholz«-Dateien war beachtlich. Angaben von über dreihunderttausend Personenkarteikarten der HV A, die F16-Kartei, hielt der amerikanische Geheimdienst in seinen Händen. In ihr waren die Klarnamen und Daten von Bürgern aus der DDR, der Bundesrepublik und aus anderen Ländern aufgeführt, die für die HV A als Inoffizielle Mitarbeiter bereits tätig waren oder dafür interessant erschienen. Dazu kamen noch einmal über siebenundsiebzigtausend verfilmte Karteikarten der Vorgangsdatei der HV A (F 22). In ihr waren alle Vorgänge, zwar ohne Klarnamen, aber mit Registriernummer und Decknamen vermerkt. Zusammen mit den ebenfalls beim CIA auf mysteriösem Weg gelandeten zirka zweitausend Statistikbogen der HV A ermöglichten beide Formblätter – F 16 und F 22 – die Identifizierung eines Agenten. In den Statistikbogen waren noch einmal komprimiert Informationen zu Westagenten beziehungsweise Kontaktpersonen enthalten und stellten damit einen umfassenden Überblick über das im Dezember 1988 aktive IM-Netz im Westen dar.

Im Juni 1993 konnten Mitarbeiter des Bundesamtes für Verfassungsschutz in den USA Hinweise zu annähernd zweitausend Inoffiziellen Mitarbeitern der HV A bearbeiten und deren Identifizierung durchführen. Der Generalbundesanwalt erhielt die Ergebnisse der Auswertung und konnte daraufhin Ermittlungsverfahren wegen geheimdienstlicher Agententätigkeit beziehungsweise wegen Landesverrat einleiten. Auch Lilli Pöttrich wurde aufgrund der Angaben in den »Rosenholz«-Dateien als Agentin überführt. Ihr blieben die Aktivitäten des BfV und der Bundesanwaltschaft im Sommer und Herbst 1993 als Verhaftungswellen in Erinnerung. Zu diesem Zeitpunkt wusste sie noch nicht, aufgrund welcher Hinweise es zu dieser plötzlichen Betriebsamkeit kommen konnte. Monate später standen die Beamten des Bundeskriminalamtes vor ihr und nahmen auch sie fest.

Aus der Aktion »Rosenholz« wurden (Stand: Dezember 1998) eintausendfünfhundertdreiundfünfzig Verdachtsfälle an den Generalbundesanwalt übergeben, von denen eintausendeinhundertfünfzig Ermittlungsverfahren wieder eingestellt wurden. Von den übrigen vierhundertdrei Rosenholz-Verfahren erhielten sechsundsechzig Personen Freiheitsstrafen von zwei und mehr Jahren und fünfundachtzig Personen von ein bis zu zwei Jahren auf Bewährung. Bis zu einem Jahr zur Bewährung wurden vierunddreißig Personen verurteilt, Geldstrafen erhielten vier Personen, eine Person wurde freigesprochen. Die übrigen Verfahren waren zum Zeitpunkt der Erhebung noch offen.

2003 wurde die Übergabe der »Rosenholz«-Datei von den

amerikanischen Behörden an die Bundesbeauftragte für die Unterlagen des Staatssicherheitsdienstes der ehemaligen Deutschen Demokratischen Republik (BStU, »Birthler-Behörde«) abgeschlossen. Das sorgte noch einmal, besonders in den Medien, für Aufruhr. Die Realität erfüllte die Erwartungen nicht. Spektakuläre Erkenntnisse hatte das Material nicht mehr zu bieten. Experten gehen davon aus, dass mit den insgesamt zirka dreitausend Ermittlungsverfahren die meisten Westagenten des DDR-Geheimdienstes erfasst wurden.

Ehemalige Offiziere, Instrukteure und Kuriere des Ministeriums für Staatssicherheit hatten sich erwiesenermaßen jahre- und jahrzehntelang haupt- und nebenberuflich in Perfektion mit dem Geschäft der Spionage beschäftigt. Deren Strafbarkeit entfachte in Fachkreisen heftige Diskussionen, sodass 1995 das Bundesverfassungsgericht mit der Klärung kontroverser Auffassungen beauftragt wurde. Im Einigungsvertragsgesetz von 1990 war vereinbart worden, dass die Paragraphen 93 ff. StGB, die die Strafvorschriften beim Verrat von Staatsgeheimnissen, bei Landesverrat, bei landesverräterischer Agententätigkeit und bei geheimdienstlicher Tätigkeit für einen fremden Nachrichtendienst festlegen, auch für das Beitrittsgebiet der DDR Geltung besitzen. Hauptamtliche Mitarbeiter galten schon vor 1990 als »Mittäter« und waren strafrechtlich verfolgbar, wenn sie mit der Führung von Agenten betraut waren und auf dem Staatsgebiet der Bundesrepublik handelten. Deshalb konnte ein »Rückwirkungsverbot« in einem solchen Falle nicht greifen. Auch nachdem völkerrechtliche oder verfassungsrechtliche Einwände vom Bundesgerichtshof überprüft worden waren, folgten Staatsanwaltschaften und die Mehrzahl der Gerichte der Auffassung, auch ehemalige DDR-Bürger wegen Landesverrat oder nachrichtendienstlicher Tätigkeit anklagen zu können. Bereits 1991 wurden demzufolge vom Generalbundesanwalt gegen führende Offiziere des MfS Verfahren eingeleitet, zum Beispiel gegen Werner Großmann, den letzten Leiter der HV A sowie gegen Ralf Devaux, Bernhard Schorm, unter anderem wegen des Vorwurfs des Landesverrats, der geheimdienstlichen Agententätigkeit und der Bestechung.

Die meisten DDR-Spionagefälle galten als »Geheimdienstliche Agententätigkeit« und fielen unter den § 99 StGB, bei dem im Mittelpunkt die Frage steht, ob eine Person bewusst mit einem fremden Geheimdienst gegen die Bundesrepublik zusammengearbeitet hat. Üblicherweise stehen auf geheimdienstlicher Agententätigkeit höchstens fünf, in schweren Fällen zehn Jahre Haft. Die Tat verjährt bereits fünf Jahre nach ihrer Beendigung, es sei denn, die Zeit wird durch Vernehmungen oder Durchsuchungen unterbrochen. Der Landesverrat, § 94 StGB, ist die schwerwiegendere und seltenere Form der Spionage. In besonders schweren Fällen wird sie mit einer lebenslangen Freiheitsstrafe geahndet und verjährt erst nach zwanzig Jahren.

Die Strafverfolgung gegen Werner Großmann und andere hielt das Kammergericht in Berlin teilweise für verfassungswidrig, da sie

»ihre Handlungen vom Boden der ehemaligen DDR aus begangen haben und (die) im Zeitpunkt des Wirksamwerdens der Einheit Deutschlands am 3.10.1990 ihre Lebensgrundlage in der ehemaligen DDR hatten«.

Das Bundesverfassungsgericht entschied vier Jahre später, im Mai 1995, dass eine Strafverfolgung von MfS-Mitarbeitern, die nur vom Boden der DDR aus gehandelt hatten, tatsächlich verfassungswidrig sei. Begründet wurde die Entscheidung mit dem Verhältnismäßigkeitsgrundsatz, der im Rechtsstaatsprinzip verankert ist und beinhaltet, dass Eingriffe des Staates in die Rechte des Einzelnen geeignet (tauglich), erforderlich (mildestes Mittel) und angemessen (nicht völlig überzogen) sein müssen.

Damit führte erstmalig und einmalig im Strafrecht der Bundesrepublik dieser Grundsatz allein und nicht in Verbindung mit anderen Normen, wie dem Gleichheitsgrundsatz oder dem Völkerrecht, zu einem Verfolgungshindernis. Eine weit reichende Entscheidung im Jahre 1995, die sich in der Folge als eine Art Amnestie auswirkte. Zu einer klaren Entscheidung in diese Richtung hatte sich der Gesetzgeber 1990 nicht durchringen können.

Die Verfahren gegen eine Vielzahl von MfS-Offizieren wurden daraufhin wegen eines Verfahrenshindernisses eingestellt. Von Strafverfolgung nicht freigestellt waren Bürger der DDR, IM und Offiziere, die gelegentlich im Bundesgebiet waren, wo sie hätten verfolgt werden können, zum Beispiel wegen Urkundenfälschung. In der Praxis zeigte es sich, dass aufgrund der geringen Bedeutung auch hier in der Regel keine Strafe verhängt wurde. Bundesbürger, gegen die noch wegen Spionage ermittelt wurde und die weiterhin bestraft werden konnten, erhielten nach dem 15. Mai 1995 fast nur noch Bewährungsstrafen.

Im Zeitraum von 1990 bis 1997 hatte die Bundesanwaltschaft über siebentausend Ermittlungsverfahren eröffnet, davon etwa zweitausenddreihundert gegen Offiziere des MfS und annähernd dreitausend gegen westdeutsche IM. Den Angaben von Joachim Lampe, Bundesanwalt in Karlsruhe, zufolge, wurden schließlich insgesamt zweihundertsechsundsiebzig Verurteilungen wegen Landesverrat oder geheimdienstlicher Agententätigkeit ausgesprochen. Davon betroffen waren zweihundertdreiundfünfzig Bürger der Bundesrepublik und dreiundzwanzig Bürger der DDR. Freiheitsstrafen erhielten zweihundertfünfundvierzig Personen aus der BRD, von denen einundfünfzig länger als zwei Jahre bekamen. Zweiundzwanzig DDR-Bürger erhielten Freiheitsstrafen, von denen zwei über zwei Jahre lagen.

Mit Haft-, Geld- oder Vorstrafen, mit beruflichen und persönlichen Einbrüchen, bekamen ehemalige Westagenten die Folgen ihres Tuns am härtesten zu spüren. Für manche war es eine Erleichterung, sich von der Belastung eines Doppellebens befreit zu sehen, da sie selbst nicht in der Lage waren, die Beziehungen zu den Menschen aus Ostberlin und die damit verbundenen Verstrickungen von Treue und Verrat zu lösen. Andere bedauerten, dass aufgrund der Besonderheit der Situation der Staat, für den sie persönliche Risiken in Kauf genommen hatten, nicht mehr existierte. Damit war ihnen eine letzte Zufluchtsmöglichkeit genommen worden. Es gab keinen Staat – auch keinen Bruderstaat – mehr, es gab auch die Menschen nicht mehr für sie, die letztlich die Bindung hergestellt und aufrechterhalten hatten. Vielfach waren deren vollständige Namen nicht bekannt, keine Adressen, nichts.

Wie erging es der Mehrzahl der ehemals »auserwählten« Mitarbeiter des MfS?

Für eine Vielzahl der Offiziere, Instrukteure und Kuriere des MfS war es über Jahre ungewiss, inwieweit sie nach der Wende von Gesetzes wegen bestraft werden würden. Vierzig Jahre Arbeit, Einsatz und Lebenssinn – sollte all das umsonst gewesen sein? Dazu kam eine geballte Ladung Ablehnung und Verachtung aus der Bevölkerung. Alle Hauptamtlichen Mitarbeiter verloren ihren Arbeitsplatz, viele Inoffizielle und in anderen Berufen tätige Mitarbeiter ebenso. Die berufliche zukünftige Ungewissheit sowie die finanziellen Veränderungen waren einschneidend.

Zirka sechshunderttausend sollen es im Laufe von vierzig Jahren DDR gewesen sein, die sich als Inoffizielle Mitarbeiter des Ministeriums für Staatssicherheit verdingten. Die einen wollten an der Lösung von gesellschaftlichen und wirtschaftlichen Problemen mitwirken und sich für Gerechtigkeit, Gleichberechtigung, Frieden und Antifaschismus einsetzen. Andere erhofften sich persönliche Vorteile beruflicher oder finanzieller Art, wieder andere sahen sich persönlich unterstützt und besonders wertgeschätzt. Manche fühlten sich unter Druck gesetzt oder erlebten ihr Doppelleben als einen besonderen Reiz mit dem besonderen Kick. Hinter der bewussten Entscheidung, sich für den DDR-Geheimdienst zu engagieren, lag sicherlich noch eine Vielzahl unbewusster Motive. Ob diese durch die aktuelle Lebenssituation des Einzelnen, seine Bedürfnisse und Ängste bestimmt wurden oder es eine Mischung aus allem war – am Ende blieb doch die Tat.

Schlusswort

»Das Spinnennetz« ist ergänzend zu der gleichnamigen WDR-Dokumentation entstanden, die ich in den Jahren 2002 bis 2005 drehte. Von den rund ein Dutzend ehemaligen HV-A-Agenten im Bonner Auswärtigen Amt war nur Lilli Pöttrich zu ausführlichen Interviews bereit. Hagen Blau gab uns im ARD-Studio Tokio ein kurzes Statement zu seinen Motiven, weshalb er für den DDR-Geheimdienst gearbeitet hatte. Und dies auch nur unter der Bedingung, über seine jetzige Tätigkeit in der japanischen Hauptstadt zu schweigen. Dies fiel uns nicht schwer.

Alle anderen ehemaligen Westagenten des DDR-Geheimdienstes, die im Bonner Auswärtigen Amt tätig waren, lehnten jeglichen Kontakt ab. Trotz schriftlicher Erläuterung zum Konzept der WDR-Fernsehproduktion und mehrfacher mündlicher Bitten auch anderer Mitarbeiter an diesem Fernsehfilm kam kein Kontakt zustande. Unsere Versuche, mit Kamera und Mikrofon an die ehemaligen großen und kleinen Beamten des Auswärtigen Amtes heranzukommen, die sich als Spitzel verpflichtet hatten, waren wenig ergiebig. An der Weigerung, auch fünfzehn Jahre nach Zerschlagung des DDR-Spitzelapparates Auskunft über ihre Agententätigkeit zu geben, ließ sich nichts ändern. Manchmal hatte ich das Gefühl, die Agenten in der Bundesrepublik hielten sich immer noch an das Versprechen, niemals etwas über ihr Zweitleben herauszulassen. Bei einigen von ihnen scheint dieses Gelöbnis bis zu ihrem Tod zu gelten.

Gleiches trifft auf die über dreißig hauptamtlichen HV-A-Offiziere und über ein Dutzend Instrukteure und Kuriere zu, die für die »Betreuung« der Westagenten im Bonner Auswärtigen Amt zuständig waren. Bis auf zwei verstorbene Führungsoffiziere leben sie und ihre Vorgesetzten alle in Berlin und Umgebung. Viele von ihnen sind längst pensioniert, andere haben Jobs in Bau- und Maklerfirmen gefunden. Besonders clevere ehemalige Stasi-Offiziere gründeten eigene Unternehmen oder sind bei solchen angestellt. Sie kümmern sich mit Erfolg um die Sicherheit von staatlichen Einrichtungen, Wirtschaftsverbänden oder Privatpersonen. Viele der früheren hauptamtlichen HV-A-Offiziere haben sich zu einem Interessenverband zusammengeschlossen und treffen sich regelmäßig zum Gedanken- und Erinnerungsaustausch.

Während die Westagenten nach 1990 zum Teil zu empfindlichen Freiheitsstrafen verurteilt wurden, passierte den wirklichen Drahtziehern in Ostberlin nichts. Zwar wurden die HV-A-Spitze und die mittlere Führungsschicht des Ministeriums für Staatssicherheit angeklagt. Durch die umstrittene Entscheidung des Bundesverfassungsgerichts 1995 blieben sie jedoch allesamt unbehelligt – im Gegensatz zu ihren so eifrig »betreuten« IM in der Bundesrepublik.

Umso dreister treten sie immer mal wieder auf. Ihre Rechtfertigungsschriften sind reines Propagandamaterial und für die meisten Leser völlig unverständlich. Interviews für die Medien des »Klassenfeindes« – von diesem Denken sind sie auch heute noch nicht befreit – lehnen sie ab. Es sei denn, sie werden von Journalisten befragt, die ihnen geistig nahe oder sogar verwandt sind. So gelang es einem Kölner Fernsehjournalisten mehrmals, Treffen von früheren Westagenten mit ihren obersten Befehlsgebern Markus Wolf und Werner Großmann mit Kamera und Mikrofon zu dokumentieren. Leider blieb es mir versagt, aus diesem aufschlussreichen Filmmaterial zu zitieren. Doch wer die Geduld besitzt, diesen stundenlangen Gesprächen zu lauschen, erfährt eine Menge über das Selbstverständnis von Verrätern und ihren Inspiratoren, die in Zeiten des kalten Krieges ernsthaft glaubten, dem Frieden zu dienen und gar einen Krieg verhindert zu haben. Diese Überzeugung vertreten sie mit Nachdruck. Der Hass auf die Bundesrepublik ist ungebrochen, und der Zorn auf den »Verräter« Michail Gorbatschow wirkt noch lange nach. Von Einsicht, gar Reue, im Auftrag einer kommunistischen Diktatur Landesverrat geübt zu haben, fehlt jede Spur. Im Gegenteil: Voller Stolz blicken sie zurück auf ihre Taten und auf das, was sie im Namen von Erich Honecker, Erich Mielke, Markus Wolf und zuletzt von Werner Großmann für den SED-Staat »geleistet« haben.

Wer diesen Menschen, diesen unverbesserlichen, uneinsichtigen und glühenden Anhängern der »Diktatur des Proletariats«, die einem angeblich besseren Deutschland dienten, begegnet, ist mehr als irritiert. Sie haben nichts dazugelernt und wollen nichts wahrhaben. Die Verbrechen der SED-Diktatur, die spätestens seit Öffnung der Archive nach 1989 dokumentiert wurden, werden geleugnet, heruntergespielt oder einfach ignoriert. Wie sehr die Verantwortlichen des DDR-Geheimdiensts Menschen ruiniert, Seelen zersetzt, Karrieren zerstört und ungesetzlich Verurteilten Jahre ihres Lebens geraubt haben, interessiert sie nicht einen einzigen Augenblick. Das ist auch eine Erfahrung bei den umfangreichen Recherchen und Dreharbeiten für dieses Buch- und Filmprojekt.

Ähnliches erfuhren wir, als es um Befragungen der Instrukteure und Führungsoffiziere ging. Ohne Kamera und Mikrofon erzählten sie die abenteuerlichsten Geschichten, berichteten über die »wunderbare Zeit«, als sie dem zweiten deutschen Staat in verantwortlicher Position gedient hatten. Sie rühmten die besondere Kameradschaft unter den MfS-Mitarbeitern und die außerordentlich hohe Aufopferungsbereitschaft, die offenbar nur in einem militärischen Apparat wie der DDR-Geheimpolizei möglich war.

Wir gaben auch den Instrukteuren und Führungsoffizieren die Möglichkeit, über ihre Motive und den Arbeitsalltag mit den Westagenten zu sprechen. Neben Rechercheuren wurden sie auch von Kamerateams besucht, um an neue Informationen zu kommen; meist mit wenig Erfolg. In vielen Fällen wurde die Tür überhaupt nicht geöffnet. Manchmal wurde uns die Interviewabsage durch einen Türspalt mitgeteilt. Einmal kam es sogar zu tätlichen Auseinandersetzungen, in deren Verlauf die Polizei einschreiten musste. Die einmal erlernten Mittel und Methoden des Geheimdienstes einer Diktatur beherrschen ehemalige Führungsoffiziere immer noch. Im gleichen Atemzug berufen sie sich auf die Gesetze der Bundesrepublik Deutschland, die sie für verletzt halten, wenn man sie befragen will. Diesen Rechtsstaat haben sie ihr Leben lang aufs schärfste bekämpft und ihm durch ihre Agentenführung zumindest politisch in hohem Maße geschadet.

Die juristische Aufarbeitung der Westspionage ist sicherlich in weiten Teilen gelungen, wenn auch die Drahtzieher in Ostberlin straffrei blieben. Die historische und politische Aufarbeitung und Erforschung – die moralische Seite lasse ich außer Acht – steht uns erst noch bevor.

Mit Buch und Film »Das Spinnennetz« wird immerhin ein Beitrag dazu geleistet.

Köln, im Juli 2005
Dr. Heribert Schwan

Anhang

Alphabetische Aufstellung
der MfS-Agenten in Bonn

	Name	Deckname	Einsatzort	Zeitraum
1	N.N	»Abraham«	Auswärtiges Amt	1983-1989
2	N.N	»Arnim«	Auswärtiges Amt	1984-1989
3	N.N	»John«	Auswärtiges Amt	
4	N.N	»Sascha«	Auswärtiges Amt	1975-1989
5	N.N	»Feder«	Auswärtiges Amt	1976-1989
6	Bauer, Christine	»Jasmina«	Auswärtiges Amt	1986-1989
7	Bauer, Mario	»Jürgen«	SPD-Bundestags-fraktion	1985-1989
8	Baumann, Gerhard	»Schwarz«	CDU Wehrpoliti-scher Arbeitskreis	1956-1990
9	Berger, Helge	»Komtess«	Auswärtiges Amt	1968-1977
10	Biesenbaum, Doris / Biesenbaum, Robert	»Irmgard« »Alexander«	SPD-Bundes-geschäftsstelle	1974-1989
11	Blau, Hagen	»Detlef«, »Merten«	Auswärtiges Amt	1965-1990
12	Boom, William	»Olaf«	FDP-Bundestags-fraktion	1960-1986
13	Brunner, Ute Brunner, Johann	»Ulla« + »Steward«	Bundesministe-rium des Inneren (Bundeskriminal-amt)	1971-1989
14	Croissant, Klaus	»Taler«	Die Grünen, Linke Listen, Brigitte Heinrich	1981-1989
15	Dahms, Alexander	»Dämon«	Bundesministe-rium des Inneren (Bundesgrenz-schutz)	1963-1990

	Name	Deckname	Einsatzort	Zeitraum
16	Deuling, Wolfgang Deuling, Barbara	»Bob« (+ »Petra«) Kohlberger	SPD	1965-1989
17	Feuerstein, Wolf-Dieter	»Petermann«	Bundesministerium der Verteidigung	1973-1990
18	Flämig, Gerhard	»Walter«	SPD	1970-1988
19	Gast, Gabriele	»Gisela« »Gerald« »Reinhard«	Bundesnachrichtendienst	1968-1990
20	Gröndahl, Knut	»Töpfer«	Bundesministerium des Inneren (innerdeutsche Beziehung)	1973-1990
21	Guillaume, Günter	»Hansen«	Bundeskanzleramt	1970-1974
22	Herrmann, René Herrmann, Johanna	»Reinhard« »Reinhild«	Bundeskanzleramt (Stiftung Wissenschaft und Politik) NATO	1970-1989
23	Hindrichs, Armin	»Talar«	SPD	1964-1989
24	Höke, Margret		Bundespräsidialamt	1971-1985
25	Hoßbach-Paul, Karin Paul, Wolfgang	»Britta« »Klaus«	Bundeskanzleramt, SPD	1976-1989 1970-1989
26	Kanter, Adolf	»Fichtel«	CDU-Berater, Flick-Konzern	1952-1990
27	Kemper, Herbert Kemper, Ruth	»Harry« »Hanna	Auswärtiges Amt	1968-1989
29	Kloss, Herbert	»Siegbert«	Bundesministerium der Verteidigung, MAD	1978-1989
30	Kuche, Lutz	»Davi Bakker«	CDU	1966-1989

	Name	Deckname	Einsatzort	Zeitraum
31	Kunzmann, Walter Kunzmann-Werner, Claudia	»Bison« »Laika«	Residenten für »Angelika«	1976-1990
33	Kuron, Klaus	»Berger, Stern«	Bundesministerium des Inneren (Verfassungsschutz)	1981-1989
34	Liewehr, Walter	»Christian«	Kernforschungszentrum Karlsruhe	1976-1989
35	Lutter, Manfred	»Martin«	Bundesministerium der Verteidigung, Bundeswehr, Polizei	1979-1990
36	Lutze, Lothar Lutze, Renate	»Charly« »Nana«	Bundesministerium der Verteidigung	1966-1975
38	Marcus, Annahild	»Hilde«	CDU, Konrad-Adenauer-Stiftung	1974-1989
39	Morabito, Irene Susanne	»Monika«	Bundesministerium für Wirtschaft	1969-1990
40	Müller, Reiner	»Siggi«, »Rolf Sieger«	Auswärtiges Amt	1976 - ?
41	Nase, Henning	»Dorn«	SPD	1979-1989
42	Olbrich, Johanna	»Anna«	FDP	1964-1985
43	Ott, Rainer	»Leon«	Bundesministerium für Wirtschaft, Bundeskartellamt	1960er-1989
44	Ott, Reinhard	»Richard«	Bundesministerium für Wirtschaft, Bundeskartellamt, CDU	1973-1989/90
45	Paul, Wolfgang	»Klaus«	Bundeskanzleramt, SPD	1976-1989
46	Pauli, Ludwig	»Adler«	Auswärtiges Amt	1966-1990
47	Pöttrich, Lilli	»Angelika«	Auswärtiges Amt	1974-1989

	Name	Deckname	Einsatzort	Zeitraum
48	Prellwitz, Wolf-Heinrich	»Rödel«	Bundesministerium der Verteidigung	1968-1989
49	Pumphrey, Doris + Ehemann Georga	»Dagmar« (»Faber« Ehemann)	Die Grünen	1987-1990
50	Raussendorff, Gisela	»Blume«	Auswärtiges Amt	1960-1989
51	Raussendorff, Klaus von	»Brede«	Auswärtiges Amt	1960-1990
52	Reichert, Matthias	»Michael Beck«	Bundesministerium des Inneren	1973-1989
53	Rode, Karl-Heinz	»Maro«	Auswärtiges Amt	1975-1989
54	Rupp, Rainer	»Topas«	NATO	
55	Schneider, Dirk	»Ludwig«	Die Grünen	1975-1989
56	Spuhler, Alfred	»Peter«	Bundesnachrichtendienst	1972-1989
57	Spuhler, Ludwig	»Florian«	Bundesnachrichtendienst	1972-1989
58	Stresemann, Siegfried	»Klaus Falk«	Bundesministerium der Verteidigung, Bundesamt für Wehrtechnik Koblenz	1970-1989
59	Stuckmann, Heinz Fritz	»Dietrich«	Kölner Journalistenschule, Auswärtiges Amt	1973-1989
60	Vollert, Ursula	»Udo«	SPD	1973-1989
61	Vollmann, Wilhelm	»Crohne«	SPD	1970-1989
62	Wienand, Karl	»Streit«	SPD	1970-1989

Militärischer Nachrichtendienst der DDR

Name	Deckname	Einsatzort	Zeitraum
Werner, Heinz Helmuth	»Cherry« »Günther«	Bundesministerium der Verteidigung, Bundeswehr, Auswärtiges Amt, Ständige Vertretung NATO in Brüssel	1969-1990

In diesem Buch haben wir uns auf die Vorgänge im Auswärtigen Amt beschränkt, um an diesem Beispiel die Arbeit des MfS und der Agenten zu beschreiben. Das Stasi-Spinnennetz in Bonn war jedoch viel weiter gesponnen und reichte in verschiedene Ministerien, in die Parteien, die Geheimdienste und in internationale Organisationen hinein, wie diese Tabellen zeigen, in der die bekannt gewordenen Spionagefälle zusammengefasst sind.

SIRA

Name	Ge-samt	von	bis	Ver-traul.-stufe	An-zahl	Be-richte	Doku-mente	Ein-schätzung	An-zahl	Weiter-gabe an UdSSR
Christine Bauer »Jasmina« XV/3863/86	19	1986	1987	1 2	15 4	–	19	I/P II/P III/P	4 8 7	18
Mario Bauer »Jürgen« XV/2808/78	137	1978	1989	1 2	88 49	36	101	I/P II/P III/P IV/P	7 45 84 1	69
Helge Berger »Komtess« XV/2091/68	438	1987	1976	1 2 ohne	65 258 115	89	201	keine Infos		keine Infos
Dr. Hagen Blau »Merten« XV/6427/60	1564	1972	1989	1 2 ohne	841 446 277	261	929	I/P II/P III/P IV/P OE/P OE*Doppelt/P ohne Einsch.	96 358 220 2 4 1 883	592 952 o.
Herbert Kemper »Harry« XV/381/69	462 davon 253 altes For- mul.	1972	1989	1 2	310 122	96	339	I/P II/P III/P OE/P OE*86.07494/ P ohne Einsch.	46 124 37 1 1 253	200
Ludwig Pauli »Adler« XV/15905/60	1192	1969	1989	1 2 ohne	386 683 123	173	839	I/P II/P III/P IV/P OE/P OE*87.02501/ P OE*87.05/P ohne Einsch.	55 273 87 1 4 2 2 768	286 892 o.

Name	Ge-samt	von	bis	Ver-traul.-stufe	An-zahl	Be-richte	Doku-mente	Ein-schätzung	An-zahl	Weitergabe an UdSSR
Lilli Pöttrich »Angelika« XV/494/76	38	1984	1986	1 2	4 34	9	29	I/P II/P III/P IV/P OE/P OE*86.07500/P V*ZU_ALT/P	1 17 14 2 1 1 2	34
Klaus von Raussendorff »Brede« XV/13864/60	686	1973 1969	1989	1 2	320 114	302	376	I/P II/P III/P OE/P OE*ABT.1X/P ohne Einsch.	28 56 37 1 1 563	100

Der Verratsumfang der Stasi-Agenten im Westen und der durch sie entstandene Schaden waren enorm – wie ein Blick in die entschlüsselte SIRA-Datenbank zeigt. In der Tabelle sind die im Buch behandelten Agenten mit ihren IM-Namen und ihrer SIRA-Registriernummer aufgeführt.

Bildnachweis

Die Abbildungen auf den Seiten 55 und 57 sind den sogenannten Rosenholz-Dateien entnommen und werden mit freundli-
cher Genehmigung der Bundesbeauftragten für die Unterlagen
des Staatssicherheitsdienstes der ehemaligen DDR (Birthler-
Behörde) abgedruckt.

Literatur

Brandt, Enrico / Buck, Christian (Hg.): *Auswärtiges Amt, Diplomatie als Beruf,* 2. Auflage, Opladen 2002

Dümmel, Karsten / Schmitz, Christian (Hg.): *Was war die Stasi? Einblicke in das Ministerium für Staatssicherheit der DDR (MfS),* Sankt Augustin 2002

Eichner, Klaus / Schramm, Gotthold (Hg.): *Kundschafter im Westen. Spitzenquellen der DDR-Aufklärung erinnern sich,* Berlin 2003

Forschungsergebnisse zum Thema »Die Gewinnung Inoffizieller Mitarbeiter und ihre psychologischen Bedingungen« der Juristischen Hochschule des MfS in Erfüllung eines Forschungsauftrages, vorgelegt von Oberst Korth, Werner, Major Jonak, Ferdinand, Major Dr. Scharbert, Karl-Otto. BStU o. Nr. – Vermerk: Vertrauliche Verschlusssache MfS 160 Nr. 800/73, 2 Bände, 776 Blatt.

Gieseke, Jens: *Die hauptamtlichen Mitarbeiter der Staatssicherheit. Personalstruktur und Lebenswelt 1959–1989/ 1990,* Berlin 2000

Großmann, Werner: *Bonn im Blick,* Berlin 2001

Henke, Klaus-Dietmar / Suckut, Siegfried / Vollnhals, Clemens / Süß, Walter / Engelmann, Roger: *Anatomie der Staatssicherheit. MfS-Handbuch. Die hauptamtlichen Mitarbeiter des Ministeriums für Staatssicherheit,* Berlin 1995

Herbstritt, Georg / Müller-Enbergs, Helmut (Hg.): *Das Gesicht dem Westen zu ...* Bremen 2003

Kerz-Rühling, Ingrid / Plänkers, Tomas: *Verräter oder Verführte. Eine psychoanalytische Untersuchung Inoffizieller Mitarbeiter der Stasi,* Berlin 2003

Knabe, Hubertus: *West-Arbeit des MfS. Das Zusammenspiel von »Aufklärung« und »Abwehr«,* Berlin 1999

Krieger, Wolfgang / Weber, Jürgen (Hg.): *Spionage für den*

Frieden? Nachrichtendienste in Deutschland während des Kalten Krieges, München 1997

Lampe, Joachim: *Juristische Aufarbeitung der Westspionage des MfS. Eine vorläufige Bilanz*, Berlin 2000

Mählert, Ulrich: *Kleine Geschichte der DDR*, München 2001

Marxen, Klaus / Werle, Gerhard: *Die strafrechtliche Aufarbeitung von DDR-Unrecht. Eine Bilanz*, Berlin 1999

Meier, Richard: *Geheimdienst ohne Maske*, Bergisch Gladbach 1992

Müller-Enbergs, Helmut: *Inoffizielle Mitarbeiter des Ministeriums für Staatssicherheit. Richtlinien und Durchführungsbestimmungen*, Berlin 1996

Müller-Enbergs, Helmut: *Inoffizielle Mitarbeiter des Ministeriums für Staatssicherheit. Teil 2: Anleitungen für die Arbeit mit Agenten, Kundschaftern und Spionen in der Bundesrepublik Deutschland*, Berlin 1998

Noetzel, Thomas: *Die Faszination des Verrats: Eine Studie zur Dekadenz im Ost-West-Konflikt*, Hamburg 1989

Pingel-Schliemann, Sandra: *Zersetzen. Strategie einer Diktatur*, Berlin 2002

Richter, Holger: *Die operative Psychologie des Ministeriums für Staatssicherheit der DDR*, Frankfurt a. M. 2001

Schlomann, Friedrich W.: *Die Maulwürfe*, München 1993

Schwan, Heribert: *Erich Mielke. Der Mann, der die Stasi war*, München 1997

Steininger, Rolf: *Der Kalte Krieg*, Frankfurt 2003

Wanitschke, Matthias: *Methoden und Menschenbild des Ministeriums für Staatssicherheit der DDR*, Köln 2001

Weber, Jürgen: *Kleine Geschichte Deutschlands seit 1945*, München 2002